北大社·"十四五"普通高等教育本科规划教材
高等院校汽车专业"互联网+"创新规划教材

新能源汽车概论
（第 4 版）

主编　崔胜民

北京大学出版社
PEKING UNIVERSITY PRESS

内 容 简 介

本书介绍了能源的定义与分类、发展新能源汽车的必要性、新能源汽车的定义与分类、新能源汽车的技术体系及新能源汽车的技术路线；详细描述了纯电动汽车、增程式电动汽车、混合动力电动汽车、燃料电池电动汽车的结构、原理及特点等；全面、系统地论述了电动汽车用动力电池、电动汽车用电动机、电动汽车电池管理系统与制动能量回收系统、电动汽车充电技术；介绍了新能源汽车向智能网联汽车和无人驾驶汽车发展过程中涉及的汽车轻量化技术、汽车网络技术、汽车环境感知技术和汽车先进驾驶辅助系统。

本书内容丰富，图文并茂，实用性强，可作为高等院校车辆工程及其相关专业的教材，也可作为从事新能源汽车相关领域工程技术人员、管理人员和科研人员的参考用书。

图书在版编目（CIP）数据

新能源汽车概论/崔胜民主编. —4 版. —北京： 北京大学出版社， 2022.10
高等院校汽车专业"互联网+"创新规划教材
ISBN 978-7-301-33291-7

Ⅰ.①新… Ⅱ.①崔… Ⅲ.①新能源—汽车—高等学校—教材 Ⅳ.①U469.7

中国版本图书馆 CIP 数据核字(2022)第 153258 号

书　　　名	新能源汽车概论（第 4 版）
	XINNENGYUAN QICHE GAILUN(DI-SI BAN)
著作责任者	崔胜民　主编
策 划 编 辑	童君鑫
责 任 编 辑	孙　丹　童君鑫
数 字 编 辑	蒙俞材
标 准 书 号	ISBN 978-7-301-33291-7
出 版 发 行	北京大学出版社
地　　　址	北京市海淀区成府路 205 号　100871
网　　　址	http://www.pup.cn　新浪微博:@北京大学出版社
电 子 信 箱	pup_6@163.com
电　　　话	邮购部 010-62752015　发行部 010-62750672　编辑部 010-62750667
印 刷 者	河北文福旺印刷有限公司
经 销 者	新华书店
	787 毫米×1092 毫米　16 开本　17.5 印张　420 千字
	2011 年 5 月第 1 版　2015 年 8 月第 2 版　2020 年 4 月第 3 版
	2022 年 10 月第 4 版　2022 年 10 月第 1 次印刷
定　　　价	49.00 元

未经许可，不得以任何方式复制或抄袭本书之部分或全部内容。
版权所有，侵权必究
举报电话: 010-62752024　电子信箱: fd@pup.pku.edu.cn
图书如有印装质量问题，请与出版部联系，电话: 010-62756370

第 4 版前言

《新能源汽车产业发展规划（2021—2035 年）》已经正式颁布，发展新能源汽车是我国从汽车大国迈向汽车强国的必由之路，是应对气候变化、推动绿色发展的战略举措。到 2035 年，新能源汽车销量至少占汽车总销量的 50%，所有汽车都要实现电动化。

编者对《新能源汽车概论》（第 3 版）进行了全面修订，删除了与当前新能源汽车技术不符的内容，更新并增加了一些新的内容，使之更适合作为教材使用。

本书全面、系统地论述了新能源汽车的基础知识。全书共分 7 章。第 1 章为绪论，阐述了能源的定义与分类、发展新能源汽车的必要性、新能源汽车的定义与分类以及新能源汽车技术路线；第 2 章为新能源汽车类型，阐述了纯电动汽车、增程式电动汽车、混合动力电动汽车、燃料电池电动汽车的结构、原理和特点等；第 3 章为电动汽车用动力电池，阐述了电池的分类和性能指标、动力蓄电池的结构类型和组合方式、电动汽车对动力电池的要求，对铅酸蓄电池、镍氢蓄电池、锂离子蓄电池、蓄电池的充电方法和性能测试、动力蓄电池的梯次利用进行了详细介绍，对燃料电池发电系统和 6 种常用燃料电池及太阳电池、超级电容器、飞轮电池进行了介绍；第 4 章为电动汽车用电动机，阐述了电动机的类型、主要性能指标和电动汽车对电动机的要求，对直流电动机、无刷直流电动机、开关磁阻电动机、轮毂电动机、电动机控制器及电驱动系统进行了介绍；第 5 章为电动汽车电池管理系统与制动能量回收系统，阐述了电池管理系统的基本知识、电池管理系统的参数检测、动力蓄电池的 SOC 估计与 SOH 估计、动力蓄电池的均衡控制及制动能量回收系统；第 6 章为电动汽车充电技术，阐述了电动汽车充电设备的类型、充电方法和充电方式、电动汽车车载充电机和非车载充电机；第 7 章为新技术应用，阐述了新能源汽车向智能网联汽车和无人驾驶汽车发展过程中涉及的汽车轻量化技术、汽车网络技术、汽车环境感知技术和汽车先进驾驶辅助系统技术。

本书每章都给出教学目标、教学要求和导入案例，并配有形式多样的思考题，便于学生学习和复习，巩固学习内容，增强学习效果。本书的教学课时至少为 32 学时，各章参考教学课时见章前的教学要求，授课内容和授课学时可根据实际情况调整。

由于编者学识有限，书中不当之处在所难免，恳盼读者给予指正。

编　者

2022 年 5 月

资源索引

目 录

第 1 章　绪论 ………………… 1
1.1　能源的定义与分类 …………… 3
1.2　发展新能源汽车的必要性 …… 5
1.3　新能源汽车的定义与分类 …… 5
1.4　新能源汽车的技术体系 ……… 8
1.5　新能源汽车的技术路线 ……… 8
思考题 ………………………… 12

第 2 章　新能源汽车类型 ………… 14
2.1　纯电动汽车 …………………… 15
2.1.1　纯电动汽车的结构 ……… 15
2.1.2　纯电动汽车驱动系统的布置形式 ………………… 17
2.1.3　纯电动汽车的技术条件 ………………………… 24
2.1.4　纯电动汽车的特点 ……… 25
2.1.5　纯电动汽车的关键技术 … 26
2.1.6　纯电动汽车车型实例 …… 27
2.2　增程式电动汽车 ……………… 30
2.2.1　增程式电动汽车的结构 … 31
2.2.2　增程器的分类 …………… 32
2.2.3　增程式电动汽车的原理 … 34
2.2.4　增程式电动汽车的特点 … 37
2.2.5　增程式电动汽车车型实例 ………………………… 38
2.3　混合动力电动汽车 …………… 41
2.3.1　混合动力电动汽车的分类 ………………………… 41
2.3.2　混合动力电动汽车的结构 ………………………… 42
2.3.3　混合动力电动汽车的动力耦合类型 ……………… 51
2.3.4　混合动力电动汽车的特点 ………………………… 55
2.3.5　混合动力电动汽车的关键技术 ………………… 57
2.3.6　混合动力电动汽车车型实例 ………………… 59
2.4　燃料电池电动汽车 …………… 61
2.4.1　燃料电池电动汽车的分类 ………………………… 61
2.4.2　燃料电池电动汽车的结构 ………………………… 66
2.4.3　燃料电池电动汽车的特点 ………………………… 68
2.4.4　燃料电池电动汽车的关键技术 ………………… 68
2.4.5　燃料电池电动汽车车型实例 ………………… 70
思考题 ………………………… 72

第 3 章　电动汽车用动力电池 …… 74
3.1　概述 …………………………… 75
3.1.1　电池的类型 ……………… 75
3.1.2　电池的性能指标 ………… 76
3.1.3　动力蓄电池的结构类型 … 80
3.1.4　动力蓄电池的组合方式 … 83
3.1.5　电动汽车对动力蓄电池的要求 ………………… 84
3.2　蓄电池 ………………………… 85
3.2.1　铅酸蓄电池 ……………… 85
3.2.2　镍氢蓄电池 ……………… 88
3.2.3　锂离子蓄电池 …………… 91
3.2.4　全固态锂离子蓄电池 …… 98
3.2.5　蓄电池的充电方法 …… 101
3.2.6　蓄电池的性能测试 …… 104
3.2.7　动力蓄电池的梯次利用 ………………… 106
3.3　燃料电池 …………………… 108

3.3.1 燃料电池发电系统 …… 108
3.3.2 质子交换膜燃料电池 …… 112
3.3.3 碱性燃料电池 …… 114
3.3.4 磷酸燃料电池 …… 116
3.3.5 熔融碳酸盐燃料电池 …… 117
3.3.6 固体氧化物燃料电池 …… 118
3.3.7 直接甲醇燃料电池 …… 120
3.3.8 车载储氢技术 …… 122
3.4 太阳电池 …… 132
3.5 超级电容器 …… 135
3.6 飞轮电池 …… 137
思考题 …… 140

第4章 电动汽车用电动机 …… 142

4.1 概述 …… 143
  4.1.1 电动汽车用电动机的类型 …… 143
  4.1.2 电动机的主要性能指标 …… 145
  4.1.3 电动汽车对电动机的要求 …… 145
4.2 直流电动机 …… 146
  4.2.1 直流电动机的分类 …… 146
  4.2.2 直流电动机的结构与特点 …… 148
  4.2.3 直流电动机的工作原理 …… 149
  4.2.4 直流电动机的转速控制 …… 149
4.3 无刷直流电动机 …… 150
  4.3.1 无刷直流电动机的分类 …… 150
  4.3.2 无刷直流电动机的结构与特点 …… 151
  4.3.3 无刷直流电动机的工作原理 …… 152
  4.3.4 无刷直流电动机的控制 …… 153
4.4 异步电动机 …… 153
  4.4.1 异步电动机的结构与特点 …… 154

4.4.2 异步电动机的工作原理与运行特性 …… 155
4.4.3 异步电动机的控制 …… 157
4.5 永磁同步电动机 …… 160
  4.5.1 永磁同步电动机的结构与特点 …… 160
  4.5.2 永磁同步电动机的工作原理与运行特性 …… 163
  4.5.3 永磁同步电动机的控制 …… 165
4.6 开关磁阻电动机 …… 168
  4.6.1 开关磁阻电动机的结构与特点 …… 168
  4.6.2 开关磁阻电动机的工作原理与运行特性 …… 169
  4.6.3 开关磁阻电动机的控制 …… 170
4.7 轮毂电动机 …… 172
  4.7.1 轮毂电动机的结构 …… 172
  4.7.2 轮毂电动机的应用类型 …… 173
  4.7.3 轮毂电动机的驱动方式 …… 174
  4.7.4 轮毂电动机驱动系统的特点 …… 175
  4.7.5 轮毂电动机驱动系统的技术挑战 …… 175
4.8 电动机控制器 …… 176
4.9 电驱动系统 …… 178
思考题 …… 183

第5章 电动汽车电池管理系统与制动能量回收系统 …… 185

5.1 电池管理系统的基本知识 …… 186
  5.1.1 电池管理系统的定义 …… 186
  5.1.2 电池管理系统的组成 …… 187
  5.1.3 电池管理系统的主要功能 …… 188
  5.1.4 电池管理系统的工作模式 …… 189
  5.1.5 电池管理系统的基本要求 …… 190

目录

5.1.6 电池管理系统的技术要求 …………… 190
5.2 电池管理系统的参数检测 ……… 194
 5.2.1 电压检测 …………… 194
 5.2.2 电流检测 …………… 196
 5.2.3 温度检测 …………… 197
5.3 动力蓄电池的 SOC 估计与 SOH 估计 ……………………… 197
 5.3.1 动力蓄电池的 SOC 估计 ……………… 197
 5.3.2 动力蓄电池的 SOH 估计 ……………… 199
5.4 动力蓄电池的均衡控制 ………… 201
 5.4.1 动力蓄电池的不一致性 ……………… 201
 5.4.2 动力蓄电池均衡控制的目的 ………… 205
 5.4.3 动力蓄电池均衡控制的方法 ………… 207
 5.4.4 动力蓄电池均衡控制的策略 ………… 209
5.5 电动汽车再生制动能量回收系统 ……………………… 209
 5.5.1 再生制动能量回收的方法和类型 ……………… 210
 5.5.2 电动汽车的再生制动能量回收系统 ………… 213
思考题 ……………………………… 218

第6章 电动汽车充电技术 …………… 220

6.1 概述 …………………………… 221
 6.1.1 电动汽车对充电设备的要求 …………… 221
 6.1.2 电动汽车充电设备的类型 ……………… 222
 6.1.3 电动汽车的充电方法 …… 224
 6.1.4 电动汽车的充电方式 …… 225
 6.1.5 电动汽车充电技术的发展趋势 ……………… 228
6.2 电动汽车车载充电机 …………… 229

 6.2.1 电动汽车车载充电机的组成 ………… 229
 6.2.2 电动汽车车载充电机的技术参数 …………… 230
 6.2.3 电动汽车车载充电机的充电接口 …………… 231
 6.2.4 电动汽车车载充电机的充电过程 …………… 233
6.3 电动汽车非车载充电机 ………… 233
 6.3.1 电动汽车非车载充电机的组成 ………… 233
 6.3.2 电动汽车非车载充电机的技术参数 …………… 235
 6.3.3 电动汽车非车载充电机的充电接口 …………… 235
 6.3.4 电动汽车非车载充电机的充电过程 …………… 236
6.4 电动汽车光伏充电站 …………… 238
思考题 ……………………………… 240

第7章 新技术应用 …………………… 242

7.1 汽车轻量化技术 ……………… 243
 7.1.1 汽车轻量化材料 ………… 244
 7.1.2 汽车轻量化设计 ………… 246
 7.1.3 汽车轻量化制造 ………… 247
 7.1.4 汽车轻量化技术路线 …… 248
7.2 智能网联汽车和无人驾驶汽车 … 249
 7.2.1 智能网联汽车 …………… 249
 7.2.2 无人驾驶汽车 …………… 252
7.3 汽车网络技术 ………………… 255
 7.3.1 车载网络 ………………… 256
 7.3.2 车载自组织网络 ………… 257
 7.3.3 车载移动互联网 ………… 260
7.4 汽车环境感知技术 ……………… 261
7.5 汽车先进驾驶辅助系统 ………… 264
思考题 ……………………………… 270

参考文献 ……………………………… 272

第 1 章 绪 论

教学目标

学习本章内容后，要求读者了解能源的定义与分类，了解发展新能源汽车的必要性，掌握新能源汽车的定义与分类，掌握新能源汽车的技术体系和技术路线。

教学要求

知识要点	能力要求	参考学时
能源的定义与分类	了解能源的定义与分类	2
发展新能源汽车的必要性	了解内燃机汽车产生的负面问题；了解大力发展新能源汽车的原因	
新能源汽车的定义与分类	掌握新能源汽车的定义与分类	
新能源汽车的技术体系	掌握新能源汽车"三纵三横"技术体系的内容	
新能源汽车的技术路线	了解新能源汽车的发展愿景、总体目标、主要里程碑、重点领域技术路线图	

导入案例

汽车极大地缩短了人与人之间的空间距离,方便了人们的生活,已经成为当今社会的重要交通工具。但汽车保有量的大幅度增大,给地球带来了资源过度消耗、空气污染和气候变暖等负面问题。

图 1.1 所示为石油枯竭。

图 1.1　石油枯竭

图 1.2 所示为城市空气污染。

图 1.2　城市空气污染

图 1.3 所示为气候变暖造成北极熊饿死。

图 1.3 气候变暖造成北极熊饿死

试想,如果我们继续大量使用内燃机汽车,未来会是什么样呢?新能源汽车包含哪些类型?技术发展路线如何?通过本章的学习,读者可以得到答案。

1.1 能源的定义与分类

能源是可以直接或间接提供人类所需的光、热、动力等能量的载能体资源。凡是能被人类利用以获得有用能量的各种来源都可以称为能源。

能源种类繁多,经过人类的不断开发与研究,已经有很多新能源能够满足人类的需求。根据不同的划分方式,能源可分为不同的类型。

1. 按能源的来源分类

按来源的不同,能源可以分为来自地球外部天体的能源、地球本身蕴藏的能源、地球和其他天体相互作用产生的能源。

(1) **来自地球外部天体的能源**,主要是太阳能。除直接辐射外,太阳能为风能、水能、生物能和矿物能等的产生提供了基础。人类所需的绝大部分能量都直接或间接地来自太阳。通过光合作用,太阳能转换为化学能存储在植物体内。煤炭、石油、天然气等化石燃料也是由古代埋在地下的动植物经过漫长的地质年代形成的。它们实际上是由古代生物固定存储的太阳能。此外,风能、水能、波浪能、海流能等也都是由太阳能转换来的。

(2) **地球本身蕴藏的能源**,通常是指与地球内部热能有关的能源和与原子核反应有关的能源,如原子核能、地热能等。

(3) **地球和其他天体相互作用产生的能量**,如潮汐能。温泉和火山爆发喷出的岩浆就是地热的表现。地球分为地壳、地幔和地核三层。地壳是地球表面的一层,一般厚度为几千米至几十千米;地壳下面是地幔,大部分是熔融状的岩浆,厚度约为 2865km,一般火山爆发时这部分岩浆喷出;地球内部为地核,其中心温度达 6000℃。可见,地球上的地热资源储量很大。

2. 按能源的产生方式分类

按产生方式的不同，能源可以分为一次能源和二次能源。

(1) 一次能源，即天然能源，是指自然界中以天然形式存在(没有经过加工或转换)的能量资源，包括可再生的水资源和不可再生的煤炭、石油、天然气资源。其中水、石油和天然气是一次能源的核心，是全球能源的基础。除此之外，太阳能、风能、地热能、海洋能、生物能及核能等可再生能源也是一次能源。

(2) 二次能源，即人工能源，是指由一次能源直接或间接转换为其他种类和形式的能源，如电力、煤气、汽油、柴油、焦炭、洁净煤、激光和沼气等属于二次能源。

3. 按能源的性质分类

按性质的不同，能源可以分为燃料型能源和非燃料型能源。

(1) 燃料型能源，如煤炭、石油、天然气、泥炭、木材等。

(2) 非燃料型能源，如风能、水能、地热能、海洋能等。

人类利用自身体力以外的能源是从用火开始的。最早的燃料是木材，之后是各种化石燃料，如煤炭、石油、天然气等，目前研究利用太阳能、地热能、风能、潮汐能等新能源。当前化石燃料消耗量很大，但地球上这些燃料的储量有限。未来，铀和钍将为人类提供所需的大部分能量。一旦解决控制核聚变的技术问题，人类就将获得无尽的能源。

4. 按能源消耗后是否造成环境污染分类

按消耗后是否造成环境污染，能源可以分为污染型能源和清洁型能源。

(1) 污染型能源，是指利用以后会对环境造成污染的能源，如煤炭、石油等。

(2) 清洁型能源，是指利用以后不会对环境造成污染的能源，如水能、电能、太阳能、风能及核能等。

5. 按能源使用的类型分类

按使用的类型不同，能源可以分为常规能源和新型能源。

(1) 常规能源，包括一次能源中可再生的水能和不可再生的煤炭、石油、天然气等。

(2) 新型能源，是相对于常规能源而言的，包括太阳能、风能、地热能、海洋能、生物能及用于核能发电的核燃料等。由于新型能源的能量密度较小，按已有技术条件转换利用的经济性差，因此还处于研究、发展阶段，只能因地制宜地开发和利用。大多新型能源是再生能源，资源丰富，分布广阔，是未来的主要能源。

6. 按能源的形态特征或转换与应用的层次分类

世界能源委员会推荐的能源有固体燃料、液体燃料、气体燃料、水能、电能、太阳能、生物质能、风能、核能、海洋能和地热能。其中，前三种能源统称化石燃料或化石能源。在一定条件下，上述能源可以转换为人们所需形式的能量。例如，煤炭加热到一定温度，能与空气中的氧气反应并放出大量热能，可以用来取暖、做饭或制冷，也可以用来产生蒸汽，用蒸汽推动汽轮机，使热能转换为机械能，还可以用汽轮机带动发电机，将机械能转换为电能；如果把电送到企业、机关、农牧林区和住户，则电能可以转换为机械能、光能或热能。

7. 按能源是否能够再生分类

按是否能够再生,能源分为**再生能源和非再生能源。凡是可以不断得到补充或在较短周期内再生的能源称为再生能源,反之称为非再生能源。**风能、水能、海洋能、潮汐能、太阳能和生物质能等是再生能源;煤、石油和天然气等是非再生能源。地热能基本上是非再生能源,但从地球内部巨大的蕴藏量来看,又具有再生的性质。随着核能的发展,核燃料循环将具有增值的性质。核聚变能比核裂变能高 5~10 倍。由于较适合核聚变的燃料——重氢(氘)大量存在于海水中,可谓"取之不尽,用之不竭",因此核能是未来能源系统的支柱之一。

随着经济的发展,对能源的需求日益增加,许多国家都很重视对再生能源、环保能源及新型能源的开发与研究。随着科学技术的不断进步,人类会不断开发、研究出更多新型能源来替代现有能源,以满足全球经济发展与人类生存对能源的需求。

1.2 发展新能源汽车的必要性

汽车已经成为当今社会的重要交通工具,它极大地缩短了人与人之间的空间距离,为人类的生活提供了方便。但汽车保有量的快速增长,将引发石油短缺、环境污染和气候变暖等负面问题。新能源汽车是解决这些负面问题的有效途径,代表着汽车的发展方向。发展新能源汽车是我国从汽车大国迈向汽车强国的必由之路,是应对气候变化、推动绿色发展的战略举措。新能源汽车融合新能源、新材料和互联网、大数据、人工智能等变革性技术,推动汽车从单纯的交通工具向移动智能终端、储能单元和数字空间转变,带动能源、交通、信息通信基础设施改造跃升,促进能源消费结构优化、交通体系和城市运行智能化水平提升。另外,经济与社会的可持续发展迫切要求汽车产业转型升级,新一轮科技革命催生产业变革与重塑,百年汽车产业正面临前所未有的发展机遇与挑战,因此,我国要大力发展新能源汽车,培育汽车产业转型升级新动能。新能源汽车正在成为全球汽车产业转型发展的主要方向和促进未来世界经济持续增长的重要引擎。

全球新能源汽车发展总体上已经迈过培育期而进入成长期,但距离完全市场化还有一定距离,未来 5~10 年政策扶持仍将发挥不可或缺的作用,应进一步创新政策工具,保持政策的科学性、连续性和稳定性,加大对新型基础设施建设和汽车使用环节的政策支持,尤其需要进一步发挥地方政府的作用,加快完善新能源汽车的使用环境。

1.3 新能源汽车的定义与分类

新能源汽车是指以非常规的车用燃料作为动力来源(或使用常规的车用燃料、新型车载动力装置),综合动力控制和驱动方面的先进技术,形成的技术原理先进,具有新技术、新结构的汽车。非常规的车用燃料是指除汽油、柴油、天然气、液化石油气、乙醇汽油、甲醇等的燃料。

未来新能源汽车将具有以下特征。

(1)采用清洁电能。煤是电力的主要来源,首先通过燃烧煤产生电,其次为电动汽车充电,最后将电能转换为动力,二次转换效率低,而且采煤、烧煤对环境有一定的负面影响。因此,新能源汽车必须采用清洁电能,如风能、水能、太阳能、氢能等。

(2)电池技术满足用户使用方便的要求。突破电池的储能和充电技术,使新能源汽车的方便性接近如今的内燃机汽车。

(3)新能源汽车是自动驾驶的最佳载体。智能化、网联化、共享化都能体现在新能源汽车上。

(4)新能源汽车是移动的智能终端,乘车人可以在汽车里看书、上网、购物、办公等。

(5)新能源汽车发展的终极目标是无人驾驶。

新能源汽车没有统一分类标准。目前,我国新能源汽车主要包括纯电动汽车、增程式电动汽车、混合动力电动汽车和燃料电池电动汽车。

1. 纯电动汽车

比亚迪宋纯电动汽车

纯电动汽车(Battery Electric Vehicle,BEV)是一种以单一蓄电池作为储能动力源的汽车,如图1.4所示。它以蓄电池作为储能动力源,通过储能装置向电动机提供电能,驱动电动机运转,使汽车行驶。纯电动汽车的驱动能量完全由电能提供,由电动机驱动。电动机的驱动电能来源于车载可充电储能系统或其他能量储存装置。

2. 混合动力电动汽车

混合动力电动汽车(Hybrid Electric Vehicle,HEV)是指驱动系统由两个或两个以上同时运转的单个驱动系统联合组成的汽车,汽车的行驶功率根据实际行驶状态由单个驱动系统单独提供或由多个驱动系统共同提供。根据组成部件、布置方式和控制策略的不同,混合动力电动汽车分为多种类型。

图1.4 纯电动汽车

混合动力电动汽车一般分为**常规混合动力电动汽车**和**插电式混合动力电动汽车**(图1.5)。我国把常规混合动力汽车划归于节能汽车,重点发展插电式混合动力电动汽车。

途观插电式混合动力SUV

图1.5 插电式混合动力电动汽车

3. 增程式电动汽车

增程式电动汽车(Extended Range Electric Vehicle，EREV)是一种在纯电动模式下可以达到所有动力性能，而当车载可充电储能系统无法满足续驶里程要求时，可打开车载辅助供电装置为动力系统提供电能，以延长续驶里程的电动汽车，且该车载辅助供电装置与驱动系统没有传动轴(带)等传动连接，如图1.6所示。增程式电动汽车是介于纯电动汽车与混合动力电动汽车之间的一种过渡车型，具有纯电动汽车和混合动力电动汽车的特征，有人把它划分为纯电动汽车范畴，也有人把它划分为混合动力电动汽车范畴，认为它是一种插电式串联混合动力电动汽车，发动机为驱动电动机或锂电池组供电，不直接驱动电动机。

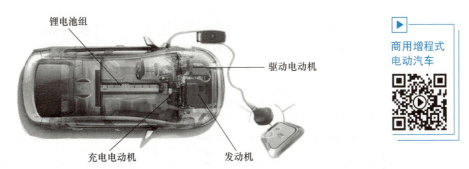

图1.6 增程式电动汽车

4. 燃料电池电动汽车

燃料电池电动汽车(Fuel Cell Electric Vehicle，FCEV)是以燃料电池系统为单一动力源或者以燃料电池系统与可充电储能系统为混合动力源的电动汽车，如图1.7所示。以燃料电池系统为单一动力源的电动汽车称为纯燃料电池电动汽车，以燃料电池系统与可充电储能系统为混合动力源的电动汽车称为燃料电池混合动力电动汽车。

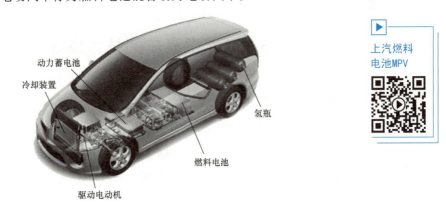

图1.7 燃料电池电动汽车

燃料电池电动汽车实际上是纯电动汽车的一种。一般来说，燃料电池是通过电化学反应将化学能转换为电能，电化学反应所需的还原剂一般为氢气，氧化剂为氧气，最早开发的燃料电池电动汽车大多直接采用氢燃料，氢气可采用液化氢、压缩氢气或金属氢化物储氢等形式。

1.4　新能源汽车的技术体系

新能源汽车的技术体系是"三纵三横"式的，如图1.8所示。"三纵"是指纯电动汽车、插电式混合动力（含增程式）电动汽车和燃料电池电动汽车，布局整车技术创新链；"三横"是指动力蓄电池与管理系统、驱动电动机与电力电子、网联化与智能化技术，构建关键零部件技术供给体系。其中网联化与智能化技术表示新能源汽车要向智能网联汽车方向发展。

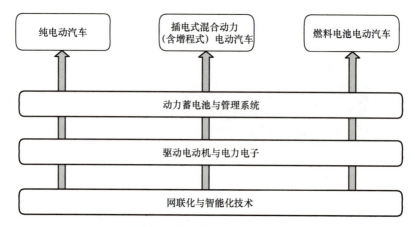

图1.8　新能源汽车的技术体系

攻关新能源汽车核心技术，大幅度提高新能源汽车整车综合性能，到2025年，纯电动汽车新车平均电耗将降至12.0kW·h/100km，插电式混合动力（含增程式）汽车新车平均油耗将降至2.0L/100km。

1.5　新能源汽车的技术路线

2020年我国颁布了《节能与新能源汽车技术路线图2.0》。

1. 发展愿景

（1）重点突出以人工智能、云计算为代表的新技术和以数字经济、智能经济为代表的新业态，推动汽车产业全面变革；综合考虑逆全球化倾向对全球产业布局、我国产业安全的深刻影响。

（2）"汽车＋"深度融合发展、构建新型产业生态、保障产业安全和可持续竞争力将成为未来10～15年产业发展的新趋势、新要求。

汽车的发展愿景如图1.9所示。

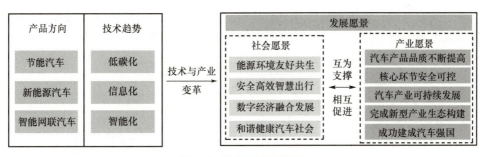

图 1.9 汽车的发展愿景

2. 总体目标

我国汽车技术面向 2035 年有以下六大总体目标。

(1) 汽车产业碳排放总量先于国家碳减排承诺,于 2028 年左右提前达到峰值,到 2035 年与峰值相比下降 20% 以上。

(2) 新能源汽车逐渐成为主流产品,汽车产业实现电动化转型。

(3) 中国方案智能网联汽车技术体系基本成熟,产品大规模应用。

(4) 核心技术自主化水平显著提升,形成协同效应、安全可控的产业链。

(5) 建立汽车智慧出行体系,形成汽车、交通、能源、城市深度融合生态。

(6) 技术创新体系优化完善,原始创新水平具备全球引领能力。

3. 主要里程碑

(1) 至 2025 年。乘用车(含新能源汽车)新车油耗达到 4.6L/100km(WLTC 工况),货车油耗比 2019 年降低 8% 以上,客车油耗比 2019 年降低 10% 以上;传统能源乘用车新车平均油耗为 5.6L/100km(WLTC 工况),混合动力电动新车占传统能源乘用车的 50% 以上;新能源汽车销量约占汽车总销量的 20%;氢燃料电池汽车保有量约达到 10 万辆;PA/CA(部分自动驾驶/有条件自动驾驶)级汽车销量占汽车总销量的 50% 以上,HA(高度自动驾驶)级汽车开始进入市场,C-V2X 终端新车装备率达到 50%。

(2) 至 2030 年。乘用车(含新能源汽车)新车油耗达到 3.2L/100km(WLTC 工况),货车油耗比 2019 年降低 10% 以上,客车油耗比 2019 年降低 15% 以上;传统能源乘用车新车平均油耗为 4.8L/100km(WLTC 工况),混合动力电动新车占传统能源乘用车的 75% 以上;新能源汽车销量约占汽车总销量的 40%;氢燃料电池汽车保有量约达到 100 万辆;PA/CA 级汽车销量占汽车总销量的 70% 以上,HA 级汽车销量占汽车总销量的 20% 以上,C-V2X 终端新车装备基本普及。

(3) 至 2035 年。乘用车(含新能源汽车)新车油耗达到 2.0L/100km(WLTC 工况),货车油耗比 2019 年降低 15% 以上,客车油耗比 2019 年降低 20% 以上;传统能源乘用车新车平均油耗为 4.0L/100km(WLTC 工况),混合动力新车占传统能源乘用车的 100%;新能源汽车成为主流,其销量占汽车总销量的 50% 以上;氢燃料电池汽车保有量达到 100 万辆左右;各类高度自动驾驶汽车在我国广泛行驶,中国方案智能网联汽车与智慧能源、智慧交通、智慧城市深度融合。

4. 技术路线图

围绕产业总体与节能汽车、纯电动汽车与插电式混合动力汽车、燃料电池汽车、智能网联汽车、动力电池、电驱动总成、充电基础设施、轻量化、智能制造与关键装备九大分技术领域展开研究，制定"1＋9"技术路线图，如图1.10所示。

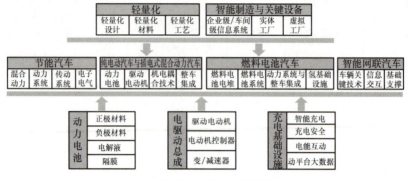

图1.10 "1＋9"技术路线图

5. 重点领域技术路线图

节能汽车技术路线图如图1.11所示。

图1.11 节能汽车技术路线图

2035年形成自主、完整的产业链，自主品牌纯电动汽车与插电式混合动力电动汽车的产品技术水平与国际同步，新能源汽车销量占汽车总销量的50％以上，其中纯电动汽车占新能源汽车的95％以上。在纯电动汽车领域，实现纯电动技术在家庭用车、公务用车、出租车、租赁服务用车及短途商用车等领域的推广应用。纯电动汽车与插电式混合动力电动汽车技术路线图如图1.12所示。

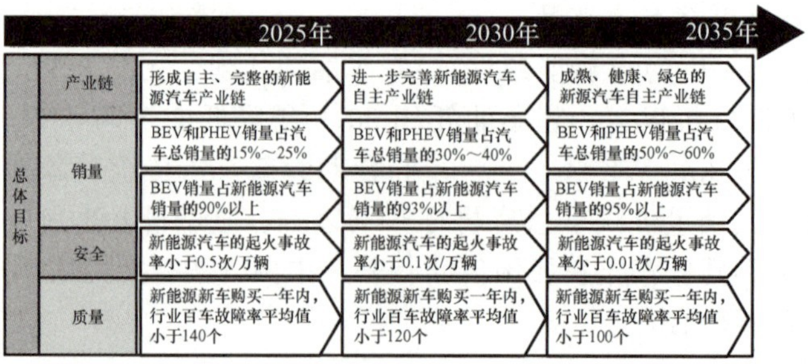

图1.12 纯电动汽车与插电式混合动力电动汽车技术路线图

燃料电池电动汽车将发展氢燃料电池商用车作为整个氢能燃料电池行业的突破口,以客车和城市物流车为切入领域,在再生能源制氢和工业副产氢丰富的区域重点推广中大型客车、物流车,逐步推广至载重量大、长距离的中重卡牵引车、港口拖车及乘用车等。2030—2035年,实现氢能及燃料电池电动汽车的大规模推广应用,燃料电池电动汽车保有量约达到100万辆;完全掌握燃料电池核心关键技术,建立完备的燃料电池材料、部件、系统的装备与生产产业链。燃料电池电动汽车技术路线图如图1.13所示。

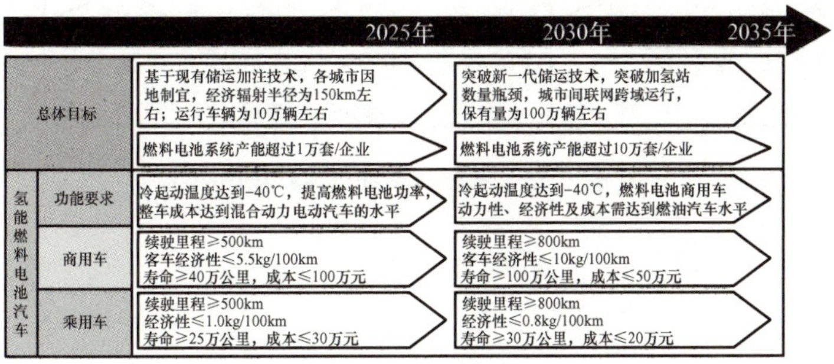

		2025年	2030年	2035年
氢能燃料电池汽车	总体目标	基于现有储运加注技术,各城市因地制宜,经济辐射半径为150km左右;运行车辆为10万辆左右	突破新一代储运技术,突破加氢站数量瓶颈,城市间联网跨域运行,保有量为100万辆	
		燃料电池系统产能超过1万套/企业	燃料电池系统产能超过10万套/企业	
	功能要求	冷起动温度达到-40℃,提高燃料电池功率,整车成本达到混合动力电动汽车的水平	冷起动温度达到-40℃,燃料电池商用车动力性、经济性及成本需达到燃油汽车水平	
	商用车	续驶里程≥500km 客车经济性≤5.5kg/100km 寿命≥40万公里,成本≤100万元	续驶里程≥800km 客车经济性≤10kg/100km 寿命≥100万公里,成本≤50万元	
	乘用车	续驶里程≥500km 经济性≤1.0kg/100km 寿命≥25万公里,成本≤30万元	续驶里程≥800km 经济性≤0.8kg/100km 寿命≥30万公里,成本≤20万元	

图1.13 燃料电池电动汽车技术路线图

动力电池分为盖能量型、能量功率兼顾型和功率型三大技术类别,涵盖乘用车和商用车两大应用领域,能量型电池面向普及型、商用型和高端型三类应用场景,实现动力电池单体、系统集成、新体系动力电池、关键材料、制造技术及关键装备、测试评价、梯次利用及回收利用等产业链条全覆盖。动力电池技术路线图如图1.14所示。

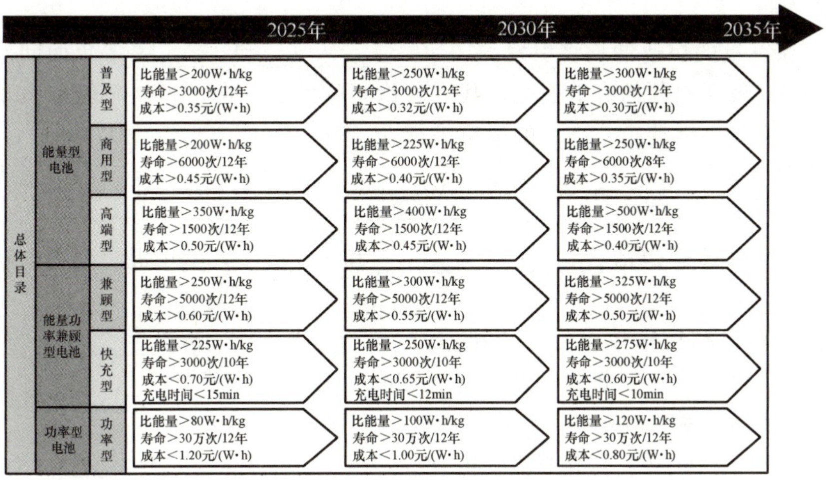

			2025年	2030年	2035年
总体目录	能量型电池	普及型	比能量>200W·h/kg 寿命>3000次/12年 成本>0.35元/(W·h)	比能量>250W·h/kg 寿命>3000次/12年 成本>0.32元/(W·h)	比能量>300W·h/kg 寿命>3000次/12年 成本>0.30元/(W·h)
		商用型	比能量>200W·h/kg 寿命>6000次/12年 成本>0.45元/(W·h)	比能量>225W·h/kg 寿命>6000次/12年 成本>0.40元/(W·h)	比能量>250W·h/kg 寿命>6000次/8年 成本>0.35元/(W·h)
		高端型	比能量>350W·h/kg 寿命>1500次/12年 成本>0.50元/(W·h)	比能量>400W·h/kg 寿命>1500次/12年 成本>0.45元/(W·h)	比能量>500W·h/kg 寿命>1500次/12年 成本>0.40元/(W·h)
	能量功率兼顾型电池	兼顾型	比能量>250W·h/kg 寿命>5000次/12年 成本>0.60元/(W·h)	比能量>300W·h/kg 寿命>5000次/12年 成本>0.55元/(W·h)	比能量>325W·h/kg 寿命>5000次/12年 成本>0.50元/(W·h)
		快充型	比能量>225W·h/kg 寿命>3000次/10年 成本<0.70元/(W·h) 充电时间<15min	比能量>250W·h/kg 寿命>3000次/10年 成本<0.65元/(W·h) 充电时间<12min	比能量>275W·h/kg 寿命>3000次/10年 成本<0.60元/(W·h) 充电时间<10min
	功率型电池	功率型	比能量>80W·h/kg 寿命>30万次/12年 成本<1.20元/(W·h)	比能量>100W·h/kg 寿命>30万次/12年 成本<1.00元/(W·h)	比能量>120W·h/kg 寿命>30万次/12年 成本<0.80元/(W·h)

图1.14 动力电池技术路线图

电驱动系统是以纯电驱动总成、插电式机电耦合总成、商用车动力总成、轮毂、轮边电机总成为重点,以基础核心零部件/元器件国产化为支撑,提升我国电驱动总成集成度与性能水平的系统。2035年,电驱动系统产品将总体达到国际先进水平。电驱动系统技术路线图如图1.15所示。

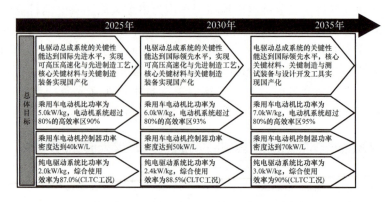

图 1.15　电驱动系统技术路线图

一、名词解释

1. 一次能源
2. 二次能源
3. 新型能源
4. 新能源汽车
5. 非常规的车用燃料

二、填空题

1. 汽车保有量的快速增长将引发_____、_____和_____等负面问题。新能源汽车是解决这些负面问题的有效途径，代表着汽车的发展方向。发展新能源汽车是我国的必由之路，是应对、推动_____的战略举措。

2. 新能源汽车是_____的最佳载体。_____、_____、_____都能体现在新能源汽车上。

3. 新能源汽车主要包括_____、_____和_____，其中混合动力电动汽车又包括_____和_____。

4. 新能源汽车的技术体系是"三纵三横"式。"三纵"是指_____、_____和_____，布局整车技术创新链；"三横"是指_____、_____、_____，构建关键零部件技术供给体系。

5. 围绕产业总体与节能汽车、_____、_____、_____、_____、充电基础设施、轻量化、智能制造与关键装备九大分技术领域展开研究，制定"1+9"技术路线图。

三、选择题

1. 下列不属于新能源汽车的是（　　）。
   A. 纯电动汽车　　　　　　　　B. 插电式混合动力电动汽车
   C. 液化石油气汽车　　　　　　D. 燃料电池电动汽车

2. 下列不属于纯电动汽车的部件是（　　）。
A. 动力电池　　　　　　　　　　B. 增程器
C. 电动机控制器　　　　　　　　D. 电动机
3. 新能源汽车的关键零部件包括（　　）。
A. 驱动电动机　　　　　　　　　B. 动力电池系统
C. 高压总成　　　　　　　　　　D. 制动器
4. 至2025年，新能源汽车新车销量占比达（　　）。
A. 20%　　　　　　　　　　　　B. 25%
C. 15%　　　　　　　　　　　　D. 30%
5. 至2035年，新能源汽车新车销量占比达（　　）。
A. 40%　　　　　　　　　　　　B. 50%
C. 60%　　　　　　　　　　　　D. 70%

四、判断题

1. 天然气汽车、液化石油气汽车、甲醇汽车都不属于新能源汽车，而属于节能汽车。（　　）
2. 低速电动汽车（老年代步车）也属于新能源汽车。（　　）
3. 混合动力电动汽车属于新能源汽车。（　　）
4. 新能源汽车动力蓄电池分为能量型和功率型两大技术类别，涵盖乘用车和商用车两大应用领域，能量型电池面向普及、商用、高端三类应用场景。（　　）
5. 未来新能源汽车将是一个移动的智能终端，乘车人可以在汽车里看书、上网、购物、办公等。（　　）

五、问答题

1. BEV、HEV、FCEV分别代表什么？
2. 新能源汽车技术体系是怎样的？
3. 汽车的发展愿景是怎样的？
4. 我国汽车技术面向2035年的总体目标是什么？
5. 未来新能源汽车应具有哪些特征？

第 2 章
新能源汽车类型

教学目标

通过本章的学习,要求读者能够掌握纯电动汽车、增程式电动汽车、混合动力电动汽车、燃料电池电动汽车的类型、结构、原理和特点等。

教学要求

知识要点	能力要求	参考学时
纯电动汽车	掌握纯电动汽车的结构、驱动系统布置形式,了解技术条件、关键技术和主要车型特点	2
增程式电动汽车	掌握增程式电动汽车的结构、分类和原理,了解增程器的类型和主要车型特点	
混合动力电动汽车	掌握混合动力电动汽车的分类、结构、原理和特点,了解动力耦合类型、关键技术和主要车型特点	2
燃料电池电动汽车	掌握燃料电池电动汽车的分类、结构、原理和特点,了解关键技术和主要车型特点	

新能源汽车类型 第2章

导入案例

《新能源汽车产业发展规划（2021—2035年）》明确提出，坚持电动化、智能化、网联化发展方向，以融合创新为重点，突破关键核心技术，优化产业发展环境，推动我国新能源汽车产业高质量可持续发展，加快建设汽车强国。到2035年，纯电动汽车成为新售车辆的主流，公共领域用车全面电动化，燃料电池汽车实现商业化应用，高度自动驾驶汽车实现规模化应用，如图2.1所示。

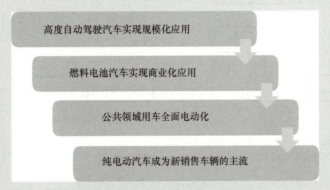

图 2.1　2035年我国新能源汽车发展目标

如何理解电动汽车、增程式电动汽车、混合动力电动汽车和燃料电池电动汽车呢？通过本章的学习，读者可以得到答案。

石油短缺、环境污染、气候变暖是全球汽车产业面对的共同挑战，发展新能源汽车已成为共识，新能源汽车已经成为21世纪汽车工业发展的热点。

2.1　纯电动汽车

纯电动汽车是指由电动机驱动的汽车，电动机的驱动电能来源于车载可充电储能系统或其他能量储存装置。纯电动汽车的电动机相当于内燃机汽车的发动机，蓄电池或其他能量储存装置相当于内燃机汽车油箱中的燃料。

2.1.1　纯电动汽车的结构

内燃机汽车主要由发动机、底盘、车身和电器设备四个部分组成。发动机把燃料燃烧产生的热能转换为机械能，通过底盘上的传动机构将动力传给驱动车轮，使汽车行驶。纯电动汽车与内燃机汽车相比，去掉了发动机，底盘上的传动机构发生了改变，根据驱动方式的不同，有些部件已简化或省略；增加了电源系统和驱动电动机系统等。

典型纯电动汽车结构框图如图2.2所示。**纯电动汽车主要由电源系统、驱动电动机系统、整车控制器和辅助系统等组成**。动力蓄电池输出电能，通过电动机控制器驱动电动机运转产生动力，再通过底盘上的传动机构将动力传递给驱动车轮，使汽车行驶。

15

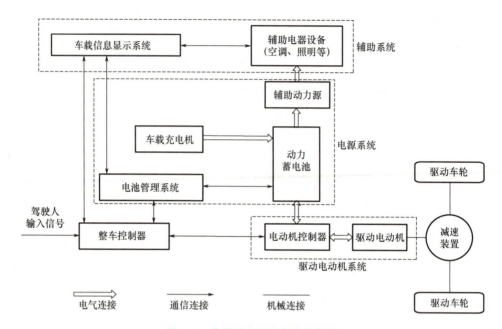

图 2.2 典型纯电动汽车结构框图

电动汽车三电系统

1. 电源系统

电源系统主要包括动力蓄电池、电池管理系统、车载充电机及辅助动力源等。动力蓄电池是电动汽车的动力源,是能量的存储装置,也是目前制约电动汽车发展的关键因素。要使电动汽车与内燃机汽车竞争,关键是开发出比能量高、比功率大、使用寿命长、成本低的动力蓄电池。电池管理系统实时监控动力蓄电池的使用情况,检测动力蓄电池的端电压、内阻、温度、电解液浓度、当前电池剩余电量、放电时间、放电电流或放电深度等参数;按动力蓄电池对环境温度的要求进行调温控制;通过限流控制避免动力蓄电池过充电、过放电;显示和报警有关参数,其信号流向辅助系统的车载信息显示系统,以便驾驶人随时掌握并配合其操作,按需要及时为动力蓄电池充电并进行维护保养。车载充电机把电网供电制式转换为对动力蓄电池充电要求的制式,即把交流电转换为相应电压的直流电,并按要求控制充电电流。辅助动力源是供给电动汽车其他辅助装置所需的动力电源,一般为 12V 或 24V 的直流低压电源,主要为动力转向、制动力调节控制、照明、空调、电动窗门等辅助装置提供能源。

2. 驱动电动机系统

驱动电动机系统主要包括电动机控制器和驱动电动机。电动机控制器按整车控制器的指令、驱动电动机的转速和电流反馈信号等,对驱动电动机的转速、转矩和旋转方向进行控制;驱动电动机在纯电动汽车中具备电动机和发电机双重功能,即在正常行驶时发挥主要的电动机功能,将电能转换为机械旋转能;在减速和下坡滑行时发电,将车轮的惯性动能转换为电能。

3. 整车控制器

整车控制器根据驾驶人输入的加速踏板和制动踏板的信号，向电动机控制器发出相应的控制指令，对电动机进行起动、加速、减速、制动控制。当纯电动汽车减速和下坡滑行时，整车控制器配合电源系统的电池管理系统进行发电回馈，使动力蓄电池反向充电。对于与汽车行驶状况有关的速度、功率、电压、电流及有关故障诊断等信息，还需传输到车载信息显示系统进行相应的数字显示或模拟显示。

4. 辅助系统

辅助系统包括车载信息显示系统和辅助电器设备，其中辅助电器设备可以提高汽车的可操纵性和乘员的舒适性。

2.1.2 纯电动汽车驱动系统的布置形式

纯电动汽车驱动系统的布置形式是指驱动轮数量、位置及驱动电动机系统布置的形式。驱动系统是电动汽车的核心，其性能决定着电动汽车的运行性能。电动汽车驱动系统的布置形式取决于电动机的驱动方式，主要如下。

1. 后轮驱动形式

后轮驱动形式是传统的布置形式，有利于车轴负荷分配均匀，汽车操纵稳定性、行驶平顺性比较好，适合中高级电动轿车和各种类型的电动客货车。后轮驱动形式主要有以下几种。

（1）传统后轮驱动布置形式（图 2.3）。此种布置形式与内燃机汽车的后轮驱动布置形式基本一致，有变速器、离合器和传动轴，驱动桥与内燃机汽车的驱动桥相同，只是将发动机换成电动机。变速器通常有 2～3 个挡位，可以提高电动汽车的起动转矩，增大低速时电动汽车的后备功率，一般用于改造型电动汽车。

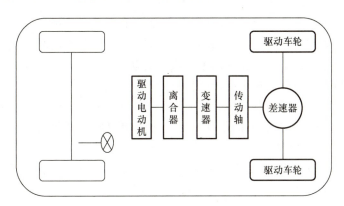

图 2.3 传统后轮驱动布置形式

（2）电动机-驱动桥组合后轮驱动布置形式（图 2.4）。此种布置形式去掉了离合器、变速器和传动轴，但有减速器及差速器，把驱动电动机、固定速比的减速器和差速器集成一个整体，通过两个半轴驱动车轮。此种布置形式的整个传动长度比较小，传动装置体积小，占用空间小，容易布置，可以进一步减小整车质量；但对电动机的要求较高，不仅要求电动机具有较高的起动转矩,而且要求具有较大的后备功率,以保证电动汽车的起动、爬坡、加速超车等动力性。一般低速电动汽车采用这种布置形式。

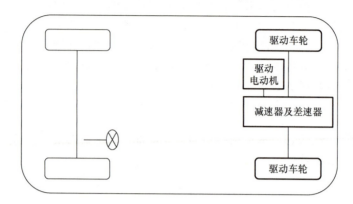

图 2.4　电动机-驱动桥组合后轮驱动布置形式

电动机-驱动桥组合后轮驱动布置形式采用的驱动桥与内燃机汽车的驱动桥不同,需要电动汽车专用驱动桥,如图 2.5 所示。

图 2.5　电动汽车专用驱动桥

(3) 电动机-变速器一体化后轮驱动布置形式(图 2.6)。与单一的电动机驱动系统相比,一体化系统可以综合协调控制电动机和变速器,最大限度地改善电动机输出动力特性,扩大电动机转矩输出范围,在提高电动汽车的动力性的同时,使电动机最大限度地工作在高效经济区域内。一般变速器采用二挡自动变速器。

(4) 双电动机整体后轮驱动布置形式(图 2.7)。此种布置形式的最大特点是去掉了机械式差速器,采用两个电动机,通过固定速比的减速器分别驱动两个车轮,每个电动机的转速可以独立调节控制,通过电子差速器解决左、右半轴的差速问题。此种布置形式使得电动汽车更加灵活,在复杂的路况上可以获得更好的整车动力性能。由于采用电子差速器,因此传动系统体积减小,节省了空间,质量也进一步减小,提高了传动效率。但是,此种布置形式对电动机有较高要求:要有大的起动转矩和后备功率;不仅要求控制系统有较高的控制精度,而且要具备良好的可靠性,从而保证电动汽车行驶安全、平稳。

(5) 轮边电动机后轮驱动布置形式(图 2.8)。轮边电动机与减速器集成后融入驱动桥,采用刚性连接,减小高压电器数量和动力传输线路长度;优化后的驱动系统可降低车身高度、增大承载量和有效空间。

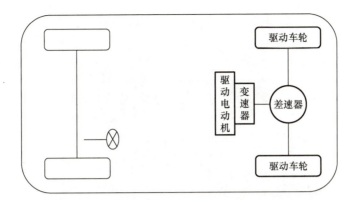

图 2.6　电动机-变速器一体化后轮驱动布置形式

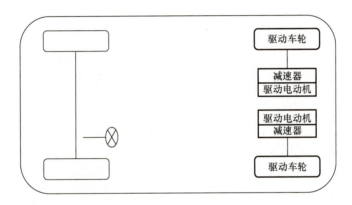

图 2.7　双电动机整体后轮驱动布置形式

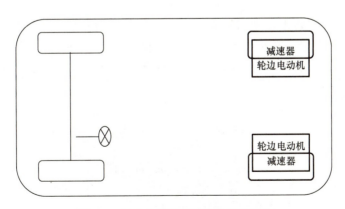

图 2.8　轮边电动机后轮驱动布置形式

轮边电动机后轮驱动布置形式可用于电动客车。图 2.9 所示为某电动客车采用的轮边电动机后轮驱动桥实物。

（6）**轮毂电动机后轮驱动布置形式**（图 2.10）。轮毂电动机直接安装在车轮上，轮毂是电动机的转子，羊角轴承座是定子。

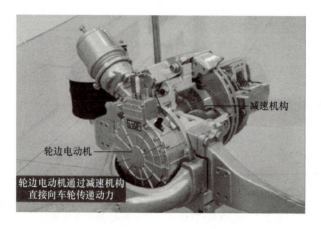

图 2.9　某电动客车采用的轮边电动机后轮驱动桥实物

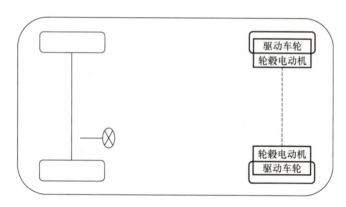

图 2.10　轮毂电动机后轮驱动布置形式

图 2.11 所示为轮毂电动机后轮驱动纯电动汽车。轮毂电动机后轮驱动布置形式大大减少了零部件数量，减小了动力系统的体积，使汽车的动力系统更加简单，大大提高了车内空间的实用性和利用率。每个车轮都有独立轮毂电动机的纯电动汽车与一

图 2.11　轮毂电动机后轮驱动纯电动汽车

般纯电动汽车相比,节省了传动半轴和差速器等装置及大量空间,传动效率更高。动力蓄电池布置在传统发动机舱中,逆变器、辅助电池、充电机等布置在车尾附近,根据实际需要,未来可以在汽车上灵活布置电池组。另外,在满足目前空间需求的前提下,未来使用轮毂电动机驱动的汽车,其体积更小,可改善城市的拥堵和停车等问题。同时,独立的轮毂电动机在驱动汽车方面灵活性更强,能够实现传统汽车难以实现的功能或驾驶特性。

2. 前轮驱动形式

前轮驱动纯电动汽车结构紧凑,有利于其他总成的安排,在转向和加速时行驶稳定性较好;前轮驱动兼转向,结构复杂,上坡时前轮附着力减小,易打滑,适合中级及中级以下的电动轿车。前轮驱动形式主要有以下几种。

(1) 电动机-驱动桥组合前轮驱动布置形式。电动机-驱动桥组合前轮驱动布置形式如图 2.12 所示。

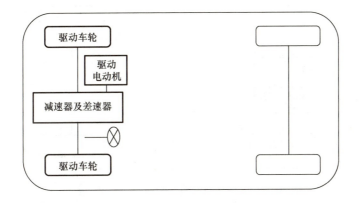

图 2.12　电动机-驱动桥组合前轮驱动布置形式

电动机-驱动桥组合前轮驱动布置形式需要使用电动汽车专用前轮驱动转向桥,如图 2.13 所示。

图 2.13　电动汽车专用前轮驱动转向桥

(2) 电动机-变速器一体化前轮驱动布置形式。电动机-变速器一体化前轮驱动布置形式如图 2.14 所示。

(3) 双电动机整体前轮驱动布置形式。双电动机整体前轮驱动布置形式如图 2.15 所示。

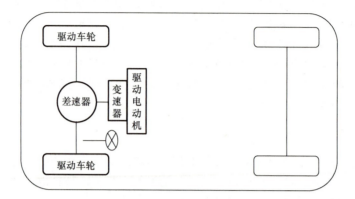

图 2.14　电动机-变速器一体化前轮驱动布置形式

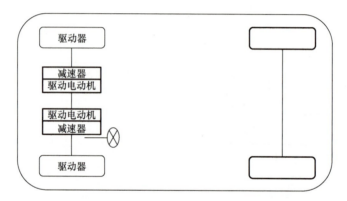

图 2.15　双电动机整体前轮驱动布置形式

（4）轮边电动机前轮驱动布置形式。轮边电动机前轮驱动布置形式如图 2.16 所示。

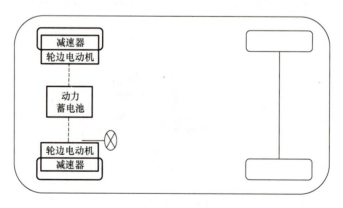

图 2.16　轮边电动机前轮驱动布置形式

（5）轮毂电动机前轮驱动布置形式。轮毂电动机前轮驱动布置形式如图 2.17 所示。

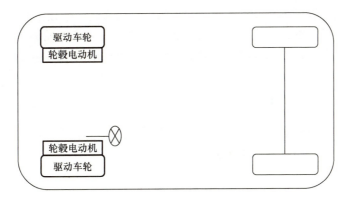

图 2.17　轮毂电动机前轮驱动布置形式

3. 四轮驱动形式

四轮驱动形式适合动力性强的电动轿车或城市 SUV，与四轮驱动内燃机汽车相比，传动零件少，提高了空间利用率和动力传递效率。

四轮驱动形式主要采用轮边电动机或轮毂电动机。轮边电动机四轮驱动布置形式如图 2.18 所示，轮毂电动机四轮驱动布置形式如图 2.19 所示。

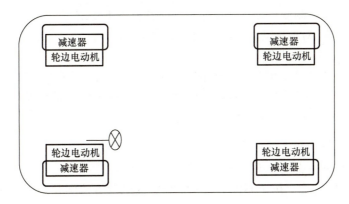

图 2.18　轮边电动机四轮驱动布置形式

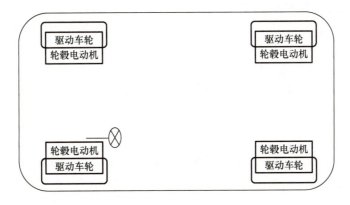

图 2.19　轮毂电动机四轮驱动布置形式

四轮驱动形式可以极大地节省空间,并且每个车轮都是一个独立的动力单元,能够实现精准转矩分配,反应更快、更直接,效率更高,是目前传统四轮驱动汽车无法做到的。轮边电动机四轮驱动布置形式和轮毂电动机四轮驱动布置形式是纯电动汽车驱动系统布置形式的发展趋势。

2.1.3 纯电动汽车的技术条件

纯电动汽车主要以纯电动乘用车为主,GB/T 28382—2012《纯电动乘用车 技术条件》规定了5座及5座以下的纯电动乘用车的技术要求。

1. 质量分配

车辆的电动机及动力蓄电池系统应合理布置,质量分布均衡。车辆的动力蓄电池(包含电池箱及箱内部件)总质量与整车整备质量的比值,不宜大于30%。

2. 行李舱容积

车辆应具有适宜的行李舱容积。对于4座及5座车辆,按GB/T 19514测量,行李舱容积不宜小于$0.3m^3$。

3. 安全要求

车辆的特殊安全、制动性能、乘员保护等应符合以下要求。

(1) GB/T 18384 对纯电动汽车特殊安全的规定。

(2) GB 21670 对制动性能的规定。

(3) GB 11551 和 GB 20071 对乘员保护的规定。

(4) 车辆在设计时应考虑车辆起动、车速低于20km/h时,能够给车外人员发出适当的提示性声响。

4. 动力性能要求

车辆的动力性能应满足以下要求。

(1) **30min 最高车速**。按照 GB/T 18385 规定的试验方法测量 30min 最高车速,其值应不低于80km/h。

(2) **加速性能**。按照 GB/T 18385 规定的试验方法测量车辆 0~50km/h 和 50~80km/h 的加速性能,其加速时间应分别不超过10s和15s。

(3) **爬坡性能**。按照 GB/T 18385 规定的试验方法,测量车辆爬坡车速和车辆最大爬坡度,应符合下列要求。

① 车辆通过4%坡度的爬坡车速不低于60km/h。

② 车辆通过12%坡度的爬坡车速不低于30km/h。

③ 车辆最大爬坡度不低于20%。

5. 低温起动性能要求

车辆在-20℃±2℃的试验环境温度下,浸车8h后,应能正常起动、行驶。

6. 续驶里程

按照 GB/T 18386 测量工况法续驶里程,其值应大于80km。

7. 操纵稳定性要求

按照 QC/T 480 进行操纵稳定性试验，其指标应满足 QC/T 480 的要求。

8. 可靠性要求

车辆的可靠性应满足以下要求。

(1) 里程分配。可靠性行驶试验的总里程为 15000km，其中强化坏路 2000km，平坦公路 6000km，高速路 2000km，工况行驶 5000km（工况按照 GB/T 19750）。可靠性行驶试验前的动力性能试验里程，以及各试验间的行驶里程等可计入可靠性试验里程。

(2) 故障。整个可靠性试验过程中，整车控制器及总线系统、动力蓄电池及管理系统、电动机及电动机控制器、车载充电系统（如果有）等系统和设备不应出现危及人身安全、引起主要总成报废、对周围环境造成严重危害的故障（致命故障）；也不应出现影响行车安全、引起主要零部件和总成严重损坏或易损备件和随车工具不能在短时间内排除的故障（严重故障）。其他系统和零部件参照相关标准的要求。

(3) 车辆维护。车辆的正常维护和充电应按照车辆制造厂的规定。整个行驶试验期间，不应更换动力系统的关键部件，如电动机及其控制器、动力蓄电池及管理系统、车载充电系统（如果有）等。

(4) 性能复试。可靠性试验结束后，进行 30min 最高车速、续驶里程复试。其 30min 最高车速复测值应不低于初始所测值的 80%，且应不低于 70km/h；工况法续驶里程复测值应不低于初始所测值的 80%，且应不低于 70km。

9. 车辆上安装的动力蓄电池的要求

车辆上安装的动力蓄电池应满足以下要求。

(1) 一般要求。动力蓄电池根据其类型，应符合 QC/T 742、QC/T 743 或 QC/T 744 的要求。

(2) 低温容量。在环境温度为 -20℃ 时，动力蓄电池模块容量与常温下的容量比应不小于 70%，动力蓄电池根据其类型，试验方法按照 QC/T 742、QC/T 743 或 QC/T 744 中相应的条款。

2.1.4 纯电动汽车的特点

1. 纯电动汽车的优点

纯电动汽车与内燃机汽车相比，具有以下优点。

(1) 零排放。纯电动汽车使用电能，在行驶过程中不排出废气，不污染环境。

(2) 能源效率高。纯电动汽车的能源效率已超过内燃机汽车，特别是在城市中运行时，汽车走走停停，行驶速度不高，纯电动汽车更适合。纯电动汽车停止时不消耗电量，在制动过程中，电动机可自动转换为发电机，实现制动减速时能量的再利用。

(3) 结构简单。因为纯电动汽车使用单一电能源，省去了发动机、变速器、油箱、冷却系统和排气系统等，所以结构较简单。

(4) 噪声小。纯电动汽车无内燃机产生的噪声，电动机噪声也比内燃机小。

(5) 节约能源。纯电动汽车的应用可有效减小人类对石油资源的依赖,将有限的石油资源用于更重要的方面。向蓄电池充电的电能可以由煤炭、天然气、水能、核能、太阳能、风能、潮汐能等能源转换。除此之外,如果夜间向蓄电池充电,则还可以避开用电高峰,有利于电网均衡负荷,减少费用。

2. 纯电动汽车的缺点

纯电动汽车与内燃机汽车相比,具有以下缺点。

(1) 续驶里程较短。目前纯电动汽车技术尚不如内燃机汽车技术完善,尤其是动力蓄电池的使用寿命短,使用成本高,储能量小,一次充电后续驶里程较短。

(2) 成本高。纯电动汽车主要采用锂离子蓄电池,成本较高。

(3) 存在安全隐患。纯电动汽车的安全性有待进一步提高。

(4) 配套不完善。纯电动汽车的使用方便性远不如内燃机汽车,还要加大配套基础设施的建设。

随着纯电动汽车技术的突破,特别是动力蓄电池容量和循环寿命的提高及价格的降低,纯电动汽车的推广使用一定会得到较大发展。

2.1.5　纯电动汽车的关键技术

发展纯电动汽车必须解决四项关键技术:电池及管理技术、电动机及控制技术、整车控制技术及整车轻量化技术。

1. 电池及管理技术

电池是电动汽车的动力源,也是一直制约电动汽车发展的关键因素。要使纯电动汽车与内燃机汽车竞争,关键是开发出比能量高、比功率大、使用寿命长、成本低的高效电池。但目前还没有任何一种电池能达到纯电动汽车普及的要求。

电池组性能直接影响整车的加速性能、续驶里程及制动能量回收的效率等。电池的成本和循环寿命直接影响汽车的成本及可靠性,所有影响电池性能的参数必须优化。纯电动汽车的电池发热量很大,电池温度影响电池电化学系统的运行、循环寿命和充电可接受性、功率、能量、安全性、可靠性等。所以,为了达到最佳性能和最佳使用寿命,需将电池组的温度控制在一定范围内,减小电池组内不均匀的温度分布以避免模块间不平衡,从而避免电池性能下降,消除相关潜在危险。

2. 电动机及控制技术

电动汽车的驱动电动机属于特种电动机,是电动汽车的关键部件。要使电动汽车具有良好的使用性能,驱动电动机应具有较大的调速范围及较高的转速,足够大的起动转矩,体积小、质量轻、效率高,而且具有动态制动强和能量回馈的性能。纯电动汽车所用的电动机正向大功率、高转速、高效率和小型化方向发展。

随着电动机及驱动系统的发展,控制系统趋于智能化和数字化。变结构控制、模糊控制、神经网络、自适应控制、专家系统、遗传算法等非线性智能控制技术,都将各自应用或结合应用于纯电动汽车的电动机控制系统,使系统结构简单、响应迅速、抗干扰能力强、参数变化具有鲁棒性,大大提高整个系统的综合性能。

3. 整车控制技术

新型纯电动汽车整车控制系统是两条总线的网络结构，即驱动系统的高速控制器局域网络(Controller Area Network，CAN)总线和车身系统的低速总线。高速 CAN 总线的每个节点都是各子系统的电子控制单元(Electronic Control Unit，ECU)，低速总线按物理位置设置节点，其基本原则是基于空间位置的区域自治。

实现整车网络化控制的意义不仅是解决汽车电子化中出现的线路复杂和线束增加问题，网络化实现的通信和资源共享能力成为新的电子与计算机技术在汽车上应用的一个基础，而且为 X-By-Wire 技术提供了有力的支撑。

4. 整车轻量化技术

整车轻量化技术始终是汽车技术的重要研究内容。纯电动汽车布置有电池组，整车质量增大很多，轻量化问题更加突出，可以采用以下措施减小整车质量。

(1) 通过对整车实际使用工况和使用要求的分析，整体优化电池的电压、容量，驱动电动机的功率、转速和转矩以及整车性能等车辆参数，合理选择电池和电动机参数。

(2) 通过结构优化和集成化、模块化优化设计，减小动力总成、车载能源系统的质量，主要包括对电动机及驱动器、传动系统、冷却系统、空调和制动真空系统的集成和模块化设计，实现系统优化；通过电池、电池箱、电池管理系统、车载充电机组成的车载能源系统的合理集成和分散，实现系统优化。

(3) 积极采用轻质材料，如电池箱的结构框架、箱体封皮、轮毂等采用轻质合金材料。

(4) 利用计算机辅助设计 (Computer Aided Design，CAD) 对车身承载结构件(如前后桥，新增的边梁、横梁等)进行有限元分析，用计算与试验结合的方式实现结构最优化。

2.1.6 纯电动汽车车型实例

1. 比亚迪 E6 纯电动汽车

比亚迪 E6 纯电动汽车(图 2.20)的车身尺寸为 4560mm×1822mm×1630mm，轴距为 2830mm，轮距为 1556mm，最小离地间隙为 150mm；整备质量为 2295kg；动力蓄电池和起动电池均采用比亚迪自主研发生产的磷酸铁锂离子蓄电池，额定容量为 57A·h，标称电压为 330V；驱动电动机采用永磁同步电动机，额定功率为 75kW，峰值转矩为 450N·m，工作电压为 320V；车载充电机的输入电压为 220V，输出功率为 200kW，充电时间为 7h，如果选择快充，则 15min 左右可充满电池电量的 80%。

比亚迪 E6 纯电动汽车的续驶里程为 316km，0～100km/h 的加速时间在 10s 以内，最高车速可达 150km/h，最大爬坡度为 30%，能量消耗率约为 21.5kW·h/100km，相当于内燃机汽车的 30% 左右。

2. 北汽 E150 纯电动汽车

北汽 E150 纯电动汽车(图 2.21)的车身尺寸为 3998mm×1720mm×1503mm，轴距为

图 2.20　比亚迪 E6 纯电动汽车

2500mm；整备质量为 1320kg；动力蓄电池采用磷酸铁锂离子蓄电池，电池组容量为 25.6kW·h；驱动电动机采用永磁磁阻同步电动机，额定功率为 20kW，峰值功率为 45kW，峰值转矩为 180N·m。

图 2.21　北汽 E150 纯电动汽车

北汽 E150 纯电动汽车一次充满电的综合工况续驶里程为 160km，60km/h 的等速工况则为 200km；最高车速为 125km/h。

北汽 E150 纯电动汽车有三种充电方式：220V 家用充电、国标慢充电桩充电、国标直流快速充电。使用快充约 30min 可充到 80%，使用慢充需要 6～8h。

3. 江淮同悦 iEV 纯电动汽车

江淮同悦 iEV 纯电动汽车(图 2.22)的车身尺寸为 4155mm×1650mm×1445mm，轴距为 2400mm；整备质量为 1200kg；驱动电动机采用永磁同步电动机，额定功率为 18kW，峰值转矩为 170N·m；动力蓄电池采用磷酸铁锂离子蓄电池，电池组容量为 40A·h，电池组电压为 340V，电池组能量为 19kW·h。

江淮同悦 iEV 纯电动汽车的最高车速为 95km/h，最大爬坡度为 25%，0～100km/h 的加速时间为 14.5s；市区能实现最大续驶里程为 160km，在匀速 60km/h 的情况下能实现最大续驶里程 200km；能量消耗率为 13kW·h/100km。

新能源汽车类型　第2章

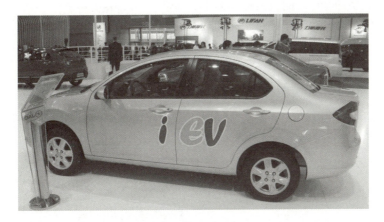

图 2.22　江淮同悦 iEV 纯电动汽车

江淮同悦 iEV 纯电动汽车提供快充和慢充两种充电模式，其中使用快充充满电需 2.5h，使用慢充充满电需 8h，车内备有两种充电线，可以满足国标慢充电桩充电和 220V 家用充电需要。

4. 上汽荣威 E50 纯电动汽车

上汽荣威 E50 纯电动汽车（图 2.23）的车身尺寸为 3569mm×1551mm×1540mm，轴距为 2305mm；整备质量为 1080kg；驱动电动机采用永磁同步电动机，额定功率为 28kW，峰值功率为 52kW，峰值转矩为 155N·m；动力蓄电池采用磷酸铁锂离子蓄电池，电池容量为 60A·h，电池组电压为 300V，电池组能量为 18kW·h。

图 2.23　上汽荣威 E50 纯电动汽车

上汽荣威 E50 纯电动汽车的最高车速为 130km/h，最大爬坡度为 25%，0～100km/h 的加速时间为 15s；市区内能实现最大续驶里程为 140km，在匀速 60km/h 的情况下能实现最大续驶里程为 190km；能量消耗率为 11.6kW·h/100km。

上汽荣威 E50 纯电动汽车提供快充和慢充两种充电模式，其中使用慢充充满电需 6h，使用快充 30min 可充到 80%，车内备有两种充电线，可以满足国标慢充电桩充电和 220V 家用充电需要。

5. 特斯拉 Model S 纯电动汽车

特斯拉 Model S 纯电动汽车（图 2.24）是由美国特斯拉公司制造的全尺寸高性能电动汽车，集成多功能的大尺寸液晶显示屏，电池选择多样化，支持太阳能充电，最大续驶里程为 502km。

图 2.24 特斯拉 Model S 纯电动汽车

特斯拉 Model S 纯电动汽车的车身尺寸为 4978mm×1964mm×1435mm，轴距为 2595mm，最小离地间隙为 152mm；整备质量为 2108kg。

特斯拉 Model S 纯电动汽车提供三种配置。特斯拉 Model S60 纯电动汽车配置的电动机峰值功率为 222kW，峰值转矩为 440N·m，电池容量为 60kW·h，最高车速为 190km/h，最大续驶里程为 390km，0~100km/h 的加速时间为 6.2s。特斯拉 Model S85 纯电动汽车配置的电动机峰值功率为 270kW，峰值转矩为 440N·m，电池容量为 85kW·h，最高车速为 200km/h，最大续驶里程为 502km，0~100km/h 的加速时间为 5.6s。特斯拉 Model SP85 纯电动汽车配置的电动机峰值功率为 310kW，峰值转矩为 600N·m，电池容量为 85kW·h，最高车速为 200km/h，最大续驶里程为 502km，0~100km/h 的加速时间为 4.4s。

特拉斯 Model S 纯电动汽车可以选择传统插座充电和充电桩充电两种方式。此外，特斯拉 Model S 纯电动汽车还支持太阳能充电，容量为 85kW·h 的电池只需 1h 即可充满电。

2.2 增程式电动汽车

增程式电动汽车（Extended Range Electric Vehicle，EREV）是一种既可通过外接电源获得电能驱动车辆行驶，又可通过增程器获得电能驱动车辆行驶的电动汽车。当动力蓄电池电能充足时，车辆在纯电动模式下行驶，车辆需求功率来自动力蓄电池，增程器关闭，不参与工作；当以纯电动模式行驶距离较长，动力蓄电池电量消耗过多，动力蓄电池荷电状态（State Of Charge，SOC）降至某临界值时，增程器自动开启，既可以驱动车辆，又可以为动力蓄电池充电。增程式电动汽车介于纯电动汽车与混合动力电动汽车之间，兼具两者的特点。

2.2.1 增程式电动汽车的结构

图2.25所示是某增程式电动汽车的动力传动系统结构，主要由驱动电动机系统、电源系统、增程器和整车控制器等组成，与纯电动汽车相比增加了增程器。

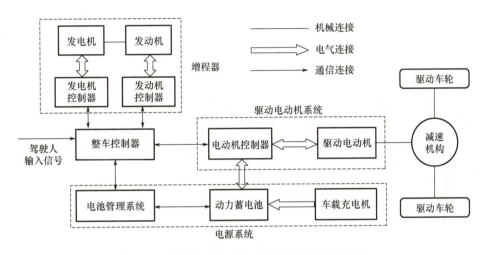

图2.25 某增程式电动汽车的动力传动系统结构

1. 驱动电动机系统

增程式电动汽车的驱动电动机系统与纯电动汽车的类似，也是由驱动电动机及电动机控制器组成的。区别在于，驱动电动机的能量来源除动力蓄电池外，还有增程器。发动机与驱动电动机之间不是机械连接，而是通过发电机发电将发动机发出的机械能转换为电能，电动机控制器根据车辆工况的需求将电能分配给驱动电动机，多余电能存储到动力蓄电池中。

增程式电动汽车驱动电动机应该具备较高的功率密度，而且在较大的转速和转矩范围内具备较好的效率特性，同时驱动电动机控制器实现双向控制，以实现制动能量回收。

增程式电动汽车驱动电动机参数匹配方法与纯电动汽车的相同，根据整车动力性匹配驱动电动机的峰值功率。在满足整车动力性的前提下，为提高驱动电动机工作效率并减小质量，应尽量选择峰值功率较小、转速高的电动机。

2. 电源系统

增程式电动汽车的电源系统与纯电动汽车的类似，也是由动力蓄电池、电池管理系统、车载充电机等组成的。区别在于，动力蓄电池需兼顾纯电动和混合动力两种模式，具体如下：在深度放电的情况下，依然有较长的循环寿命；在较低的荷电状态下，可输出大功率的电能，使增程式电动汽车在低荷电状态下加速性能仍然良好；在高荷电状态下，可以接受大电流充电，以保证制动能量回收的效率不受荷电状态的影响；在保持高荷电状态下，可延长使用寿命；能量密度及比能量高，以减小电池组的体积和质量；安全性好。

动力蓄电池是增程式电动汽车整车驱动的主要能量源，是能量储存装置，应具有良好的充放电性能，以保证整车动力性和再生制动回收的能力；容量应满足增程式电动汽车性能要求的纯电动续驶里程；电压等级应与电力系统电压等级和变化范围一致；充放电功率应满足整车驱动和电器负载的功率要求。

增程式电动汽车动力蓄电池参数匹配方法与纯电动汽车的类似，只是要求不同。增程式电动汽车纯电动模式的续驶里程较短，动力蓄电池容量比纯电动汽车小。

3. 增程器

发动机、发电机及其控制器共同组成了增程器。增程器是增程式电动汽车动力传动系统的关键组件，发动机/发电机系统与驱动车轮在机械上是分离的，发动机的转速和转矩与速度和牵引转矩的需求无关，可控制发动机运行在转速-转矩平面上的任意点。通常控制发动机在最佳工况下运行，此时发动机的油耗和排放量最低。由于发动机和驱动车轮不是机械连接，因此可以实现发动机最佳运行状态。

增程器只提供电能，以驱动电动机或者为动力蓄电池充电，增大电动汽车的续驶里程，发动机与驱动电动机之间的动力传动路线没有机械连接，电能可以用于驱动车辆，不经过动力蓄电池的充放电过程，降低了从增程器到动力蓄电池的能量传递损失。

增程器根据电能来源的不同可分为发动机/发电机组、燃料电池和超级电容器等，其中发动机/发电机组的增程器应用较广。增程器用发动机目前主要有往复式发动机和转子式发动机。往复式发动机属于传统发动机，是常见发动机。转子发动机一般燃烧效率较低，但因具有特殊的结构而具有旋转顺畅、利于小型化的优点，符合增程器的设计要求。增程器上的转子发动机是在一定条件下起动的，不比往复式发动机逊色。

增程器中发动机与发电机的连接方式主要有两种：弹性联轴器结构连接和直接刚性连接件连接。前者轴线尺寸较大，对定位安装工艺要求高；后者发电机惯量及动态加载会给轴系带来冲击，存在动力过载损坏轴系的危险。

一般要求增程器稳定、可靠，可以立刻起动并进入正常工作状态。为了实现高效率和低排放，系统要求在最佳工作点工作，因此控制器非常关键，通过控制策略和优化措施，在保证整车动力性的前提下提高经济性。

4. 整车控制器

增程式电动汽车的整车控制器通过 CAN 总线与发动机控制器、发电机控制器、驱动电动机控制器及电池管理系统进行信息交互，实现增程器的控制。增程器、驱动电动机、动力蓄电池之间通过整车控制器进行电能交互，实现能量的最优分配。同时，动力蓄电池通过车载充电机充电，保证纯电动模式下的行驶。

2.2.2 增程器的分类

增程器是增程式电动汽车的重要组件，与车辆的性能、油耗、燃油替代、原始成本和运行成本密切相关。增程器可以按以下方式分类。

1. 按布置位置分类

增程器包括发电装置和辅助能量存储装置。根据与汽车的安装关系(安装位置),增程器可以分为以下几种。

(1) **挂车式增程器**。挂车式增程器安装在拖车上,根据行驶距离决定是否使用增程器,出行前需要对出行距离做出预估:长距离行驶时,需要挂车式增程器适时提供能量;市区短途行驶时取下拖车,可作为纯电动汽车使用。挂车式增程器的结构具有特殊性,实用性不强,多用于室内场馆车。其优点是增程器输出功率能够根据需要设计,增程器可以使用多种辅助燃料。其缺点是使用缺乏灵活性,拖车质量和体积都比较大,不易倒车。在不确定是否需要长距离行驶或者发生突发性事件时,会为驾乘者带来很大不便,限制了驾驶的自由度。

(2) **插拔式增程器**。插拔式增程器将增程器设置为可插拔的模块,因为短途行驶时不需要携带增程器。这种增程器需要将增程器系统模块(包括控制器和DC/DC转换器)集中在一起,做成一个方便拆卸的独立单元。日常短途行驶时,将增程器系统拆下,只用蓄电池的电能驱动车辆行驶,完全变为纯电动汽车,减轻了车辆的整备质量,提高了能量利用率;长途行驶时,将增程器模块通过机械及电气接口与整车动力系统连接,增大续驶里程。插拔式增程器设计要求较高,且需要与动力部件及传动系统合理匹配,且控制策略非常复杂,还要解决振动噪声等附加问题,所以目前价格偏高。

(3) **车载式增程器**。车载式增程器与纯电动汽车的动力系统固定在一起,结构形式简单,动力系统可以方便地实现结构布置,提高了整车的空间利用率。与插拔式增程器相比,不需要在出行前预估出行距离,也不需要频繁地拆卸和安装增程器,是应用较多的增程器。

2. 按结构组成分类

增程器按照结构组成的不同分为以下几种。

(1) **大容量蓄电池增程器**。大容量蓄电池增程器的优点是便于统一标准和规格,研发周期短,成本低,容易实现量产。但是由于这种增程器基于传统的蓄电池,因此不可避免地存在能量密度较低、体积较大、成本高等缺点。短途行驶时的优势明显不足。

(2) **燃料电池增程器**。为了达到尽量避免使用燃油,实现零排放的目标,燃料电池增程器成为一种新的选择。以功率为5~10kW的小型燃料电池为增程器,与车载主动力蓄电池协同工作,可以延长电动汽车的续驶里程。燃料电池增程器的结构如图2.26所示。

氢燃料电池增程器可分为电源及其管理系统、氢气系统、燃料电池及其控制系统三个子模块。其中,电源及其管理系统子模块主要由压力传感器、电压传感器、电流传感器、DC/DC转换器、继电器、控制器铝盒、控制器插接件集成。氢气系统子模块主要由氢瓶、氢传感器、氢气管路、减压阀集成。燃料电池及其控制系统子模块由电堆、电堆控制器、电池阀、单片检测接头、电堆输出端导线、燃料电池风扇组成,可以方便地拆装。采用模块化布置法的氢燃料电池增程器系统的整体结构如图2.27所示。

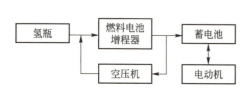

图 2.26 燃料电池增程器的结构

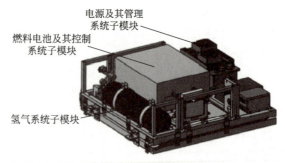

图 2.27 采用模块化布置法的氢燃料电池增程器系统的整体结构

目前，燃料电池增程器处于开发阶段，从整车集成方面的要求来讲，需要克服的技术问题如下：要求空气压缩机体积小、质量轻，且需要良好的散热装置；要求空气压缩机的压缩比较大，同时保证输出的空气流量较小。增程式电动汽车的应用还处于研发阶段。要将燃料电池增程器成熟应用于增程式电动汽车，需要克服以上技术问题。

（3）发动机/发电机组增程器。发动机/发电机组增程器可以采用多种发动机与发电机组成增程式系统，可供选择的发动机有传统的活塞式发动机、转子发动机、小型燃气轮机等。由于这种增程器的电能由发动机提供，经历了发动机/发电机的能量转换过程，因此发电机功率大于增程器功率，发动机到发电机存在能量损失，要求发动机功率大于发电机功率，在满足以上结构和配置的基础上，保证发动机和发电机都工作在转矩-转速高效率区。发动机/发电机组增程器是目前应用较多、技术较成熟的增程器。

2.2.3 增程式电动汽车的原理

增程式电动汽车的动力传动系统的组成与串联插电式混合动力电动汽车的动力系统相似，区别在于，增程式电动汽车的能量传递路线体现出两种动力系统，但是只有一种驱动方式——电动机驱动。在结构上，增程式电动汽车是在纯电动汽车的基础上开发的电动汽车，增程器的布置对原有车辆的动力系统结构影响较小。

增程式电动汽车有五种工作模式，即纯电动模式、增程器单独驱动模式、混合驱动模式、制动模式和停车充电模式。

1. 纯电动模式

当动力蓄电池能量充足时，使用纯电动模式。纯电动模式的能量传递路线如图 2.28 所示，增程器处于关闭状态，动力蓄电池是唯一动力源，此时汽车相当于一辆纯电动汽车。不同之处在于，增程式电动汽车的续驶里程可以设置得较小，不必装备大量动力蓄电池，既降低了成本又减轻了整备质量。动力蓄电池的能量应满足汽车起步、加速、爬坡、急速，以及驱动汽车空调等附件的功率需求。

2. 增程器单独驱动模式

当动力蓄电池能量不足时，使用增程器单独驱动模式。增程器单独驱动模式的能量传

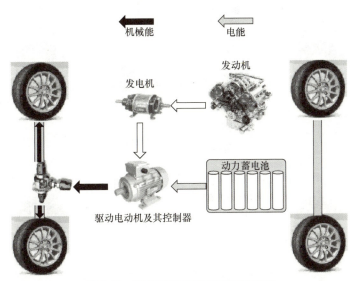

图 2.28 纯电动模式的能量传递路线

递路线如图 2.29 所示。在动力蓄电池荷电状态降至设定的阈值 SOC_{min} 时,增程器起动,发动机根据制定的控制策略在最佳状况下运行,使发电机发电,一部分用于驱动汽车行驶,另一部分为动力蓄电池充电。

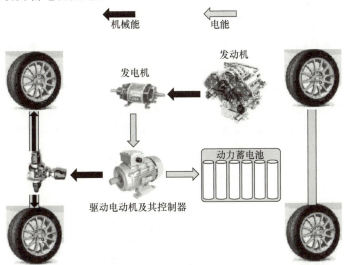

图 2.29 增程器单独驱动模式的能量传递路线

当动力蓄电池电量恢复至充足时,发动机停止工作,继续由动力蓄电池驱动电动机,提供整车功率需求。

3. 混合驱动模式

当路面需求功率较大且动力蓄电池供能不足时,增程器开启,发动机/发电机组与动力蓄电池一起工作,提供汽车行驶所需的动力。混合驱动模式的能量传递路线如图 2.30 所示。

增程器单独驱动模式和混合驱动模式都属于增程模式。增程模式的发动机可以有多种

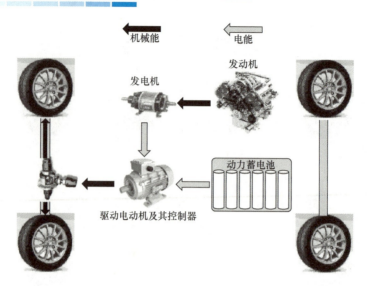

图 2.30　混合驱动模式的能量传递路线

工作方式，根据控制策略的不同，可以分为发动机恒功率模式、功率跟随模式、恒功率与功率跟随结合模式，以及智能控制策略和优化算法控制策略等复杂控制模式。

4. 制动模式

当车辆行驶过程中发生减速及制动请求时，驾驶人要踩下制动踏板。当满足一定条件时，整车进入制动能量回收模式；当制动强度较低、制动较缓和、制动请求功率较小时，采用电动机单独制动；当发生急减速或紧急制动时，一旦制动负载功率超出电动机再生制动功率的上限，为了保护蓄电池组、限制输入功率，摩擦制动器就参与工作，与电动机再生制动共同提供车辆的制动功率需求。制动模式的能量传递路线如图 2.31 所示。再生制动可以将车辆的动能转换为电能并储存在动力蓄电池中，以供车辆驱动使用，提高整车能量利用率。在再生制动情况下，电动机以发电机状态工作，回收的制动能量储存在动力蓄电池中。

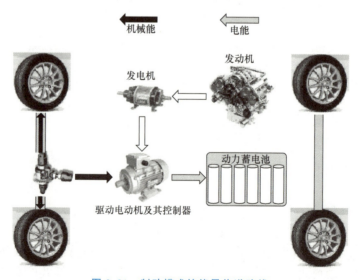

图 2.31　制动模式的能量传递路线

5. 停车充电模式

停车充电模式的能量传递路线如图 2.32 所示。停车时，动力系统停止工作，通过车载充电机连接外接电网为动力蓄电池充电，以备下次行车使用。停车充电模式可保证车辆大部分时间纯电动行驶，减少燃料发动机的使用频次，显著降低车辆的行驶成本及污染。

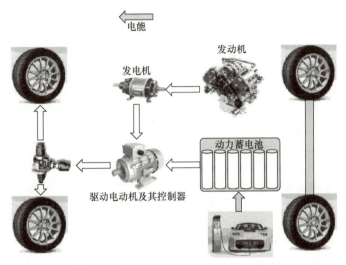

图 2.32 停车充电模式的能量传递路线

2.2.4 增程式电动汽车的特点

增程式电动汽车与内燃机汽车相比，短距离行驶时不起动发动机，不排放污染物；长距离行驶时油耗比较低，在大部分情况下发动机不起动，噪声小。增程式电动汽车的发动机/发电机组起动时，在最佳工作范围内工作，大大提高了发动机的工作效率。

增程式电动汽车与纯电动汽车相比，最大优点是续驶里程得到了很大提高，纯电动汽车由于完全使用价格高昂的动力蓄电池，因此附加成本高，而且即使采用了最新电池技术，续驶里程也有限。一旦电池能量消耗尽，汽车就无法行驶，只能停车等待充电。增程式电动汽车很好地解决了这个问题，可以随时在加油站加油。在相同续驶里程的条件下，增程式电动汽车的电池组比较小，电池容量是纯电动汽车的30%～40%，无须配备大容量动力蓄电池，制造成本降低。当电池组荷电状态值降低到一定限值时，转换为增程模式运行，避免电池组过放电，电池使用寿命延长。增程式电动汽车不需要周转电池，可在停车场用市电充电，不需要建立充电站，不需要大量换电设施和工作人员，降低了成本。

增程式电动汽车与插电式混合动力电动汽车的最大区别在于，由于动力蓄电池容量增大及驱动系统的设计不同，增程式电动汽车在电池电量充足的条件下行驶时，发动机不参与工作，因此不需要像插电式混合动力电动汽车一样对工作模式进行特定说明。增程式电动汽车使用的动力蓄电池、驱动电动机及动力系统的用电功率必须按照满足整车性能的要求设计，搭载的动力蓄电池组及其容量必须从满足纯电动汽车整车性能的角度考虑。虽然增程式电动汽车的工作模式看上去与早期的纯电动插电式混合动力电动汽车相似，但是在电池电量充足的情况下，增程式电动汽车必须在所有工作模式下都维持纯电驱动模式。

由于增程式电动汽车不需要为了驾驶速度和功率的需求起动发动机,因此在电池电量充足的情况下,不需要像早期的纯电动插电式混合动力电动汽车一样转换成混合驱动模式运行。在增程器设计方面,增程式电动汽车允许显著降低发动机的功率,发动机提供的动力不需要达到车辆动力性能所需的峰值功率,仅满足车辆行驶所需要的持续动力需求即可。

混合动力电动汽车采用复杂的机械动力混合结构,发动机和电动机复合驱动,电池能量很小,只起辅助驱动和制动能量回收的作用。增程式电动汽车采取电池扩容的方式,解决了电池驱动的续驶能力问题。虽然车辆成本略有提高,但是在正常运行工况下,具有电能补充装置的作用,电池在良性平台充、放电,保证了使用寿命,降低了维护成本。电能补充装置进行电量补充且一直处于最佳工作状态,保证了发动机的最佳工作状态。增程式电动汽车能外接充电,尽可能利用晚间用电低谷或午间驾乘人员的休整间隙充电,进一步提高了能源利用率。

增程式电动汽车与燃料电池电动汽车相比,电池成本低,技术成熟,燃料电池转换效率高,环境污染少,随着燃料电池技术的进步和配套设施的成熟,开发和使用成本也会相应降低。

增程式电动汽车能够有效提高燃油利用率,主要原因如下。①发动机不直接与机械系统连接,发动机的工作状态相对独立,可将发动机设置在最佳效率点工作。②在电量保持模式下,主要由发动机驱动整车行驶,当需求功率较小时,发动机关闭,由动力蓄电池驱动整车行驶;当需求功率较大时,动力蓄电池提供发动机功率不足的部分,避免发动机的工作点波动,保证发动机工作于最佳效率点。③当车辆制动时,电池组能有效回收制动能量。

综上所述,增程式电动汽车是一种可增大续驶里程的纯电动汽车,兼具混合动力电动汽车和纯电动汽车的特征,是现阶段解决新能源汽车技术问题的切实可行的方案之一。增程式纯电动汽车的特点如下。

(1) 在电量消耗模式下发动机不起动,由动力蓄电池驱动整车行驶,以减小整车对石油的依赖,缓解石油危机。

(2) 当电池电量不足时,为了保证车辆性能和电池组的安全性,进入电量保持模式,由动力蓄电池和发动机联合驱动整车行驶。

(3) 整车纯电动续驶里程满足大部分人每天的续驶里程要求,动力蓄电池可利用晚间用电低谷充电,缓解供电压力。

(4) 在大部分情况下,整车在电量消耗模式下行驶,能达到零排放和低噪声的效果。

(5) 发动机不与机械系统直接连接,可工作于最佳效率点,大大提高整车燃油利用效率。

鉴于增程器工作条件的特殊性,对电动汽车的增程系统提出以下要求。

(1) 增程系统要稳定可靠,可以立刻起动并进入正常工作状态。当车辆长时间不用时,要定期起动发动机,以使各部件得到良好的润滑和维护。

(2) 由于工况复杂,为了实现高效率和低排放的要求,要求系统在最佳效率点工作,因此控制器非常关键,通过控制策略和优化措施,在保证整车动力性能的前提下提高经济性。

2.2.5 增程式电动汽车车型实例

1. 瑞麒 X1 增程式电动汽车

瑞麒 X1 增程式电动汽车(图 2.33)的车身尺寸为 3866mm×1622mm×1638mm;纯电

动模式下的续驶里程为 100km；最高车速为 120km/h；当车载电池电量消耗至最低临界限值时，一台 6kW 的两缸汽油发动机自动起动，继续提供电能或直接驱动电动机，以实现 300km 的续驶里程；使用普通电源充电时，需 6～8h 充满，使用高压快速充电时，可在 30min 内充满。

图 2.33　瑞麒 X1 增程式电动汽车

2. 广汽传祺 GA5 增程式电动汽车

广汽传祺 GA5 增程式电动汽车（图 2.34）搭载永磁同步电动机，输出的最大功率为 94kW，最大转矩为 225N·m；纯电动模式下的续驶里程为 80km；当电池容量不足时，配备的 1.0L 发动机通过发电机为电池供电，发动机不参与动力驱动；新车的最大续驶里程超过 600km。

图 2.34　广汽传祺 GA5 增程式电动汽车

3. 马自达 Extender EV 增程式电动汽车

马自达 Extender EV 增程式电动汽车（图 2.35）装载了一款功率为 19kW、排量为 0.33L 的转子发动机，油箱容积为 9L；搭配了一款最大功率为 74.5kW、峰值转矩为 153N·m 的驱动电动机；在纯电动模式下，使用锂离子蓄电池（容量为 20kW·h）供电时，最大续驶里程为 200km；增程模式下的最大续驶里程为 380km；0～100km/h 的加速时间为 10.8s；搭载制动能量回收系统；二氧化碳排放量可以控制在 15g/km 以下。

图 2.35 马自达 Extender EV 增程式电动汽车

4. 雪佛兰沃蓝达增程式电动汽车

雪佛兰沃蓝达增程式电动汽车(图 2.36)的车身尺寸为 4498mm×1787mm×1439mm，轴距为 2685mm；整备质量为 1700kg；配备的锂离子蓄电池容量为 16kW·h，呈 T 形布置在底盘上；使用层压式结构，288 个单体蓄电池并列布置，在每个单体之间设计了冷却水管路，低温时为温水，高温时为冷水，可使电池一直在最佳工作温度下工作；动力系统由 1 台主电动机、1 台副电动机兼发电机及 1 台 1.4L 发动机组成；主电动机峰值功率为 111kW，峰值转矩为 370N·m，副电动机功率为 55kW；只用于发电的发动机的额定功率为 62.5kW。

图 2.36 雪佛兰沃蓝达增程式电动汽车

雪佛兰沃蓝达增程式电动汽车可以通过电力全时、全速驱动，运行模式有两种：电池电力驱动和增程式电力驱动。在电池电力驱动模式下，可依靠容量为 16kW·h 的锂离子蓄电池组实现 80km 的"零油耗、零排放"行驶；当车载电池电量消耗至最低临界限值时，平顺切换至增程式电力驱动模式，车载发动机、发电机自动起动，为车辆提供续驶电能，实现 490km 的续驶里程。雪佛兰沃蓝达增程式电动汽车 0~100km/h 的加速时间约为 9s，最高车速可达 160km/h。

2.3 混合动力电动汽车

混合动力电动汽车是指能够至少从两类车载储存的能量(可消耗的燃料、可再充电能/能量储存装置)中获得动力的汽车。混合动力电动汽车是内燃机汽车向纯电动汽车发展的过渡车型。

2.3.1 混合动力电动汽车的分类

混合动力电动汽车主要有以下分类方法。

1. 按照动力系统的结构形式分类

按照动力系统的结构形式的不同,混合动力电动汽车可以分为以下三种。

(1) **串联式混合动力电动汽车**。串联式混合动力电动汽车是指车辆行驶系统的驱动力只来源于电动机的混合动力电动汽车。其结构特点是发动机带动发电机发电,电能通过电动机控制器输送给电动机,由电动机驱动车辆行驶。另外,动力蓄电池还可以单独向电动机提供电能,驱动车辆行驶。代表车型是雪佛兰沃蓝达。

(2) **并联式混合动力电动汽车**。并联式混合动力电动汽车是指车辆行驶系统的驱动力由电动机及发动机同时或单独供给的混合动力电动汽车。其结构特点是并联式驱动系统可以单独使用发动机或电动机作为动力源,也可以同时使用电动机和发动机作为动力源驱动车辆行驶。代表车型有本田CR-Z、别克君越 eAssist。

(3) **混联式混合动力电动汽车**。混联式混合动力电动汽车是指具备串联式和并联式两种混合动力系统结构的混合动力电动汽车。其结构特点是可以在串联混合模式下工作,也可以在并联混合模式下工作,同时兼顾串联式和并联式混合动力电动汽车的特点。代表车型有丰田普锐斯、丰田凯美瑞尊瑞、雷克萨斯CT200h、比亚迪F3 DM等。

2. 按照混合度分类

混合度是指混合动力电动汽车中的电动机峰值功率占动力源总功率(电动机峰值功率+发动机最大功率)的百分比。按照混合度的不同,混合动力电动汽车可以分为以下三种。

(1) **微混合型混合动力电动汽车**。微混合型混合动力电动汽车是指以发动机为主要动力源,以电动机为辅助动力源,具备制动能量回收功能的混合动力电动汽车。微混合型混合动力电动汽车的混合度小于10%。仅具有停车急速停机功能的汽车也可称为微混合型混合动力电动汽车。

(2) **轻度混合型混合动力电动汽车**。轻度混合型混合动力电动汽车是指以发动机为主要动力源,以电动机为辅助动力源,当车辆加速和爬坡时,电动机可向车辆行驶系统提供辅助驱动力矩,补充发动机本身动力输出的不足,但不能单独驱动车辆行驶的混合动力电动汽车。轻度混合型混合动力电动汽车的混合度大于10%,可以达到30%左右,在城市循环工况下,节油率可以达到20%~30%,目前技术比较成熟,应用广泛。本田汽车公司旗下的Insight、Accord和Civic混合动力电动汽车采用并联式结构的轻度混合型混合动力系统。

(3) **重度混合型混合动力电动汽车**。重度混合型混合动力电动汽车是指以发动机和(或)电动机为动力源,且电动机可以独立驱动车辆行驶的混合动力电动汽车。重度混合型混合动力系统一般采用 200V 以上的高压电动机,混合度大于 30%,可以达到 50% 以上,在城市循环工况下,节油率可以达到 30%~50%。重度混合型混合动力电动汽车的特点如下:动力系统以发动机为基础动力,以动力蓄电池为辅助动力;采用的电动机功率更大,完全可以满足车辆起步和低速时的动力要求。因此,重度混合型混合动力电动汽车无论是在起步还是在低速行驶状态下,都不需要起动发动机,只需依靠电动机即可,低速时就像纯电动汽车。在急加速和爬坡运行工况下,当车辆需要较大驱动力时,电动机和发动机同时为车辆提供动力。随着电动机技术及电池技术的进步,重度混合型混合动力系统逐渐成为混合动力技术的主要发展方向。丰田普锐斯混合动力电动汽车就是混联式结构的重度混合型混合动力系统。

3. 按照外接充电能力分类

按照外接充电能力的不同,混合动力电动汽车可以分为以下两种。

(1) **外接充电型混合动力电动汽车**。外接充电型混合动力电动汽车是在正常使用情况下,从非车载装置中获取电能量的混合动力电动汽车。插电式混合动力电动汽车属于此类型。

(2) **非外接充电型混合动力电动汽车**。非外接充电型混合动力电动汽车是在正常使用情况下,从车载燃料中获取全部能量的混合动力电动汽车。常规混合动力电动汽车属于此类型。

常规混合动力电动汽车技术成熟,插电式混合动力电动汽车是发展重点。

4. 按照行驶模式的选择方式分类

按照行驶模式的选择方式的不同,混合动力电动汽车可以分为以下两种。

(1) **有手动选择功能的混合动力电动汽车**。有手动选择功能的混合动力电动汽车是指具备行驶模式手动选择功能的混合动力电动汽车,可选择的行驶模式有发动机模式、纯电动模式和混合动力模式。

(2) **无手动选择功能的混合动力电动汽车**。无手动选择功能的混合动力电动汽车是指不具备行驶模式手动选择功能的混合动力电动汽车,其行驶模式根据不同工况自动切换。

5. 按照其他形式分类

按照可再充电能量储存系统的不同,混合动力电动汽车可以分为(但不限于)以下四种。

(1) **动力蓄电池混合动力电动汽车**。
(2) **超级电容器混合动力电动汽车**。
(3) **机电飞轮混合动力电动汽车**。
(4) **动力蓄电池与超级电容器组合式混合动力电动汽车**。

按照技术特征、燃料类型、功能结构和车辆用途等的不同,混合动力电动汽车还有其他分类方法。

2.3.2 混合动力电动汽车的结构

混合动力电动汽车的结构与动力系统结构形式密切相关。

1. 串联式混合动力电动汽车

串联式混合动力电动汽车主要由发动机、发电机、功率转换器、驱动电动机、电动

机控制器、车载充电机及动力蓄电池系统等组成，其系统结构如图 2.37 所示。在串联式混合动力电动汽车上，发动机带动发电机产生的电能和动力蓄电池输出的电能共同输出到驱动电动机，驱动汽车行驶，电力驱动是唯一驱动模式。发动机与发电机直接连接产生电能，驱动电动机或者为动力蓄电池充电。驱动电动机直接与驱动桥连接，汽车行驶时的驱动力由驱动电动机输出。当动力蓄电池的荷电状态降低到预定值时，发动机开始为动力蓄电池充电，延长混合动力电动汽车的续驶里程。另外，动力蓄电池还可以单独向驱动电动机提供电能，驱动汽车在零污染状态下行驶。发动机与驱动系统不是机械地连接在一起，可以很大程度地减少发动机受到的车辆瞬态响应，使发动机进行最佳喷油和点火控制，在最佳工况点附近工作。

奥迪插电式混合动力电动汽车

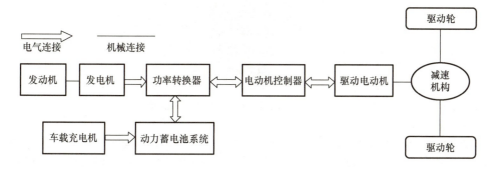

图 2.37 串联式混合动力电动汽车的系统结构

串联式混合动力系统的关键特征是，在功率转换器中，两个电功率被加在一起。功率转换器起电功率耦合器的作用，控制从动力蓄电池和发电机到驱动电动机的功率流，或反向控制从驱动电动机到动力蓄电池的功率流。

串联式混合动力电动汽车的发动机经常保持稳定、高效、低污染的运转状态，使有害气体的排放量控制在最佳范围。串联式混合动力电动汽车的总体结构比较简单，易控制，其特点更加接近纯电动汽车。在电动汽车上布置发动机、发电机、驱动电动机三大部件总成有较大的自由度，但各自的功率较大，外形较大，质量也较大，在中小型电动汽车上布置有一定的困难。另外，在发动机→发电机→电动机驱动系统中，热能→电能→机械能的能量转换过程中，能量损失较大。

雪佛兰沃蓝达混合动力系统如图 2.38 所示，采用 1 台发动机、1 台发电机和 1 台电动机对车辆进行综合驱动。动力蓄电池采用的是容量为 16kW·h 的 360V 锂离子蓄电池组，呈 T 形布置，隐藏于后排座椅下及车身中部，纯电动模式下的最大续驶里程为 80km。

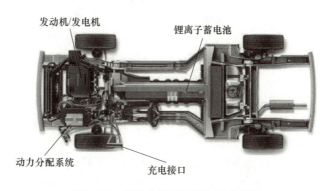

图 2.38 雪佛兰沃蓝达混合动力系统

雪佛兰沃蓝达混合动力电动汽车的动力系统(图2.39)由1台最大功率为111kW的电动机，1台55kW的发电机和1台1.4L自然进气、最大功率为63kW的发动机组成，发动机仅用于发电，其中功率较大的电动机主要用于驱动车辆，而功率较小的发电机主要用于发电。

图2.39　雪佛兰沃蓝达混合动力电动汽车的动力系统

发动机、发电机和电动机通过1个行星齿轮机构及3个离合器组成动力产生/回收/分配系统，如图2.40所示。行星齿轮机构的太阳轮连接电动机；行星架连接减速机构，直接向车轮输出动力；齿圈根据实际情况连接动力分配系统的壳体(固定)或者发电机和发动机。

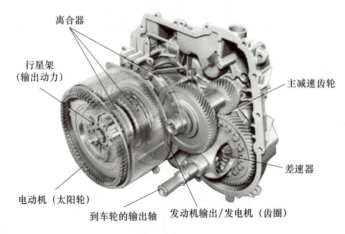

图2.40　雪佛兰沃蓝达动力分配系统

雪佛兰沃蓝达混合动力系统通过3个离合器（C1、C2、C3）控制动力分配，其中C1用于连接齿圈与动力分配系统的壳体(固定)，C2用于连接发电机与齿圈，C3用于连接发动机与发电机。

雪佛兰沃蓝达混合动力系统有以下5种工作模式。

(1) **EV低速模式**。在EV低速模式下，C1吸合，C2、C3松开，发动机停转，仅由电动机驱动车辆,如图 2.41 所示。齿圈固定,电池为电动机供电,驱动太阳轮转动,行星架随太阳轮的转动而转动,把动力传递到减速齿轮,再传递到车轮。

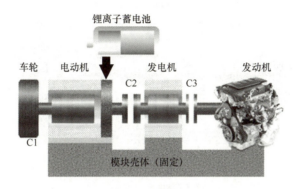

图 2.41　EV 低速模式

（2）**EV 高速模式**。在 EV 高速模式下,C2 吸合,C1、C3 松开,发动机停转,发电机和电动机共同驱动车辆,如图 2.42 所示。电池为电动机和发电机供电,发电机充当电动机工作,驱动齿圈转动。同时,功率较大的另一个电动机驱动太阳轮转动。齿圈和太阳轮同时转动,带动行星架转动,从而把动力传递到车轮。发电机充当电动机工作,驱动齿圈转动,降低了与太阳轮连接的另一个电动机的转速,提高了能源使用率。

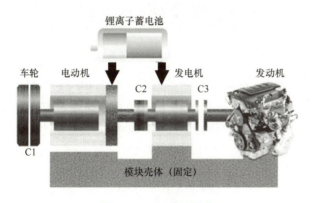

图 2.42　EV 高速模式

（3）**EREV 混合低速模式**。在 EREV 混合低速模式下,C1、C3 吸合,C2 松开,发动机运转,电动机驱动车辆,如图 2.43 所示。发动机驱动发电机发电,并为电池充电;同时,电池为电动机供电,驱动太阳轮转动,由于齿圈固定,行星架随着太阳轮转动,因此动力传递到车轮。

（4）**EREV 混合高速模式**。在 EREV 混合高速模式下,C2、C3 吸合,C1 松开,发动机运转,为电池充电的同时与电动机共同驱动车辆,如图 2.44 所示。发动机与发电机转子连接后,驱动齿圈转动同时发电,电动机驱动太阳轮转动。齿圈和太阳轮同时转动,带动行星架转动,从而把动力传递到车轮。发动机驱动齿圈转动,降低了与太阳轮连接的另一个电动机的转速,提高了能源使用率。

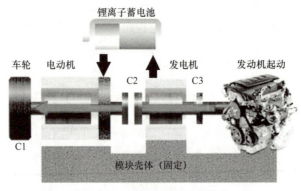

图 2.43　EREV 混合低速模式

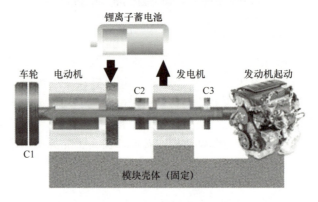

图 2.44　EREV 混合高速模式

（5）**能量回收模式**。在能量回收模式下，C1 吸合，C2、C3 松开，发动机停转，电动机充当发电机回收车辆的动能，如图 2.45 所示。车轮带动行星架转动，由于齿圈固定，太阳轮随着行星架转动，功率较大的电动机作为发电机为电池充电。

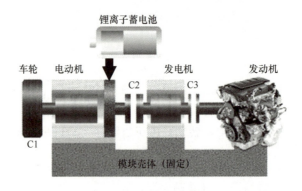

图 2.45　能量回收模式

2. 并联式混合动力电动汽车

并联式混合动力电动汽车有发动机和电动机两套驱动系统，它们可以分开工作，也可以一起协调工作，共同驱动。因此，并联式混合动力电动汽车可以在比较复杂的工况下行驶，应用范围较广。并联式混合动力电动汽车由于电动机的数量和种类、传动系统的类型、部件的数量和位置关系有差别，因此具有明显的多样性。

本田插电式混合动力系统

并联式混合动力电动汽车的系统结构如图 2.46 所示，主要由发动机、驱动电动机、电动机控制器、动力蓄电池系统、车载充电机、动力耦合器等组成，有多种组合形式，可以根据使用要求进行设计。并联式混合动力系统采用发动机和驱动电动机两套驱动系统驱动车轮。发动机和驱动电动机通过动力耦合器、减速机构驱动驱动车轮，可以采用发动机单独驱动、驱动电动机单独驱动或者发动机和驱动电动机共同驱动三种工作模式。当发动机提供的功率大于车辆所需驱动功率或者车辆制动时，电动机作为发电机为动力蓄电池充电。发动机和电动机的功率可以叠加，由于发动机功率和电动机/发电机功率为电动汽车所需最大驱动功率的 50%～100%，因此可以采用小功率的发动机与电动机/发电机，使得整个动力系统的装配尺寸及质量都较小，造价更低，续驶里程比串联式混合动力电动汽车长，其特点更加接近内燃机汽车。并联式混合动力系统通常应用于小型混合动力电动汽车上。

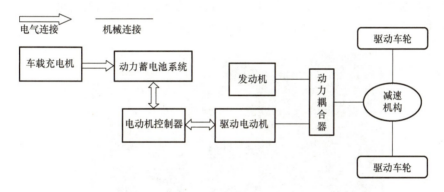

图 2.46　并联式混合动力电动汽车的系统结构

发动机和驱动电动机通过动力耦合器、减速机构同时与驱动桥直接连接。驱动电动机可以用来平衡发动机所受的载荷，使其在高效率区域工作，因为通常发动机在满负荷（中等转速）状态下工作的燃料经济性最好。当车辆在较小的路面载荷下工作时，内燃机汽车的发动机燃料经济性比较差，而并联式混合动力电动汽车可以关闭发动机而只用驱动电动机驱动，或者增大发动机的负荷，使电动机作为发电机为动力蓄电池充电，以备后用（一边驱动汽车，一边充电）。由于并联式混合动力电动汽车在稳定的高速下行驶时，发动机具有比较高的效率和较小的质量，因此在高速公路上行驶具有比较好的燃料经济性。

并联式混合动力系统有两条能量传输路线，可以同时以电动机和发动机作为动力源驱动汽车，以纯电动汽车或低排放汽车的状态运行，但是不能提供全部动力能源。

本田 IMA 并联式混合动力系统是典型的并联式混合动力系统，由发动机、电动机、无级变速器及智能动力单元组成，如图 2.47 所示。电动机取代了传统的飞轮，用于保持曲轴的运转惯性。整套系统的结构非常紧凑，与内燃机汽车相比，仅智能动力单元占用了额外空间。

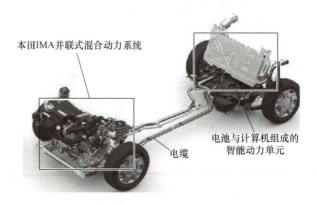

图 2.47　本田 IMA 并联式混合动力系统

本田 IMA 并联式混合动力系统的动力总成如图 2.48 所示，发动机通过搭载本田的 i-VTEC（可变气门正时升程控制技术）、i-DSI（智能双火花塞顺序式点火系统）及 VCM（可变气缸管理技术）达到降低油耗的目的。发动机的最大功率为 83kW，最大转矩为 145N·m，实测油耗约为 5.4L/100km。本田 IMA 并联式混合动力系统的发动机与传统车型的发动机没有太大区别，只是在调校上更偏向于节省燃料。

图 2.48　本田 IMA 并联式混合动力系统的动力总成

本田 IMA 并联式混合动力系统的电动机安装在发动机与变速器之间，电动机较薄且结构紧凑，俗称薄片电动机。薄片电动机的峰值功率为 10kW，峰值转矩为 78N·m，只能起辅助作用。

本田 IMA 并联式混合动力系统采用 7 速无级变速器，可获得平顺的换挡体验及较高的换挡效率。

本田 IMA 并联式混合动力系统的智能动力单元由动力电控单元和镍氢蓄电池组组成，如图 2.49 所示。其中动力电控单元包括电池监控模块、电动机控制模块及电动机驱动模块。

图 2.49 本田 IMA 并联式混合动力系统的智能动力单元

本田 IMA 并联式混合动力系统的工作逻辑包括起步加速、急加速、低速巡航、轻加速、高速巡航、减速或制动。

(1) **起步加速**。起步加速时,发动机以低速配气正时状态运转,同时电动机提供辅助动力,以达到快速加速及节省燃油的目的。

(2) **急加速**。急加速时,发动机以高速配气正时状态运转,此时电池为电动机供电,电动机与发动机共同驱动车辆,提高整车的加速性能。

(3) **低速巡航**。低速巡航时,发动机四个气缸的进排气阀全部关闭,发动机停止运转,车辆以纯电动模式驱动。

(4) **轻加速和高速巡航**。轻加速和高速巡航时,发动机以低速配气正时状态运转,此时发动机的工作效率较高,单独驱动车辆,电动机不运转。

(5) **减速或制动**。减速或制动时,发动机关闭,电动机作为发电机,将机械能最大限度地转换为电能,并储存到动力蓄电池中。车辆制动时,制动踏板传感器向智能动力单元发送一个信号,计算机控制制动系统,使机械制动和电动机能量回馈之间制动力协调,得到最大程度的能量回馈。

3. 混联式混合动力电动汽车

混联式混合动力电动汽车是串联式混合动力电动汽车与并联式混合动力电动汽车的综合,主要由发动机、发电机、功率转换器、电动机控制器、驱动电动机、动力耦合器、动力蓄电池系统、车载充电机等组成,其系统结构如图 2.50 所示。发动机发出的功率一部分通过机械传动系统传递给驱动桥,另一部分驱动发电机发电。发电机发出的电能传递给电动机或动力蓄电池系统,驱动电动机产生的驱动力矩通过动力耦合器传递给驱动桥。混联式混合动力系统的控制策略如下:行驶时,优先采用纯电动模式;在动力蓄电池的荷电状态降低到一定限值时,切换到混合动力模式行驶;在混合动力模式下,起动、低速时使用串联式混合动力系统的发电机发电,电动机驱动驱动车轮;加速、爬坡、高速时,使用并联式混合动力系统,主要由发动机驱动驱动车轮,发动机的多余能量可带动发电机发电,为动力蓄电池充电。

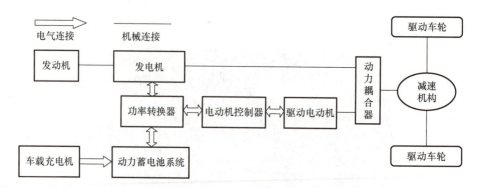

图 2.50 混联式混合动力电动汽车的系统结构

混联式混合动力系统充分发挥串联式混合动力系统和并联式混合动力系统的优点，能够使发动机、发电机、驱动电动机等进行更多的优化匹配，保证系统在复杂工况下工作在最佳状态，更容易实现排放和油耗的控制目标。

丰田 THS 混联式混合动力系统是典型的混联式混合动力系统，如图 2.51 所示，主要由汽油发动机、永磁交流同步电动机、发电机、高性能金属氢化物电池和功率控制单元。

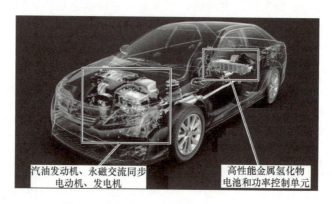

图 2.51 丰田 THS 混联式混合动力系统

丰田 THS 混联式混合动力系统的动力总成如图 2.52 所示，主要由发动机、电动机及行星齿轮机构组成。发动机采用效能较高的阿特金森循环发动机。

丰田 THS 混联式混合动力系统的关键部件是由两台永磁交流同步电动机（MG1 和 MG2）及行星齿轮机构组成的动力分配系统。电动机 MG1 主要用于发电，必要时可驱动汽车。电动机 MG2 主要用于驱动汽车。电动机 MG1、电动机 MG2 及发动机输出轴连接到一套行星齿轮机构的太阳轮、齿圈和行星架上。动力分配是通过功率控制单元控制电动机 MG1 和电动机 MG2，通过行星齿轮机构进行的。使用这种创新的动力分配方式，丰田 THS 混联式混合动力系统甚至不需要变速器，发动机输出动力经过固定减速机构减速后即可驱动车轮。

丰田 THS 混联式混合动力系统的复杂程度比本田 IMA 并联式混合动力系统大很多，虽然控制系统复杂，但结构紧凑，省去了庞大的变速器，减轻了车身质量，提高了车辆的燃料经济性。

丰田THS混联式混合动力系统

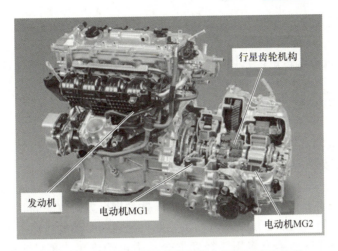

图 2.52　丰田 THS 混联式混合动力系统的动力总成

2.3.3　混合动力电动汽车的动力耦合类型

混合动力电动汽车是由内燃机与电动机两种动力混合驱动的车辆,这种混合是通过动力耦合器的耦合作用实现的。动力耦合器的形式决定了混合动力电动汽车的工作模式,其是制定功率分配策略的依据,并对整车的动力性、经济性和排放性产生重要影响。

混合动力电动汽车的动力耦合类型主要有转矩耦合、转速耦合、功率耦合和牵引力耦合等。

1. 转矩耦合

转矩耦合式动力系统是指两个或两个以上动力源的输出动力在耦合过程中,两个或两个以上动力源的输出转矩相互独立,输出转速必须互成比例,最终的合成转矩是两个或两个以上动力源输出转矩的耦合叠加。

转矩耦合可以通过齿轮耦合、磁场耦合、链或带耦合等方式实现。

(1) **齿轮耦合**。齿轮耦合通过啮合齿轮(组)将多个输入动力合成输出,结构简单,可以实现单输入、多输入等驱动形式,耦合效率较高,控制相对简单;但由于齿轮是刚性啮合的,因此在动力切换、耦合过程中易产生冲击。

齿轮耦合式混合动力电动汽车的系统结构如图 2.53 所示。

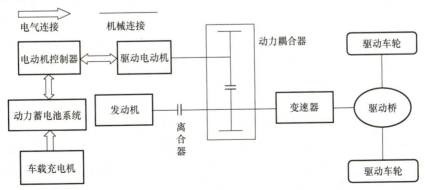

图 2.53　齿轮耦合式混合动力电动汽车的系统结构

合成输出转矩为

$$T_3 = \eta_0(T_1 + i_k T_2) \tag{2-1}$$

式中，T_1 为发动机输出转矩；T_2 为电动机输出转矩；T_3 为发动机和电动机的合成输出转矩；η_0 为耦合效率；i_k 为从电动机到发动机的传动比。

合成输出转速为

$$n_3 = n_1 = n_2/i_k \tag{2-2}$$

式中，n_1 为发动机输出转速；n_2 为电动机输出转速；n_3 为发动机和电动机的合成输出转速；i_k 为从电动机到发动机的传动比。

(2) **磁场耦合**。磁场耦合是指将电动机的转子与发动机输出轴做成一体，通过磁场作用力将电动机输出动力和发动机输出动力耦合。这种耦合方式效率高，结构紧凑，耦合冲击小，能量回馈方便；但混合度低，电动机一般只起辅助驱动的作用。由于电动机转子具有一定的惯性，因此磁场耦合多用于轻度混合动力电动汽车，是目前应用较多的耦合方式，如本田 Insight 混合动力电动汽车采用的就是磁场耦合。

磁场耦合式混合动力电动汽车的系统结构如图 2.54 所示。

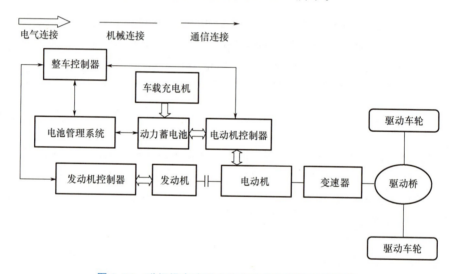

图 2.54 磁场耦合式混合动力电动汽车的系统结构

合成输出转矩为

$$T_3 = T_1 = T_2 \tag{2-3}$$

合成输出转速为

$$n_3 = n_1 = n_2 \tag{2-4}$$

(3) **链或带耦合**。链或带耦合是把齿轮改为链条或皮带，通过链条或皮带合成两个动力源输出的动力。这种耦合方式结构简单，冲击小；但耦合效率低。

转矩耦合的特点是发动机的转矩可控，而转速不可控。通过控制电动机转矩值调节发动机转矩，使发动机工作在最佳油耗曲线附近。转矩耦合结构简单，传动效率高，而且无须专门设计耦合机构，便于在原车基础上改装。

2. 转速耦合

转速耦合式动力系统是指具有两个或两个以上动力源的输出动力在耦合过程中,两个或两个以上动力源的输出转速相互独立,输出转矩必须互成比例,最终的合成转速是两个或两个以上动力源输出转速的耦合叠加,而合成转矩不是两个或两个以上动力源输出转矩的叠加。合成转速为

$$n_3 = pn_1 + qn_2 \tag{2-5}$$

式中,n_1 为动力源 1 的输出转速;n_2 为动力源 2 的输出转速;n_3 为动力源 1 和动力源 2 的合成转速;p、q 由耦合器的结构决定。

转速耦合可以通过行星齿轮耦合、差速器耦合等方式实现。

(1) **行星齿轮耦合**(图 2.55)。行星齿轮耦合是一种普遍采用的耦合方式,通常发动机输出轴与太阳轮连接,电动机与齿圈连接,行星架作为输出端。这种耦合方式结构简单,传动效率高,混合度高,并且可以实现多种驱动形式,动力切换过程中的冲击力小;但整车驱动控制难度较大。

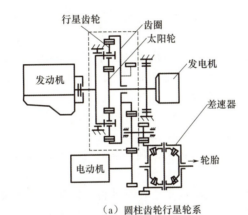

(a) 圆柱齿轮行星轮系

(b) 锥齿轮行星轮系

图 2.55 行星齿轮耦合

(2) **差速器耦合**(图 2.56)。差速器耦合是行星齿轮耦合的一种特殊情况,其耦合方式与行星齿轮耦合基本类似,只是二者对发动机和电动机的动力性能要求不同,因此动力

混合程度不同。差速器耦合要求发动机和电动机的动力参数相当，动力混合程度比较高。

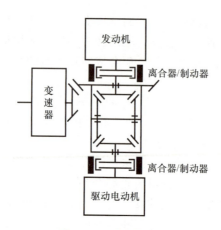

图 2.56　差速器耦合

转速耦合的特点是发动机的转矩不可控，可以通过调整电动机的转速控制。采用转速耦合的混合动力电动汽车在行驶过程中，可以通过调整电动机转速来调节发动机转速，使发动机工作在最佳油耗曲线附近。在发动机工作点不变的情况下，即使通过连续调整电动汽车电动机转速，也可以使车速连续变化，即采用转速耦合的混合动力电动汽车无须采用无级变速器便可以实现整车无级变速。

3. 功率耦合

由于功率耦合的输出转矩和输出转速分别是发动机与电动机转矩和转速的线性和，因此发动机的转矩和转速都可控。

在采用功率耦合的混合动力电动汽车中，发动机的转矩和转速都可以自由控制，不受汽车工况的影响。因此，理论上可以通过调整电动机的转速和转矩，使发动机始终在最佳油耗点工作。但实际上，频繁调整发动机工作点可能会使经济性降低，因此，通常将发动机的工作点限定在经济区域，缓慢调整发动机的工作点，使发动机工作相对稳定，经济性提高。理论上，采用功率耦合的混合动力电动汽车不需要离合器和变速器，而且可实现无级变速。与前两种耦合方式相比，功率耦合无论是在对发动机工作点的优化方面还是在整车变速方面，都具有优越性。丰田普锐斯混合动力电动汽车采用的单/双行星排混合动力系统、雷克萨斯 RX400h 混合动力电动汽车采用的双行星排混合动力系统都采用功率耦合方式。

雷克萨斯 RX400h 混合动力电动汽车的动力耦合系统如图 2.57 所示。发动机和电动机 M1 通过前排行星齿轮进行转速耦合，通过速度合成实现电动机 M1 对发动机转速的调节，使发动机的转速与车速独立，实现动力耦合器功能，转速合成后的动力与电动机 M2 的动力形成转矩耦合。

功率耦合兼具转矩耦合和转速耦合的优点，能实现多种工作模式，可以充分发挥混合动力电动汽车节能减排的优势。虽然功率耦合结构复杂，控制困难，但随着制造技术和控制技术的发展，其已经成为混合动力电动汽车的发展趋势。

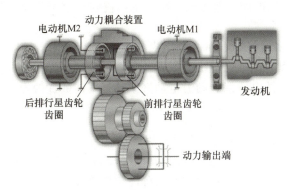

图 2.57 雷克萨斯 RX400h 混合动力电动汽车的动力耦合系统

4. 牵引力耦合

牵引力耦合是指发动机驱动前车轮（后车轮），电动机驱动后车轮（前车轮），通过前、后车轮驱动力将多个动力源输出动力耦合。这种耦合方式结构简单，改装方便，可实现单、双模式驱动及制动再生等驱动方式；但整车的驱动控制复杂，适合四轮驱动。

各种耦合方式的比较见表 2-1。

表 2-1 各种耦合方式的比较

耦合方式		混合度	平顺性	复杂性	效率	控制	能量回收	成本
转矩耦合	齿轮耦合	中	差	低	高	容易	中	低
	磁场耦合	中	好	中	高	中	容易	中
	链或带耦合	低	中	低	低	容易	中	低
转速耦合	行星齿轮耦合	中	中	低	高	中	难	低
	差速器耦合	高	中	低	高	中	难	低
功率耦合		高	好	高	中	较难	容易	高
牵引力耦合		高	好	中	高	难	中	中

2.3.4 混合动力电动汽车的特点

插电式混合动力电动汽车与常规混合动力电动汽车和纯电动汽车相比，主要有以下几方面区别。

(1) **需要配套充电装置**。插电式混合动力电动汽车需要连接外部电网为动力蓄电池充电，并且要求充电装置充电较快。

(2) **需要大功率电动机**。常规混合动力电动汽车以发动机为主要动力源，电动机只作为辅助动力，通常不会通过电动机单独驱动车辆，因此电动机功率不用太大。插电式混合动力电动汽车具有纯电动驱动模式，当电量充足时，完全由驱动电动机驱动车辆行驶，从而要求驱动电动机具有较大功率。

(3) **需要较大容量电池**。常规混合动力电动汽车的电池容量很小，一般仅在车辆起步等低速工况下使用，纯电动模式续驶里程较短，没有外部充电功能；插电式混合动力电动汽车的电池可利用220V电网迅速充电,特别是在夜间充电可提高电网的整体利用率,同时大大提高续驶里程。

(4) **多动力分离/复合机构**。在纯电动模式下,发动机不运转,需要将发动机与驱动电动机的机械连接分离,提高电动机效率,减小机械损耗,提高整车的动力性。

串联、并联、混联插电式混合动力电动汽车具有不同的优缺点。

1. 串联插电式混合动力电动汽车的特点

(1) 串联插电式混合动力电动汽车具有以下优点。

① 发动机独立于行驶工况,始终在高效率区域运转,避免在低速、怠速区域出现能源浪费及排放差的情况,提高了发动机的经济性和排放性。

② 串联式结构使混合动力系统只有单一驱动路线,动力系统的控制策略较简单。

③ 动力蓄电池具有储能作用,能够根据驱动功率的需求对电动机进行功率补充,由于发动机用于储能,因此可以选择功率较小的发动机。

④ 发电机与电动机采用电气连接,发动机只与发电机采用机械连接,使传动系统及底盘的布置具有较大的空间和较强的灵活性,有利于整车传动系统的布置。

⑤ 由于发动机与车轮在机械上解耦,发动机运转速度与整车运行速度没有关联,因此发动机选型范围较大。

⑥ 当发动机关闭时,在纯电动模式下行驶,可以延长续驶里程。

(2) 串联插电式混合动力电动汽车具有以下缺点。

① 串联式结构只能由电动机驱动车轮,在化学能→机械能→电能→机械能的能量转换过程中,能量损失较大,能量利用率较低。

② 动力蓄电池就像一个调节水库,除了要满足发电机的输出功率外,还要使充放电水平处于合理的区间,避免充电过度和放电过度,从而需要容量较大的动力蓄电池,整车质量增大,成本增加。

③ 由于只有电动机直接驱动,因此需要功率较大的电动机,增大了整车质量,同时增加了成本。

2. 并联插电式混合动力电动汽车的特点

(1) 并联插电式混合动力电动汽车具有以下优点。

① 良好的燃料经济性。并联式结构有两条动力传递路线,可根据实际工况选择不同的动力输出路线和动力组合,具有更强的选择性和适应性,避免在多次转换中能量的浪费和损失,提高燃料经济性。

② 良好的动力性。在高负荷下运行时,发动机与电动机动力耦合,同时驱动汽车,具有良好的动力性。

③ 较高的系统稳定性。并联式结构有两条动力传递路线,当一条动力传递路线出现故障时,可以启用另一条动力传递路线,保证汽车正常行驶。

④ 发动机与电动机是两套独立的动力系统,都可以单独作为动力源驱动汽车,系统整体可靠性较高。

⑤ 电动机功率较小。由于发动机可以单独驱动汽车或与电动机共同驱动汽车,因此可以选择功率较小的电动机。

⑥ 电池容量较小。电动机作为辅助动力,所需动力电池容量较小。

(2) 并联插电式混合动力电动汽车具有以下缺点。

① 控制策略较复杂。并联插电式混合动力电动汽车有两条驱动路线，可以单独或耦合驱动，从而具有多种驱动模式，驱动模式之间的切换及两种动力耦合的控制比较复杂。

② 整车布置复杂。由于存在两套动力系统，发动机与驱动轴机械连接，以及考虑两种动力的耦合，因此整车布置比较复杂。

③ 排放性能较差。由于不同驱动模式之间切换时，发动机频繁出现点火起动、熄火现象，发动机不能稳定地在高效率区域工作，因此排放性能较差。

④ 纯电动模式下的续驶里程较短。

3. 混联插电式混合动力电动汽车的特点

(1) 混联插电式混合动力电动汽车具有以下优点。

① 排放性好。应对复杂的运行工况，混联插电式混合动力电动汽车具有多种驱动模式，能保证发动机在最佳工作区域工作，最大限度地降低有害气体排放。

② 油耗低。低速运行时，动力系统主要以串联模式运行，燃料经济性好。

③ 动力性较强。当汽车加速或高速行驶时，动力系统主要以并联模式运行，发动机和电动机同时提供驱动力，为汽车提供较强动力。

④ 舒适性较高。当汽车起动及中速以下行驶时，电动机独立驱动汽车行驶，噪声减小，舒适性提高。

(2) 混联插电式混合动力电动汽车具有以下缺点。

① 控制策略较复杂。由于混联插电式混合动力电动汽车有两套动力系统，可以单独或耦合驱动，因此具有多种驱动模式，驱动模式之间的切换及两种动力耦合的控制比较复杂。

② 整车布置复杂。由于混联插电式混合动力电动汽车有两套动力系统，发动机与驱动轴之间机械连接，以及考虑两种动力的耦合，因此整车布置比较复杂。

③ 技术难度大，成本高。

2.3.5 混合动力电动汽车的关键技术

混合动力电动汽车以先进控制技术为纽带，是内燃机汽车与纯电动汽车之间的一种过渡车型，其关键技术涵盖机电工程、电力电子、电化学、控制工程、汽车电子技术和车辆工程等学科。混合动力电动汽车的关键技术包括驱动电动机及其控制技术、动力蓄电池及其管理系统、整车能量管理控制系统、动力传动系统匹配、再生制动能量回收系统、先进车辆控制技术等。

1. 驱动电动机及其控制技术

电动机是电动汽车的心脏，对于混合动力电动汽车来说，电动机与发动机的重要性是等同的。混合动力电动汽车对驱动电动机的要求是能量密度高、体积小、质量轻、效率高。从发展趋势来看，电驱动系统的研发主要集中在交流感应电动机和永磁同步电动机，对于高速、匀速行驶工况，采用感应电动机驱动较合适；对于经常起动、停车、低速运行的城市工况，永磁同步电动机的驱动效率较高。

驱动电动机的控制技术包括大功率电子器件、转换器、微处理器及电动机控制算法等。高性能的电力电子器件仍处于研发阶段，并且向微电子技术与电力电子技术集成的第 4 代功率集成电路方向发展。转换器技术随着功率器件发展，可分为 DC/DC 直流斩波器和 DC/AC 逆变器，分别用于直流电动机和交流电动机。电动机控制微处理器主要有单片机和 DSP 芯片，目前电动机控制专用 DSP 芯片应用广泛，将微处理器与功率器件集成到一块芯片（PTC 芯片）上是研究热点。

常规电动机驱动领域的控制方法（如矢量控制、变压变频控制、模型参考自适应控制、直接转矩控制、自调整控制等）已应用于电动汽车的驱动控制中，但电动汽车控制具有自身特点，要求在恒转矩区、恒功率区都保持效率高、调速范围大、动态响应快等性能。从目前的实践看，感应电动机和永磁同步电动机矢量控制是比较好的控制方法。变结构控制、模糊控制、神经网络控制及专家系统控制等新兴控制方法也不断应用于电动汽车上，效果较理想。

2. 动力蓄电池及其管理系统

动力蓄电池是混合动力电动汽车的基本组成单元，其性能直接影响驱动电动机的性能，从而影响整车的燃油经济性和排放性。混合动力电动汽车使用的电池工作负荷大，对功率密度要求较高，但体积和容量小，而且电池的 SOC 工作区间较小，对循环寿命要求高。开发出适合混合动力电动汽车的专用动力蓄电池是推广使用混合动力电动汽车的重要因素，全面、准确地管理动力蓄电池是决定动力蓄电池发挥最佳效能的重要因素。

3. 整车能量管理控制系统

混合动力电动汽车的整车能量管理控制系统的主要功能是控制整车功率和工作模式切换。整车能量管理控制系统如同混合动力电动汽车的大脑，指挥各子系统协调工作，以达到最佳效率、较高排放性、较高动力性和行驶平顺性。

整车能量管理控制系统根据驾驶人的操作（如加速踏板、制动踏板、换挡杆的操作等），判断驾驶人的意图，在满足驾驶人需求的前提下，分配电动机、发动机、电池等动力部件的功率输出，实现能量利用率的最佳管理，使有限的燃油发挥最大的功效。目前混合动力电动汽车不需要外部充电，与内燃机汽车相同，其整车驱动能量全部来自发动机的燃油热能，电动机驱动所需的电能是燃油热能在车辆行驶过程中转换为电能后储存在蓄电池中的。

只有有效地控制混合动力系统的工作，才能实现整车能量管理控制。此外，还需考虑其他车载电气附件和机械附件（如空调、动力转向、制动助力等系统）的能量消耗，以综合考虑整车能量使用。

4. 动力传动系统匹配

动力传动系统的参数匹配是设计混合动力电动汽车的重要内容，包括合理选择和匹配发动机功率、动力蓄电池容量和电动机的功率等，以确定车辆的混合度，组成性能最佳的混合动力系统，直接影响混合动力电动汽车的排放性和燃油经济性。

5. 再生制动能量回收系统

再生制动能量回收是提高混合动力电动汽车燃油经济性的重要途径。制动关系到行车安全，在最大限度地回收制动时的车辆动能与保证安全的制动距离和车辆行驶稳定性之间取得平衡是再生制动能量回收系统需要解决的难题。再生制动能量回收系统与车辆防抱死制动系统（Antilock Brake System，ABS）结合，可以完美地解决该难题。

6. 先进车辆控制技术

内燃机汽车的车辆动力学控制系统与混合动力系统控制及再生制动能量回收控制的结合是混合动力电动汽车控制技术的研究热点。随着对混合动力电动汽车研究的深入，内燃机汽车的驱动控制系统、车辆稳定性控制系统等与混合动力电动汽车的能量管理系统及动力系统控制结合，将越来越显示出重要性与必要性。内燃机汽车的控制技术与现代电动汽车控制技术的融汇集成，将使未来混合动力电动汽车更节能、更舒适、更安全。

2.3.6 混合动力电动汽车车型实例

1. 丰田普锐斯混合动力电动汽车

丰田普锐斯混合动力电动汽车（图2.58）是世界上首款量产的混合动力电动汽车，其车身尺寸为4485mm×1745mm×1510mm，轴距为2700mm；整备质量为1385kg。它采用了汽油机与电动机强混联的方式，搭载了1台排量为1.8L、最大功率为73kW、最大转矩为142N·m的四缸汽油发动机，1台最大功率为60kW、最大转矩为207N·m的电动机及1个500V的镍氢蓄电池。丰田公司公布的丰田普锐斯混合动力电动汽车的最高车速为180km/h，综合工况下的油耗为4.3L/100km。

图2.58 丰田普锐斯混合动力电动汽车

2. 荣威550插电式混合动力电动汽车

荣威550插电式混合动力电动汽车（图2.59）是上海汽车集团股份有限公司推出的一款插电式混合动力电动汽车，其车身尺寸为4648mm×1827mm×1479mm，轴距为2705mm；整备质量为1699kg。

图2.59 荣威550插电式混合动力电动汽车

荣威550插电式混合动力电动汽车的动力总成由汽油发动机、起动发电机(ISG)和牵引电动机(TM)构成。汽油发动机的排量为1.5L,最大功率为80kW,最大转矩为135N·m;起动发电机的最大功率为23kW,最大转矩为147N·m;牵引电动机的最大功率为44kW,最大转矩为317N·m。发动机和电动机的最大综合功率为147kW,最大综合转矩为587N·m。

荣威550插电式混合动力电动汽车配备了锂离子蓄电池,其容量为11.8kW·h,慢充时,6～8h可充满电。

荣威550插电式混合动力电动汽车搭载了智能电驱变速器,它可以灵活实现串/并联混合驱动与油/电驱动自动切换,并提供经济模式(E)、普通模式(N)、山地模式(M)三种行驶模式。经济模式尽可能以电力驱动,在较大的动力需求下启用发动机;普通模式可以均衡地利用油和电力驱动车辆,有更好的动力储备,有纯电动、串联、并联等模式;为提高爬坡能力,山地模式的动力储备最好,具有较高的换挡点。

荣威550插电式混合动力电动汽车的最高车速为200km/h,0～100km/h的加速时间为10.5s;最大爬坡度为30%;综合油耗为2.3L/100km,综合电耗为12kW·h/100km;在综合工况下,纯电动模式的续驶里程为58km,60km/h等速纯电动模式的续驶里程为88km;配备了35L的油箱,综合工况下的油电综合续驶里程为500km。

3. 比亚迪秦插电式混合动力电动汽车

比亚迪秦插电式混合动力电动汽车(图2.60)的车身尺寸为4740mm×1770mm×1480mm,轴距为2670mm。在动力配置方面,比亚迪秦插电式混合动力电动汽车采用1.5TI涡轮增压发动机+永磁同步电动机的组合,1.5TI涡轮增压发动机的最大功率为113kW,最大转矩为240N·m;永磁同步电动机的最大功率为110kW,最大转矩为250N·m;发动机和电动机的最大综合功率为217kW,最大综合转矩为479N·m。用于储能的磷酸铁锂离子蓄电池位于汽车尾箱,其容量为13kW·h,标称电压为506V。

图2.60　比亚迪秦插电式混合动力电动汽车

在驾驶模式选择上,比亚迪秦插电式混合动力电动汽车的灵活性较强,驾驶人可以根据自身需求及路况选择不同的驾驶模式。例如,堵车时可以选择"纯电动＋节能"模式,以达到更好的节油效果;需要更多动力时,可以选择"混动＋运动"模式。

比亚迪秦插电式混合动力电动汽车的最高车速为185km/h,0～100km/h的加速时间为 5.9s；在保证强劲动力的同时，油耗仅为 1.6L/100km；纯电动模式下的续驶里程为 70km。

4. 沃尔沃 S60L 插电式混合动力电动汽车

沃尔沃 S60L 插电式混合动力电动汽车（图 2.61）采用 175kW 的高效 Drive-E "E 驱智能科技动力总成"与电气化技术协同工作，提供纯电动、混动和高性能三种驾驶模式，驾驶人可以根据自身需求选择，能够同时满足日常通勤与长途出行的需求，完美实现性能与环保的平衡。在纯电动模式下，单次续驶里程超过 500km，尾气排放量为零；在混动模式下，最大续驶里程可以达到 1000km，油耗仅为 2L，转换为二氧化碳排放量为 50g/km；在高性能模式下，汽油发动机和电动机同时运转，汽车最大功率为 225kW，最大转矩为 550N·m，0～100km/h 的加速时间为 5.5s。

图 2.61 沃尔沃 S60L 插电式混合动力电动汽车

2.4 燃料电池电动汽车

以燃料电池系统为动力源或主动力源的汽车称为燃料电池电动汽车（Fuel Cell Electric Vehicle，FCEV）。燃料电池电动汽车是未来电动汽车的重要发展方向。

2.4.1 燃料电池电动汽车的分类

按燃料特点的不同，燃料电池电动汽车可分为直接燃料电池电动汽车和重整燃料电池电动汽车。

直接燃料电池电动汽车的主要燃料是氢气；重整燃料电池电动汽车的主要燃料有汽油、天然气、甲醇、甲烷、液化石油气等。氢燃料电池电动汽车的排放无污染，但氢的制取和储存困难；重整燃料电池电动汽车的结构比氢燃料电池电动汽车复杂得多。

按燃料氢储存方式的不同，燃料电池电动汽车可分为压缩氢燃料电池电动汽车、液氢燃料电池电动汽车和合金（碳纳米管）吸附氢燃料电池电动汽车。

按"多电源"的配置不同，燃料电池电动汽车可分为纯燃料电池（PFC）驱动的燃料电池电动汽车、燃料电池与辅助动力蓄电池（FC+B）联合驱动的燃料电池电动汽车、燃料电池与超级电容器(FC+C)联合驱动的燃料电池电动汽车、燃料电池与辅助动力蓄电池和超级电容器(FC+B+C)联合驱动的燃料电池电动汽车。

1. 纯燃料电池驱动的燃料电池电动汽车

纯燃料电池电动汽车只有一个动力源——燃料电池，汽车需要的所有功率都由燃料电池提供。纯燃料电池电动汽车的动力系统如图2.62所示。

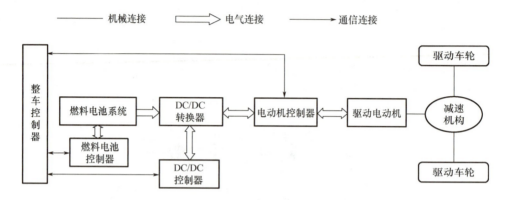

图2.62 纯燃料电池电动汽车的动力系统

燃料电池系统将氢气与氧气反应产生的电能通过DC/DC转换器和电动机控制器传递给驱动电动机，驱动电动机将电能转换为机械能传递给减速机构，从而驱动汽车行驶。这种动力系统的优点是结构简单，系统控制和整体布置容易；系统部件少，有利于整车轻量化；整体的能量传递效率高，从而提高整车的燃料经济性。其缺点是燃料电池功率大、成本高；对燃料电池系统的动态性能和可靠性提出了较高要求；不能回收制动能量。

为了有效地克服上述缺点，必须使用辅助能量储存系统作为燃料电池系统的辅助动力源，与燃料电池联合工作，组成混合驱动系统，共同驱动汽车行驶。从本质上讲，这种燃料电池电动汽车采用的是混合动力结构，与传统混合动力结构的差别仅在于发动机是燃料电池，而不是内燃机。

2. 燃料电池与辅助动力蓄电池联合驱动的燃料电池电动汽车

燃料电池与辅助动力蓄电池联合驱动的燃料电池电动汽车的动力系统如图2.63所示，燃料电池和动力蓄电池一起为驱动电动机提供能量，驱动电动机将电能转换为机械能传递给减速机构，驱动汽车行驶；在汽车制动时，驱动电动机变成发电机，动力蓄电池储存回馈的能量。在燃料电池和辅助动力蓄电池联合供能时，燃料电池的能量输出变化较平缓，随时间变化波动较小，能量需求变化的高频部分由动力蓄电池分担。

目前这种结构形式应用比较广泛，解决了辅助设备供电、水热管理系统供电、燃料电池堆加热、能量回收等问题。其主要优点是对燃料电池的功率要求比纯燃料电池结构形式低，从而大大降低了整车成本；燃料电池可以在比较好的设定工作条件下工作，工作时燃料电池的效率较高；对燃料电池的动态响应性能要求较低；汽车的冷起动性能较好；可以回收汽车制动时的部分动能。但由于使用了动力蓄电池，因此整车质量增大，动力性和经济性受到影响，这一点在能量复合型混合动力电动汽车上表现较明显；动力蓄电池充放电过程有能量损耗；系统复杂，系统控制和整体布置难度增大。

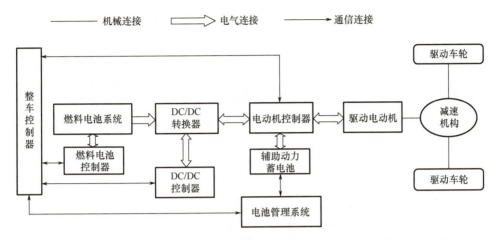

图 2.63 燃料电池与辅助动力蓄电池联合驱动的燃料电池电动汽车的动力系统

3. 燃料电池与超级电容器联合驱动的燃料电池电动汽车

燃料电池与超级电容器的结构形式和燃料电池与辅助动力蓄电池的结构形式相似,只是把辅助动力蓄电池换成超级电容器,如图 2.64 所示。与辅助动力蓄电池相比,超级电容器充放电效率高,能量损失少,循环寿命长,常规制动时再生能量回收率高,正常工作时温度范围大;超级电容器瞬时功率比辅助动力蓄电池大,汽车起动更容易。燃料电池与超级电容器动力系统可以减小燃料电池的放电电流,发挥超级电容器均衡负载的作用,提高整车的续驶里程及动力性。

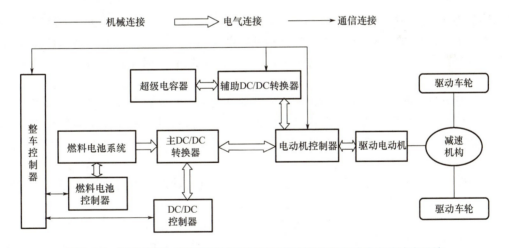

图 2.64 燃料电池与超级电容器联合驱动的燃料电池电动汽车的动力系统

但是,超级电容器的比能量低,能量储存有限,峰值功率持续时间短,且这种混合动力系统结构复杂,对系统各部件之间的匹配及控制要求高,制约了燃料电池与超级电容器动力系统的发展。随着超级电容器技术的不断进步,这种结构形式将成为重要的发展方向。

4. 燃料电池与辅助动力蓄电池和超级电容器联合驱动的燃料电池电动汽车

燃料电池与辅助动力蓄电池和超级电容器联合驱动的燃料电池电动汽车的动力系统如图 2.65 所示。燃料电池、辅助动力蓄电池和超级电容器一起为驱动电动机提供能量，驱动电动机将电能转换为机械能并传递给减速机构，驱动汽车行驶。当汽车制动时，驱动电动机变成发电机，辅助动力蓄电池和超级电容器储存回馈的能量。

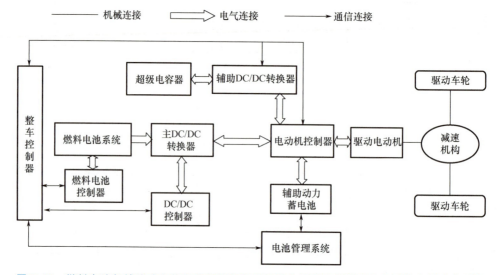

图 2.65 燃料电池与辅助动力蓄电池和超级电容器联合驱动的燃料电池电动汽车的动力系统

当燃料电池、辅助动力蓄电池和超级电容器联合供能时，燃料电池的能量输出较平缓，随时间变化波动较小，能量需求变化的低频部分由动力蓄电池承担，高频部分由超级电容器承担。在这种结构中，由于各动力源的分工更加明细，因此它们的优势得到了更好的发挥。

燃料电池与辅助动力蓄电池和超级电容器的结构形式和燃料电池与辅助动力蓄电池的结构形式相比，优势更加明显，尤其是在部件效率、动态特性、制动能量回馈等方面。但缺点也更加明显，增加了超级电容器，整个系统的质量增大；系统更加复杂，系统控制和整体布置的难度增大。

如果能够对系统进行很好的匹配和优化，燃料电池与辅助动力蓄电池和超级电容器结构具有很好的发展前景。

在三种混合动力系统中，燃料电池与辅助动力蓄电池和超级电容器结构被认为能够最大限度地满足整车起动、加速、制动的动力和效率需求，但成本最高，结构和控制最复杂。目前燃料电池电动汽车动力系统的一般结构是燃料电池＋辅助动力蓄电池，其具有以下特点。

（1）燃料电池或与辅助动力蓄电池持续提供功率，当有起动、爬坡和加速等峰值功率需求时，辅助动力蓄电池提供峰值功率。

（2）当汽车起步和功率需求量不大时，辅助动力蓄电池可以单独输出能量。

（3）辅助动力蓄电池技术比较成熟，可以在一定程度上弥补燃料电池技术的不足。

目前，燃料电池与辅助动力蓄电池联合驱动的燃料电池混合动力系统分为直接型和间接型两种结构形式。

(1) **直接型燃料电池混合动力系统。** 直接型燃料电池混合动力系统是指燃料电池系统与系统总线直接相连的系统，如图 2.66 所示。在该系统中，燃料电池系统和动力蓄电池均直接并入动力系统总线，与电动机控制器相连，结构简单。此外，由于动力蓄电池既可输出功率改善燃料电池系统本身在汽车行驶过程中可能出现动力性较差的情况，又可在燃料电池功率输出过剩时将多余功率储存在其内部，因此提高了整车的能量利用率。

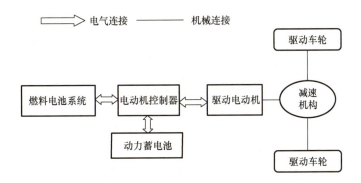

图 2.66　直接型燃料电池混合动力系统（无 DC/DC 转换器）

还有一种直接型燃料电池混合动力系统直接连入主线、动力蓄电池，与双向 DC/DC 转换器相连，再并入主线，如图 2.67 所示。由于在动力蓄电池与总线之间增加了一个 DC/DC 转换器，因此动力蓄电池的电压可以不与总线上的电压保持一致，降低了动力蓄电池的设计要求，可以在一定程度上提高动力蓄电池的性能。对于系统控制而言，引入 DC/DC 转换器可以更加方便、灵活地控制动力蓄电池的充、放电，改善了系统的可操作性。

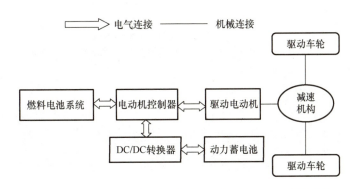

图 2.67　直接型燃料电池混合动力系统（有 DC/DC 转换器）

总的来说，直接型燃料电池混合动力系统具有结构简单、易实现等优点，但存在一个不可避免的问题，由于燃料电池系统与总线直接相连，总线电压为燃料电池的输出电压，汽车行驶时，驱动电动机的工作电压会与燃料电池的输出电压产生一定的电压差，因此，电池正常工作时,其输出电压为总线电压,若输出电压小于驱动电动机的工作电压,则驱动电动机的输出功率降低,进而影响整车行驶的动力性能;相反,当驱动电动机在最大输出功率的电压下工作时,若驱动电动机工作电压小于燃料电池的输出电压,则会影响燃料电池系统的工作效率,降低整车的经济性能。

(2)**间接型燃料电池混合动力系统**。间接型燃料电池混合动力系统中的燃料电池系统与DC/DC转换器连接后,动力蓄电池与其并联接入动力系统总线,如图2.68所示。

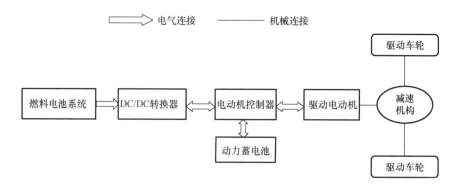

图2.68　间接型燃料电池混合动力系统

间接型燃料电池混合动力系统在一定程度上解决了直接型燃料电池混合动力系统中存在的燃料电池输出电压与驱动电动机工作电压之间矛盾的问题,既保证了驱动电动机始终在最佳工作电压范围内工作,又保证了燃料电池的输出电压不受干扰和限制,改善了系统的工作性能。

2.4.2　燃料电池电动汽车的结构

燃料电池电动汽车主要由燃料电池、高压储氢罐、辅助动力源、DC/DC转换器、驱动电动机和整车控制器等组成,如图2.69所示。

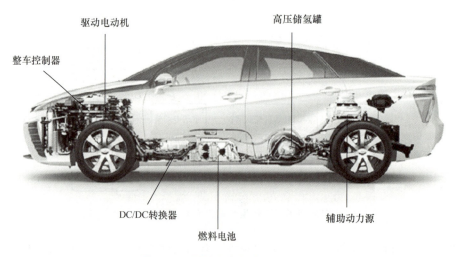

图2.69　燃料电池电动汽车的结构

1. 燃料电池

燃料电池是燃料电池电动汽车的主要动力源，它是一种不燃烧燃料，直接以电化学反应方式将燃料的化学能转换为电能的高效发电装置。

燃料电池发电的基本原理如下：在电池的阳极（燃料极）输入氢气（燃料），氢分子在阳极催化剂的作用下离解成氢离子和电子，氢离子穿过燃料电池的电解质层向阴极（氧化极）方向运动，电子因无法通过电解质层而由一个外部电路流向阴极；在电池阴极输入氧气，氧气在阴极催化剂的作用下离解成氧原子，与通过外部电路流向阴极的电子和燃料穿过电解质的氢离子结合生成拥有稳定结构的水，完成电化学反应，放出热量。这种电化学反应与氢气在氧气中发生的剧烈燃烧反应完全不同，只要在阳极不断输入氢气，在阴极不断输入氧气，电化学反应就会连续不断地进行，电子就会不断通过外部电路流动形成电流，从而连续不断地向汽车提供电力。

2. 高压储氢罐

高压储氢罐是气态氢的储存装置，用于给燃料电池供应氢气。为保证燃料电池电动汽车一次充气有足够的续驶里程，需要使用多个高压储氢罐储存氢气，一般轿车需要2～4个高压储氢罐，客车需要5～10个高压储氢罐。

3. 辅助动力源

根据设计方案的不同，燃料电池电动汽车采用的辅助动力源也有所不同，可以用动力蓄电池、飞轮储能器或超级电容器等组成双电源系统。

4. DC/DC 转换器

燃料电池电动汽车的燃料电池需要装备单向 DC/DC 转换器，动力蓄电池和超级电容器需要装备双向 DC/DC 转换器。DC/DC 转换器的主要功能如下：调节燃料电池的输出电压，使其能够升高到650V；调节整车能量分配；稳定整车直流母线电压。

5. 驱动电动机

燃料电池电动汽车用驱动电动机主要有直流电动机、交流电动机、永磁同步电动机和开关磁阻电动机等，具体选型必须结合整车开发目标，综合考虑电动机的特点。

6. 整车控制器

整车控制器是燃料电池电动汽车的大脑，由燃料电池管理系统、电池管理系统、驱动电动机控制器等组成，一方面接收来自驾驶人的需求信息（如点火开关、加速踏板、制动踏板、挡位信息等）实现整车工况控制；另一方面基于反馈的实际工况（如车速、制动、电动机转速等）及动力系统的状况（燃料电池及动力蓄电池的电压、电流等），根据预先匹配的多能源控制策略进行能量分配。

燃料电池电动汽车的工作原理如图2.70所示，高压储氢罐中的氢气与空气中的氧气在汽车搭载的燃料电池中发生氧化还原反应，产生电能驱动电动机工作，驱动电动机产生的机械能经变速传动装置传递给驱动车轮，驱动汽车行驶。

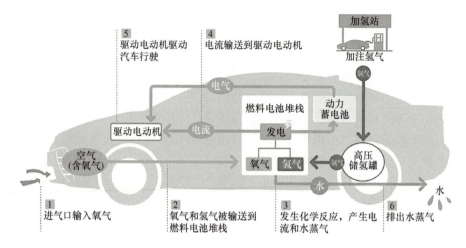

图 2.70 燃料电池电动汽车的工作原理

2.4.3 燃料电池电动汽车的特点

燃料电池电动汽车与内燃机汽车和纯电动汽车相比,具有以下优点。

(1) 效率高。燃料电池的工作过程是化学能转换为电能的过程,不受卡诺循环的限制,能量转换效率较高,可以达到30%以上,而汽油机汽车和柴油机汽车的整车效率分别为16%~18%和22%~24%。

(2) 续驶里程长。燃料电池电动汽车以燃料电池系统为能量源,克服了纯电动汽车续驶里程短的缺点,其长途行驶能力及动力性已经接近内燃机汽车。

(3) 绿色环保。燃料电池没有燃烧过程,以纯氢气作为燃料,生成物只有水,属于零排放。燃料电池电动汽车采用其他富氢有机化合物用车载重整器制氢作为燃料电池的燃料,生成物中除水之外,还可能有少量 CO_2,接近零排放。

(4) 过载能力强。除了在较大的工作范围内具有较高的工作效率外,燃料电池的短时过载能力可达额定功率的200%甚至更高。

(5) 噪声低。燃料电池属于静态能量转换装置,除了空气压缩机和冷却系统以外,无其他运动部件,与内燃机汽车相比,行驶过程中的噪声和振动都较小。

(6) 设计方便灵活。燃料电池电动汽车可以按照 X–By–Wire 的思路设计,改变传统汽车设计概念,可以在空间和质量等问题上灵活配置。

燃料电池电动汽车的主要缺点如下。

(1) 制造成本和使用成本高。

(2) 辅助设备复杂,而且质量和体积较大。

(3) 起动时间长,系统抗振能力有待进一步提高。此外,当燃料电池电动汽车受到振动或者冲击时,各种管道的连接和密封的可靠性需要进一步提高,以防止泄漏及降低效率,避免引发安全事故。

2.4.4 燃料电池电动汽车的关键技术

1. 燃料电池系统

燃料电池是燃料电池电动汽车发展的关键技术。车用燃料电池系统的核心是燃料电池堆。燃料电池堆技术的发展趋势可由耐久性、低温起动温度、净输出比功率及制造成本四个要素评判。对燃料电池堆的研究正向高性能、高效率和更高耐久性的方向发展。

降低成本是燃料电池堆研究的目标，有效手段是降低材料（电催化剂、电解质膜、双极板等）费用和（膜电极制作、双极板加工和系统装配等）加工费，而在材料价格与系统性能之间取得平衡的方法需要继续研究。以电催化剂为例，非铂催化剂体系虽然在降低成本方面有潜力，但是性能远远无法达到车用燃料电池系统的要求。人们一直努力减小铂的使用量，但即使膜电极中有高负载量（如 Pt 担载量为 $1mg/cm^2$），其性能也不能满足车用功率的需求。更有效地利用电催化剂的活性组分，使活性组分长期处于高活性状态，延长催化剂使用寿命是研究催化剂的重点。

另外，燃料电池系统还需要攻克许多工程技术壁垒，包括系统起动与关闭时间，系统能量管理与变换操作，电堆水热管理模式及低成本高性能辅助设施（包括空气压缩机、传感器和控制系统）等。

2. 车载储氢系统

储氢技术是规模化应用氢能的关键。常用车载储氢系统有高压储氢、低温储存液氢和金属氢化物储氢三种方案。纵观现有储氢方案，除了低温储存液氢技术，其他技术都不能完全达到指标。低温储存液氢的成本与能耗都很大，不是车载储氢的最佳选择。

有效减小储氢系统的质量与体积是车载储氢技术的开发重点。一个比较理想的方案是采用储氢材料与高压储氢复合的车载储氢模式，即在高压储氢容器中装填质量较轻的储氢材料，与纯高压（大于 40MPa）储氢方式相比，既可以降低储氢压力（约为 10MPa），又可以提高储氢能力。复合式车载储氢模式的技术难点是开发吸氢和放氢性能好、成型加工性良好、质量轻的储氢材料。

3. 整车热管理

关于燃料电池电动汽车整车热管理，需要关注以下两方面特性。

（1）燃料电池发动机自身的运行温度为 60～70℃，实际散热系统的工作温度大致可以控制在 60℃，与整车运行环境温度相差不大，使得燃料电池电动汽车无法像内燃机汽车一样依赖环境温差散热，而必须依赖整车动力系统提供额外的冷却动力散热，从动力系统效率角度看是不经济的，需注意两者之间的平衡。

（2）整车各零部件的体积留给整车布置回旋的余地很小，使得散热系统设计的改良空间不大，无法采用通用的解决方案，必须开发专用零部件（如特殊构造或布置的冷凝器、高功率的冷却风扇等），从而要求有丰富的整车散热系统的基础数据以支持相关开发设计。

另外，与整车散热系统密切相关的车用空调系统开发也是整车企业必须关注的。由于没有传统的汽油发动机，传统空调的压缩机动力源发生了颠覆性变化，改用纯电动压缩机作为空调系统的动力源，因此在进行整车散热系统需求分析时，空调系统性能需求作为整车散热系统的"负载"因素，成为散热系统开发的技术难点。

4. 整车与动力系统的参数选择与优化设计

燃料电池电动汽车的整车性能参数是整个燃料电池蓄动力系统开发的信息输入,而虚拟配置的动力系统的特性参数也影响整车性能。两者之间的参数选择是一个多变量、多目标的优化设计过程,且参数的选择与行驶工况和控制策略紧密相关,只有在建立准确的仿真模型基础上反复寻优计算,才能达到较好的设计结果。目前,参数设计主要借助通用的或专用的仿真软件(如 ADVISOR、MSC. Easy 5、PSCAD 等)进行离线仿真,其优点是方便、快捷,适合在设计初期对系统性能进行宏观的预估和评价,但难以对动力系统进行深入、细致的分析与设计。随着系统开发的不断深入,某些已经存在的部件(难建模部件、整车控制器及驾驶人)或环节将会集成仿真回路进行测试与研究。为了实现虚拟模型与真实部件的联系,必须建立实时仿真开发环境。目前实时仿真在燃料电池电动汽车领域主要用于整车控制器的在环仿真。例如,采用 dSPACE 建立整车控制器的硬件在环仿真环境,集成真实部件的动力系统实时仿真测试环境将是整车和动力系统的参数选择与优化设计的技术升级方向。

5. 多能源动力系统的能量管理策略

能量管理策略对燃料经济性影响很大,且受动力系统参数和行驶工况的双重影响。目前的开发方式是借助仿真技术建立一个虚拟开发环境,对动力系统模型进行合理简化,从理论分析的角度得到最优功率分配策略与能量源参数和工况特征之间的解析关系,并从该关系出发,定量地分析功率缓冲器特性参数对最优功率分配策略的影响,为功率缓冲器的参数选择提供理论依据,目的是定量地分析工况特征参数与最优功率分配策略之间的映射关系,完成功率分配策略的工况适应性研究。

完成能量管理策略的工况适应性开发后,核心问题转变为功率分配策略,当然还必须考虑一些限制条件,如蓄电池容量的限制和各部件额定值的限制等。可用作功率分配的决策输入量很多,如 SOC 值、总线电压、车速、驾驶人功率需求等,按照是否考虑这些变量的历史状态,功率分配策略可分为瞬时策略与非瞬时策略两大类。

作为能量管理策略的一部分,制动能量回收是提高燃料经济性的重要措施,也是一个难点问题,必须综合考虑制动稳定性、制动效能、驾驶人感觉、蓄电池充电接受能力等限制条件。制动系统关乎生命安全,而且制动过程通常很短暂,在研究初期一般不直接进行道路试验,而是在建立系统动态模型的基础上进行深入、细致的仿真研究。

上述燃料电池电动汽车的关键技术对整车动力性、经济性和安全性影响非常大,是需要解决的核心问题。

2.4.5 燃料电池电动汽车车型实例

1. 荣威 950 燃料电池电动汽车

荣威 950 燃料电池电动汽车(图 2.71)搭载了动力蓄电池和氢燃料电池双动力源系统,其以氢燃料电池为主,以动力蓄电池为辅,基于车载蓄电池充电器,可通过市网电力系统为动力蓄电池充电。荣威 950 燃料电池电动汽车搭载了两个 70MPa 的氢燃料高压储气罐,氢气储量达 4.34kg,最大续驶里程为 400km。此外,通过优化车辆起动系统,即使是在 -20℃ 的环境下,荣威 950 燃料电池电动汽车也可以正常起动与行驶。

图 2.71 荣威 950 燃料电池电动汽车

2. 丰田燃料电池电动汽车

丰田一直致力于研发燃料电池电动汽车,其推出的第一款燃料电池电动汽车(图 2.72)的车身底板上搭载了两个 70MPa 的氢燃料高压储气罐,升功率达到 3kW/L,氢燃料电池的输出功率至少为 100kW;一次充满燃料的时间仅为 3min,续驶里程为 500km。

图 2.72 丰田推出的第一款燃料电池电动汽车

3. 奔驰 B 级 F-Cell 燃料电池电动汽车

奔驰 B 级 F-Cell 燃料电池电动汽车(图 2.73)使用氢燃料作为动力来源,车身底部搭载了三个储氢罐,每个储氢罐可储存约 4kg 的气态燃料,一次充满燃料的时间仅为 3min,续驶里程为 400km;在行李舱底板下部装有一个输出功率为 35kW、容量为 1.4kW·h 的锂离子蓄电池组,与氢燃料组成双重动力,驱动汽车行驶。

图 2.73 奔驰 B 级 F-Cell 燃料电池电动汽车

4. 现代 NEXO 燃料电池电动汽车

现代 NEXO 燃料电池电动汽车（图 2.74）的最大输出功率为 120kW，最大转矩为 395N·m，最高车速为 172km/h，0～100km/h 的加速时间为 9.2s；充满储氢罐需 5min，续驶里程为 800km。

图 2.74　现代 NEXO 燃料电池电动汽车

一、名词解释

1. 纯电动汽车
2. 增程式电动汽车
3. 混合动力电动汽车
4. 燃料电池电动汽车
5. 混合度

二、填空题

1. 纯电动汽车主要由_____、_____、_____ 和_____ 等组成。
2. 电动汽车的驱动形式主要有_____、_____ 和_____。电动乘用车以_____ 为主，商用电动车以_____ 为主，越野电动车以_____ 为主。
3. 增程式电动汽车的动力主要由_____、_____、_____ 和_____ 等组成。
4. 按照连接方式的不同，混合动力电动汽车可分为_____、_____ 和_____。
5. 按照多电源的配置不同，燃料电池电动汽车可分为_____、_____、_____、_____。

三、选择题

1. 下列不属于增程器部件的是（　　）。
   A. 发动机　　　　　　　　B. 发电机
   C. 控制器　　　　　　　　D. 电动机
2. 增程式电动汽车的电源系统主要包括（　　）。
   A. 动力电池　　　　　　　B. 电池管理系统
   C. 车载充电机　　　　　　D. 非车载充电机

3. 并联式混合动力电动汽车低速巡航时，为电动机提供能量的是（　　）。
A. 发动机　　　　　　　　　　B. 动力电池
C. 发动机和动力电池　　　　　　D. 起动蓄电池

4. 下列关于插电式混合动力电动汽车的说法，正确的是（　　）。
A. 属于新能源汽车　　　　　　　B. 可以为动力蓄电池充电
C. 可以在加油站加油　　　　　　D. 属于节能汽车

5. 下列不适合做燃料电池电动汽车辅助动力源的是（　　）。
A. 锂离子蓄电池　　　　　　　　B. 飞轮
C. 电容　　　　　　　　　　　　D. 铅酸蓄电池

四、判断题

1. 前轮驱动纯电动汽车结构紧凑，有利于其他总成的安排，当转向和加速时行驶稳定性较好，适合中级及中级以下的电动轿车。（　　）

2. 增程式电动汽车介于纯电动汽车与混合动力电动汽车之间，兼具纯电动汽车和混合动力电动汽车的特点。增程式电动汽车是一种特殊的混合动力电动汽车。（　　）

3. 混联式混合动力电动汽车通过动力耦合器对发动机、发电机和驱动电机进行动力耦合，在整车行驶过程中，可通过控制策略实现多种工作模式的切换。（　　）

4. 并联式混合动力电动汽车有发动机和电动机两套驱动系统，它们可以分开工作，也可以一起协调工作，共同驱动。（　　）

5. 燃料电池电动汽车都有动力电池系统。（　　）

五、问答题

1. 纯电动汽车的工作原理是什么？
2. 增程式电动汽车由哪些部分组成？
3. 增程式电动汽车有哪些工作模式？
4. 混合动力电动汽车有哪些动力耦合类型？
5. 燃料电池电动汽车的工作原理是什么？

第3章 电动汽车用动力电池

通过本章的学习，要求读者了解电池的类型和性能指标，掌握动力蓄电池的结构类型与组合方式；掌握电动汽车对动力电池的要求；掌握各种电动汽车用动力电池的结构和工作原理；初步认识蓄电池的充电方法和性能测试；了解动力蓄电池的梯次利用；熟悉氢的存储和制备方法。

知识要点	能力要求	参考学时
概述	了解电池的类型和性能指标；掌握动力蓄电池的结构类型与组合方式；掌握电动汽车对动力电池的要求	2
蓄电池	掌握铅酸蓄电池、镍氢蓄电池、锂离子蓄电池的基本结构、工作原理、特点；初步认识蓄电池的充电方法和性能测试；了解动力蓄电池的梯次利用	3
燃料电池	了解燃料电池的类型和特点，电动汽车对燃料电池的要求；重点掌握质子交换膜燃料电池的结构原理和特点；熟悉氢的存储和制备方法	3
太阳电池	了解太阳电池的发电原理和特点	
超级电容器	了解超级电容器的结构、分类和特点	
飞轮电池	了解飞轮电池的结构和特点	

> **导入案例**
>
> 图 3.1 所示为蔚来 ES8 纯电动汽车的动力电池。它采用三元锂电池,动力电池能量为 100kW·h,动力电池总质量为 555kg;NEDC 综合工况下的续驶里程为 580km。
>
>
>
> 图 3.1　蔚来 ES8 纯电动汽车的动力电池
>
> 我国已经成为电动汽车生产大国和销售大国,那么我国生产和销售的电动汽车用动力电池是什么类型的呢?其技术特点是什么?通过本章的学习,读者可以得到答案。

3.1　概　　述

3.1.1　电池的类型

电池是电动汽车的动力源,是能量的储存装置,分为化学电池、物理电池和生物电池三大类。

1. 化学电池

(1) 化学电池是利用物质的化学反应发电,按工作性质的不同分为原电池、蓄电池、燃料电池和储备电池。

① 原电池又称一次电池,是指电池放电后不能用简单的充电方法使活性物质复原而继续使用的电池,如锌-二氧化锰干电池、锂锰电池、一次锌银电池等。

② 蓄电池又称二次电池,是指电池放电后可以通过充电方法使活性物质复原而继续使用的电池。这种电池的充放电次数可以达数十次至上千次,如铅酸蓄电池、镍镉蓄电池、镍氢蓄电池、锂离子蓄电池、锂聚合物电池、锂铁电池等。

③ 燃料电池又称连续电池,是指参加反应的活性物质从电池外部连续不断地输入电池,电池连续不断地工作提供电能,如质子交换膜燃料电池、碱性燃料电池、磷酸燃料电池、熔融碳酸盐燃料电池、固体氧化物燃料电池等。

④ 储备电池是指电池正负极与电解质在储存期间不直接接触,使用前注入电解液或者使用其他方法与电解液接触,此后电池进入待放电状态的电池,如镁电池、热电池等。

（2）化学电池按电解质的不同分为酸性电池、碱性电池、中性电池、有机电解质电池、非水无机电解质电池、固体电解质电池等。

（3）化学电池按电池特性的不同分为高容量电池、密封电池、高功率电池、免维护电池、防爆电池等。

（4）化学电池按正负极材料的不同分为锌锰电池系列、镍镉镍氢电池系列、铅酸电池系列、锂电池系列等。

2. 物理电池

物理电池是利用光、热、物理吸附等物理能量发电的电池，如太阳电池、超级电容器、飞轮电池等。

3. 生物电池

生物电池是利用生物化学反应发电的电池，如微生物电池、酶燃料电池、生物太阳电池等。

已经实用化的车用动力蓄电池有传统的铅酸蓄电池、镍镉蓄电池、镍氢蓄电池和锂离子蓄电池。在物理电池领域，超级电容器已应用于电动汽车。生物电池在车用动力中的应用前景也十分广阔，以氢为燃料的燃料电池和氧化物燃料电池的研发已进入重要发展阶段。

3.1.2 电池的性能指标

电池作为电动汽车的储能装置，在电动汽车上发挥着非常重要的作用。要评定电池的实际效应，主要看电池的性能指标（如电压、容量、内阻、能量、功率、输出效率、自放电率、放电倍率、使用寿命等）。电池种类不同，其性能指标也有差异。

1. 电压

电池电压主要有端电压、标称电压、开路电压、工作电压、充电终止电压和放电终止电压等。

（1）端电压。端电压是指电池正极与负极之间的电位差。

（2）标称电压。标称电压也称额定电压，是指电池在标准规定条件下工作时应达到的电压。标称电压由极板材料的电极电位和内部电解液的浓度决定。铅酸蓄电池的标称电压为2V，镍氢蓄电池的标称电压为1.2V，磷酸铁锂离子蓄电池的标称电压为3.2V，锰酸锂离子电池的标称电压为3.7V。

（3）开路电压。电池在开路条件（没有负载）下的端电压称为开路电压。

（4）工作电压。工作电压也称负载电压，是指电池接通负载后处于放电状态下的端电压。电池放电初始的工作电压称为初始电压。

（5）充电终止电压。蓄电池充足电时，极板上的活性物质达到饱和状态，即使继续充电，电池的电压也不会上升，此时的电压称为充电终止电压。铅酸蓄电池的充电终止电压为2.7~2.8V，镍氢蓄电池的充电终止电压为1.5V，锂离子蓄电池的充电终止电压为4.25V。

（6）放电终止电压。放电终止电压是指电池在一定标准规定的放电条件下放电时，电池的电压逐渐降低，电池不宜继续放电时的最低工作电压。如果电压低于放电终止电压后，电池继续放电，则电池两端电压迅速下降，形成深度放电。极板上形成的生成物在正常充电时不易恢复，从而影响电池的使用寿命。放电终止电压与放电率有关，放电电流直接影响放电终止电压。在规定的放电终止电压下，放电电流越大，电池容量越小。镍氢蓄电池的放电终止电压为 1.0V，锂离子蓄电池的放电终止电压为 3.0V。

2. 容量

容量是指完全充电的蓄电池在规定条件下释放的总电量，其单位为 A·h 或 kA·h，其值等于放电电流与放电时间的乘积。1 A·h 是指能在 1A 的电流下放电 1h。单体电池内活性物质的数量决定单体电池含有的电荷量，而活性物质的含量由电池的材料和体积决定，通常电池体积越大，容量越大。电池容量可以分为额定容量、n 小时率容量、理论容量、实际容量、荷电状态等。

(1) **额定容量**。额定容量是指在室温下完全充电的蓄电池以 I_1(A) 电流放电，达到终止电压时所释放的电量。

(2) **n 小时率容量**。n 小时率容量是指完全充电的蓄电池以 n 小时率放电电流放电，达到规定终止电压时所释放的电量。

(3) **理论容量**。理论容量是指按法拉第定律计算活性物质的质量得到的最大理论值。为了比较不同系列的电池，常用"比容量"的概念，即单位体积或单位质量电池所能释放的理论电量，单位为 A·h/L 或 A·h/kg。

(4) **实际容量**。实际容量也称可用容量，是指蓄电池在一定条件下所能输出的电量，其值等于放电电流与放电时间的乘积（小于理论容量）。实际容量反映了蓄电池实际储存的电量，蓄电池容量越大，电动汽车的续驶里程就越长。在使用过程中，蓄电池的实际容量会逐步衰减。国家标准规定实际容量大于额定容量的新出厂的蓄电池为合格蓄电池。

(5) **荷电状态**。荷电状态是指蓄电池在一定放电倍率下，剩余电量与相同条件下额定容量的比值，反映蓄电池容量变化的特性。SOC=1 表示蓄电池充满状态。随着蓄电池的放电，蓄电池的电荷逐渐减少，可以用 SOC 值的百分数的相对量表示蓄电池中电荷的变化状态。一般蓄电池放电高效率区为(50%～80%)SOC。对蓄电池 SOC 值的估算已成为蓄电池管理的重要环节。

3. 内阻

电池的内阻是指电流通过电池内部时受到的阻力，包括欧姆内阻和极化内阻。

(1) **欧姆内阻**。欧姆内阻主要由电极材料、电解液、隔膜的电阻及各组件的接触电阻组成。此外，电池的欧姆内阻还与电池的尺寸、结构、装配等因素有关，如果结构合理、装配紧凑，则电极间距小，欧姆内阻也小。

(2) **极化内阻**。极化内阻是指电池的正极和负极在进行电化学反应时由极化引起的内阻，包括由电化学极化和浓差极化引起的电阻。极化内阻与活性物质的本性、电极的结构、电池的制造工艺等有关，特别是与电池的工作条件密切相关，放电电流和温度的影响很大。放电电流不相等，产生的电化学极化和浓差极化的值也不相等。大电流放电时，电化学极化和浓差极化均增大，使得极化内阻增大。在低温下，极化内阻也会增大，因此，极化内阻不是一个常数,而是随放电制度、放电温度等的变化而变化。

内阻是决定电池性能的一个重要指标,直接影响电池的工作电压、工作电流、输出的能量和功率等,希望电池的内阻越小越好。

4. 能量

电池的能量是指在一定放电制度下电池所能输出的电能,单位为 W·h。它影响电动汽车的续驶里程。电池的能量分为总能量、理论能量、实际能量、比能量、能量密度、充电能量、放电能量等。

(1)**总能量**。总能量是指电池在寿命周期内输出电能的总和。

(2)**理论能量**。理论能量是指在一定标准规定的放电条件下,电池输出的能量,其值等于电池的理论容量与额定电压的乘积。

(3)**实际能量**。实际能量是指在一定条件下,电池所能输出的能量,其值等于电池实际容量与平均工作电压的乘积。

(4)**比能量**。比能量也称质量比能量,是指电池单位质量所能输出的电能,单位为 W·h/kg。比能量常用来比较不同的电池系统。

比能量分为理论比能量和实际比能量。理论比能量是指 1kg 电池反应物质完全放电时理论上所能输出的能量;实际比能量是指 1kg 电池反应物质所能输出的实际能量。受各种因素的影响,电池的实际比能量远小于理论比能量。

电池的比能量是综合性指标,反映电池的质量。电池的比能量影响电动汽车的整车质量和续驶里程,是评价电动汽车的动力电池是否满足预定的续驶里程的重要指标。

(5)**能量密度**。能量密度也称体积比能量,是指电池单位体积所能输出的电能,单位为 W·h/L。

(6)**充电能量**。充电能量是指通过充电机输入电池的电能。

(7)**放电能量**。放电能量是指电池放电时输出的电能。

5. 功率

电池的功率是指在一定放电制度下,单位时间内电池所输出的能量,单位为 W 或 kW。电池的功率决定了电动汽车的加速性能和爬坡能力。

(1)**比功率**。单位质量电池所能输出的功率称为比功率,也称质量比功率,单位为 W/kg。

(2)**功率密度**。从蓄电池的单位质量或单位体积电池获取的输出功率称为功率密度,单位为 W/kg 或 W/L。从蓄电池的单位质量获取的输出功率称为质量功率密度,单位为 W/kg;从蓄电池的单位体积电池获取的输出功率称为体积功率密度,单位为 W/L。

6. 输出效率

动力电池作为能量储存器,充电时把电能转换为化学能并储存起来,放电时释放电能。在这个可逆的电化学反应过程中,有一定的能量损耗,通常用电池的容量效率和能量效率表示。

(1)**容量效率**。容量效率是指电池放电时输出的容量与充电时输入的容量之比,即

$$\eta_c = \frac{C_o}{C_i} \times 100\% \qquad (3-1)$$

式中，η_c 为容量效率；C_o 为电池放电时输出的容量，单位为 A·h；C_i 为电池充电时输入的容量，单位为 A·h。

影响电池容量效率的主要因素是副反应。当电池充电时，一部分电量消耗在水的分解上。此外，自放电时，电极活性物质的脱落、结块及孔率收缩等也会降低容量输出。

（2）**能量效率**。能量效率也称电能效率，是指电池放电时输出的能量与充电时输入的能量之比，即

$$\eta_E = \frac{E_o}{E_i} \times 100\% \qquad (3-2)$$

式中，η_E 为能量效率；E_o 为电池放电时输出的能量，单位为 W·h；E_i 为电池充电时输入的能量，单位为 W·h。

影响能量效率的因素是电池内阻，它使电池充电电压上升，放电电压下降。内阻的能量以电池发热的形式损耗。

7. 自放电率

自放电率是指电池存放期间容量的下降率，即电池无负荷时自身放电使容量损失的速度，表示蓄电池搁置后容量变化的特性。自放电率用单位时间容量下降的百分数表示，其表达式为

$$\eta_{\Delta c} = \frac{C_a - C_b}{C_a \times T_t} \times 100\% \qquad (3-3)$$

式中，$\eta_{\Delta c}$ 为自放电率；C_a 为电池存放前的容量，单位为 A·h；C_b 为电池存放后的容量，单位为 A·h；T_t 为电池存放的时间，常用天、月计算。

8. 放电倍率

电池放电电流的值常用放电倍率表示，即电池的放电倍率用放电时间表示，或者说以一定的放电电流放完额定容量所需的小时数表示。由此可见，放电时间越短，放电倍率越大，放电电流越大。

放电倍率等于放电电流与额定容量之比。放电倍率可分为低倍率（<0.5C）、中倍率[(0.5~3.5)C]、高倍率[(3.5~7.0)C]、超高倍率（>7.0C）。

例如，某电池的额定容量为 20A·h，若用 4A 电流放电，则放完 20A·h 的额定容量需用 5h，即以 5 倍率放电，用符号 C/5 或 0.2C 表示，为低倍率。

9. 使用寿命

使用寿命是指电池在规定条件下的有效寿命期限。电池发生内部短路或损坏而不能使用，以及容量达不到规范要求时电池失效，电池的使用寿命终止。

电池的使用寿命包括使用期限和循环寿命。使用期限是指电池可供使用的时间，包括电池的存放时间。循环寿命是指电池可供重复使用的次数。

除此之外，成本也是一个重要指标。电动汽车发展的瓶颈之一就是电池价格高。

3.1.3 动力蓄电池的结构类型

动力蓄电池的结构类型主要有单体蓄电池、蓄电池模块、蓄电池包和蓄电池系统四种。

1. 单体蓄电池

单体蓄电池也称电芯,是将化学能与电能相互转换的基本单元装置,通常包括电极、隔膜、电解质、外壳和端子。

单体蓄电池是蓄电池系统的基本单元,常用的是方形单体蓄电池。图3.2所示为某磷酸铁锂方形单体蓄电池,其电压为3.2V,容量为152A·h。有时使用圆柱形单体蓄电池。

2. 蓄电池模块

蓄电池模块是将多个单体蓄电池按照串联、并联或混联方式组合,作为电源使用的组合体,也称蓄电池模组。图3.3所示为方形蓄电池模块爆炸图。

图 3.2 某磷酸铁锂方形单体蓄电池

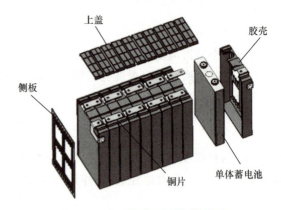

图 3.3 方形蓄电池模块爆炸图

图3.4所示为圆柱形蓄电池模块爆炸图。

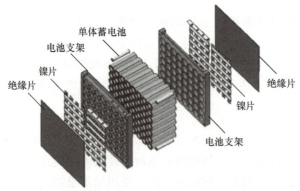

图 3.4 圆柱形蓄电池模块爆炸图

3. 蓄电池包

蓄电池包是能量的存储装置，包括若干蓄电池模块，通常还包括蓄电池电子部件、高压电路、过流保护装置及与其他外部系统的接口（如冷却、高压、辅助低压和通信等），一般还有维修开关，具有从外部获得电能和对外输出电能的单元。所有部件应该安装在常用防撞蓄电池箱内。蓄电池包的典型结构如图3.5所示。

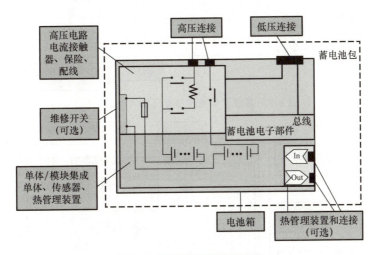

图 3.5　蓄电池包的典型结构

图3.6所示为某电动汽车的动力蓄电池包。

图 3.6　某电动汽车的动力蓄电池包

4. 蓄电池系统

蓄电池系统是能量储存装置，包括一个或多个蓄电池包，以及电路和电子控制单元（如电池控制单元、电流接触器）。蓄电池系统有两种典型结构，分别是集成了电池控制单元的蓄电池系统和带外置电池控制单元的蓄电池系统，如图3.7和图3.8所示。电池控制单元是指控制、管理、检测或计算蓄电池系统的电和热的相关参数，并提供蓄电池系统和其他车辆控制器通信的电子装置，是电池管理系统的核心部件。

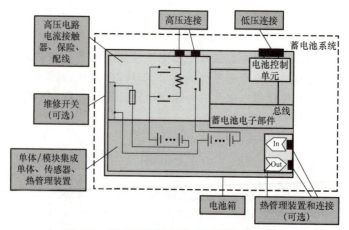

图 3.7 集成了电池控制单元的蓄电池系统

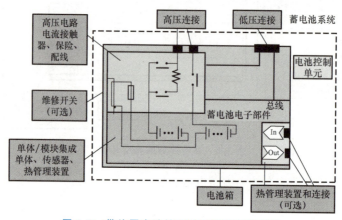

图 3.8 带外置电池控制单元的蓄电池系统

图 3.9 所示为某纯电动汽车的蓄电池系统爆炸图。

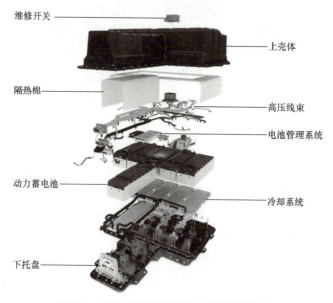

图 3.9 某纯电动汽车的蓄电池系统爆炸图

3.1.4 动力蓄电池的组合方式

动力蓄电池作为电动汽车的能量来源，单体蓄电池无法满足要求，需要根据实际输出的电压和容量要求，将几百个或几千个单体蓄电池通过串联、并联和混联的方式组成蓄电池组使用。另外，电动汽车的空间有限，动力蓄电池系统的布局必须与电动汽车的空间设计一致。

动力蓄电池的组合方式有串联、并联和混联。单体蓄电池串联的主要目的是增大动力蓄电池系统的电压；单体蓄电池并联的主要目的是增大动力蓄电池系统的容量；单体蓄电池混联的主要目的是既增大动力蓄电池系统的电压，又增大动力蓄电池系统的容量，是常用的组合方式。

1. 串联组合蓄电池组

图 3.10 所示为单体蓄电池串联，单体蓄电池的正极和负极依次首尾相接，串联后电压相加，但单体蓄电池串联后总容量不变。单体蓄电池串联适合电流不变、电压需要增大的场合。

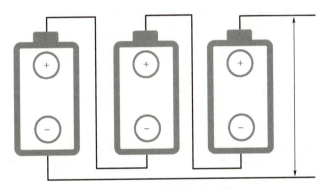

图 3.10　单体蓄电池串联

2. 并联组合蓄电池组

图 3.11 所示为单体蓄电池并联，单体蓄电池的正极和正极连接，负极和负极连接，并联后容量相加，但电压不变。单体蓄电池并联适合电压不变、电流需要增大的场合。单体蓄电池无论是串联还是并联，蓄电池组的输出功率都增大。

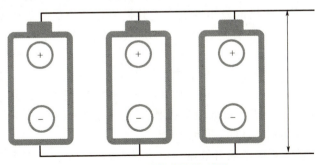

图 3.11　单体蓄电池并联

要获得较大容量的动力蓄电池系统,在单体蓄电池电压和外电阻不变的情况下,需要增加并联单体蓄电池。

3. 混联组合蓄电池组

当动力蓄电池系统需要同时输出较大的电压和较大的容量时,串联或并联组合形式难以满足使用要求,此时可以根据实际的电压和容量要求,首先将 n 个单体蓄电池串联,然后将 m 个串联电池组并联,组成混联组合蓄电池组。

图 3.12 所示为单体蓄电池混联,分别为 3S2P 和 3SnP。3S2P 表示三个单体蓄电池串联,再将两组并联。如果每个电芯的电压为 3.7V,容量为 2.4A·h,则 3S2P 蓄电池组的电压为 11.1V,容量为 4.8A·h。3SnP 表示三个单体蓄电池串联,再将 n 组并联。

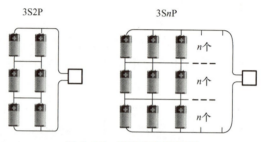

图 3.12 单体蓄电池混联

3.1.5 电动汽车对动力蓄电池的要求

电动汽车对动力电池有如下要求。

(1) **比能量高**。为了延长电动汽车的续驶里程,要求电动汽车上的动力蓄电池储存尽可能多的能量,但电动汽车不能太重,其安装动力电池的空间也有限,从而要求动力蓄电池具有高的比能量。

(2) **比功率大**。为了使电动汽车在加速行驶、爬坡和负载行驶等方面能与内燃机汽车竞争,要求动力蓄电池具有大的比功率。

(3) **循环寿命长**。循环寿命越长,动力蓄电池支撑电动汽车的续驶里程越长,有助于降低汽车使用期内的运行成本。

(4) **均匀一致性好**。对于电动汽车而言,大多要求电池组的工作电压达到数百伏,这就要求串联几十个到几百个单体蓄电池。为达到设计容量的要求,有时甚至需要更多单体蓄电池并联。由于电池组的使用性能会受到性能最差的某些单体蓄电池的制约,因此设计时要求各单体蓄电池在容量、内阻、功率特性和循环特性等方面具有高度的一致性。

(5) **高低温性能好、环境适应性强**。电动汽车作为一种交通工具,要求动力蓄电池既要在北方冬天极冷的环境下长期稳定地工作,又要在南方夏天炎热的环境中长期稳定地工作。在恶劣的气候条件下,动力蓄电池的工作温度可能从 -40℃ 变到 60℃,甚至 80℃。因此,要求动力蓄电池具有良好的高低温性能。

(6) **安全性好**。动力蓄电池应有效避免由泄漏、短路、撞击、颠簸等引起的起火或爆炸事故,确保汽车在正常行驶或非正常行驶过程中的安全性。

(7) **价格低廉**。要求动力蓄电池材料来源丰富,制造成本低,以降低整车价格,提高电动汽车的市场竞争力。

（8）绿色、环保。要求动力蓄电池的制作材料与环境友好、无二次污染，并可再生利用。

3.2 蓄电池

3.2.1 铅酸蓄电池

自1859年发明以来，铅酸蓄电池的使用和发展已有160多年的历史，广泛用作内燃机汽车的起动动力源。铅酸蓄电池作为纯电动汽车的动力电源，在比能量、深放电循环寿命、快速充电等方面均比镍氢蓄电池、锂离子蓄电池差，不适用于电动轿车。但由于其价格低廉，因此国内外将它的应用定位在速度不高、路线固定、充电站设立容易规划的车辆上。铅酸蓄电池的主要发展方向是提高比能量、延长使用寿命。

1. 铅酸蓄电池的分类

铅酸蓄电池分为免维护铅酸蓄电池和阀控密封式铅酸蓄电池。

免维护铅酸蓄电池具有结构上的优势，电解液的消耗量非常小，在使用寿命内基本不需要补充蒸馏水。它具有耐振、耐高温、体积小、自放电小的特点，使用寿命一般为普通铅酸蓄电池的两倍。市场上的免维护铅酸蓄电池有两种：一种是购买时一次性加电解液，在以后使用过程中不需要加补充液；另一种是出厂时已经加好电解液并封死，用户不能加补充液。

阀控密封式铅酸蓄电池在使用期间不用加酸加水维护，电池为密封结构，不会漏酸，也不会排酸雾。电池盖上设有安全阀(也称溢气阀)，是当电池内部气体量超过一定值(电池内部气压升高到一定值)时，安全阀自动打开，排出气体，然后自动关闭，防止空气进入电池内部。

阀控密封式铅酸蓄电池分为吸液式和胶体式两种。吸液式采用吸附式玻璃纤维棉做隔膜，电解液吸附在极板和隔膜中，电池内没有流动的电解液，电池可以立放工作，也可以卧放工作；胶体式以二氧化硅为凝固剂，电解液吸附在极板和胶体内，一般立放工作。如无特殊说明，阀控密封式铅酸蓄电池皆指吸液式。

电动汽车用动力蓄电池一般是阀控密封式铅酸蓄电池。

2. 铅酸蓄电池的结构

铅酸蓄电池由正极板、负极板、隔板、电解液、安全阀、壳体等组成，其基本结构如图3.13所示。极板是铅酸蓄电池的核心部件，正极板上的活性物质是二氧化铅，负极板上的活性物质为海绵状纯铅。隔板隔离正、负极板，防止短路；隔板作为电解液的载体，能够吸收大量电解液，起到促进离子良好扩散的作用；

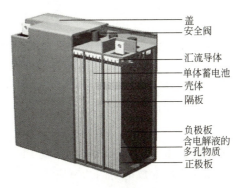

图3.13 铅酸蓄电池的基本结构

隔板还是正极板产生的氧气到达负极板的"通道",可顺利建立氧循环,减少水的损失。电解液由蒸馏水和纯硫酸按一定比例配制而成,其主要作用是参与电化学反应,是一种铅酸蓄电池的活性物质。电池槽中装入一定密度的电解液后,发生电化学反应,正、负极板间会产生约为 2.0V 的电动势。安全阀位于电池顶部,起到安全、密封、防爆等作用。

3. 铅酸蓄电池的工作原理

铅酸蓄电池工作时,把化学能转换为电能的过程称为放电。使用后,借助直流电在电池内发生化学反应,把电能转换为化学能并储存起来,这种过程称为充电。铅酸蓄电池是酸性蓄电池,其化学反应式为

$$PbO + H_2SO_4 \longrightarrow PbSO_4 + H_2O$$

铅酸蓄电池充电时,铅板分别与直流电源的正、负极相连,进行充电电解,阴极的还原反应为

$$PbSO_4 + 2e^- \longrightarrow Pb + SO_4^{2-}$$

阳极的氧化反应为

$$PbSO_4 + 2H_2O \longrightarrow PbO_2 + 4H^+ + SO_4^{2-} + 2e^-$$

铅酸蓄电池充电时的总反应为

$$2PbSO_4 + 2H_2O \longrightarrow Pb + PbO_2 + 2H_2SO_4$$

随着电流的通过,$PbSO_4$ 在阴极变成蓬松的金属铅,在阳极变成黑褐色的 PbO_2,溶液中生成 H_2SO_4。铅酸蓄电池的放电过程如图 3.14 所示。

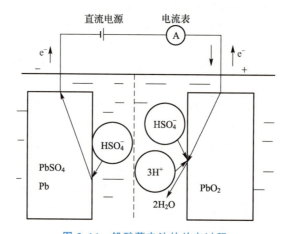

图 3.14 铅酸蓄电池的放电过程

铅酸蓄电池放电时阴极的氧化反应为

$$Pb \longrightarrow Pb^{2+} + 2e^-$$

由于存在 H_2SO_4,因此 Pb^{2+} 立即生成难溶解的 $PbSO_4$。

阳极的还原反应为

$$PbO_2 + 4H^+ + 2e^- \longrightarrow Pb^{2+} + 2H_2O$$

同样,由于存在 H_2SO_4,因此 Pb^{2+} 立即生成 $PbSO_4$。

铅酸蓄电池放电时的总反应为

$$Pb + PbO_2 + 2H_2SO_4 \longrightarrow 2PbSO_4 + 2H_2O$$

铅酸蓄电池充电时，随着电池端电压的升高，水开始被电解，当单体蓄电池电压达到约 2.39V 时，水的电解不可忽略。水电解时，阳极和阴极的化学反应式分别为

$$2H_2O \longrightarrow O_2 + 4H^+ + 4e^-$$
$$2H^+ + 2e^- \longrightarrow H_2$$

阳极给出电子，阴极得到电子，形成了回路电流。端电压越高，水电解越激烈，充入的大部分电荷会参加水电解，形成的活性物质很少。

4. 铅酸蓄电池的特点

铅酸蓄电池具有以下优点。

(1) 除锂离子蓄电池外，在常用蓄电池中，铅酸蓄电池的电压最高，为 2.0V。
(2) 价格低。
(3) 可制成小至 1A·h、大至几千安时的各种尺寸和结构的蓄电池。
(4) 高倍率放电性能良好，可用于发动机起动。
(5) 高低温性能良好，可在 −40～60℃ 条件下工作。
(6) 电能效率高达 60%。
(7) 易浮充使用，没有记忆效应。
(8) 易识别荷电状态。

铅酸蓄电池具有以下缺点。

(1) 比能量低，在电动汽车中质量和体积较大，一次充电续驶里程较短。
(2) 使用寿命短，使用成本高。
(3) 充电时间长。
(4) 铅是重金属，存在环境污染。

5. 对铅酸蓄电池的要求

电动汽车对铅酸蓄电池有以下要求。

(1) 外观。目视检查蓄电池外观时，外壳不得有变形及裂纹，表面干燥、无酸液，并且标志清晰、正确。
(2) 极性。用电压表检查蓄电池极性时，电池极性应与标志的极性符号一致。
(3) 外形尺寸及质量。蓄电池的外形尺寸及质量应符合相关标准。
(4) 端子。端子的位置、外观、结构等要求由用户与制造厂协商确定。
(5) 3h 率额定容量。蓄电池按规定试验时，第 1 次容量应不低于额定容量的 90%；蓄电池应在第 10 次容量试验前或试验中达到额定容量，并且最终放电容量不应高于制造厂提供额定容量的 110%。
(6) 大电流放电。完全充电的蓄电池在 20℃±5℃ 的环境中静置 5h，然后以 $3I_3$(A) 的恒电流放电到 1.5 伏/单体终止，放电时间应不少于 40min；完全充电的蓄电池在 20℃±5℃ 的环境中静置 5h，然后以 $9I_3$(A) 的恒电流放电 3min，电压应不低于 1.4 伏/单体。
(7) 快速充电能力。蓄电池按规定方法放电时，充电容量应不小于额定容量的 70%。
(8) −20℃ 低温放电。完全充电的蓄电池在 20℃±2℃ 的环境中静置 20h，然后以 $6I_3$(A) 的电流连续放电至 1.4 伏/单体，放电时间应不少于 5min；完全充电的蓄电池在温度为 20℃±2℃ 环境中静置 20h，然后以 I_3(A) 的电流连续放电至 1.4 伏/单体，容量应不低于额定容量的 55%。

(9) 安全性。蓄电池按规定方法完全充电后,以 $0.7I_3(A)$ 的电流连续充电 5h,然后目视检查蓄电池外观,外壳不得出现漏液、破裂等异常现象。

(10) 密封反应效率。阀控密封式铅酸蓄电池按规定方法进行试验时,其密封反应效率应不低于 90%。

(11) 免维护铅酸蓄电池按规定方法进行试验时,按额定容量计算,其水损耗应不大于 3g/(A·h)。

(12) 荷电保持能力。蓄电池按规定方法进行试验时,其常温容量应不低于存放前容量的 85%;高温容量应不低于储存前容量的 70%。

(13) 循环耐久能力。蓄电池按规定方法进行试验时,当蓄电池容量降至额定容量的 80% 时,循环次数应不少于 400 次。

(14) 耐振动性能。蓄电池按规定方法进行试验时,蓄电池放电电压应无异常;试验后,蓄电池应无机械损伤,无电解液渗漏。

具体试验方法参照 QC/T 742—2006《电动汽车用铅酸蓄电池》。

3.2.2 镍氢蓄电池

镍氢蓄电池是 20 世纪 90 年代发展起来的一种电池。它的正极活性物质主要由镍制成,负极活性物质主要由储氢合金制成。镍氢蓄电池是一种碱性蓄电池,具有高比能量、高功率、适合大电流放电、可循环充放电、无污染等优点,被誉为"绿色电源"。

在电动汽车领域,镍氢蓄电池是商业化的主流。从产业周期来看,镍氢蓄电池已经进入成熟期,形成了规模化生产,具有价格上的优势;而且镍氢蓄电池是混合动力电动汽车用电池体系中被实际验证并被商业化、规模化生产的动力蓄电池。

虽然镍氢蓄电池在技术上取得了很大突破,但仍有很多因素制约其实际应用,包括高温性能、储存性能、循环寿命、电池组管理系统和热管理等。

1. 镍氢蓄电池的分类

按照外形的不同,镍氢蓄电池分为方形镍氢蓄电池和圆形镍氢蓄电池。

2. 镍氢蓄电池的结构

镍氢蓄电池的基本结构如图 3.15 所示。镍氢蓄电池主要由正极、负极、分离层、金属外壳、电解液等组成。镍氢蓄电池的正极是活性物质 $Ni(OH)_2$,负极是储氢合金,分离层是隔膜纸,用 KOH 作为电解质,正、负极之间有分离层,共同组成镍氢蓄电池,在金属铂的催化作用下,完成充电和放电的可逆反应。在圆形镍氢蓄电池中,正、负极用隔膜纸分开卷绕在一起,然后密封在金属外壳中。在方形镍氢蓄电池中,正、负极由隔膜纸分开后,叠成层状密封在金属外壳中。

电动汽车用镍氢蓄电池的基本单元是单体蓄电池。按使用要求组合成不同电压

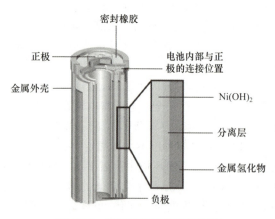

图 3.15 镍氢蓄电池的基本结构

和不同电荷量的镍氢蓄电池总成如图 3.16 所示。

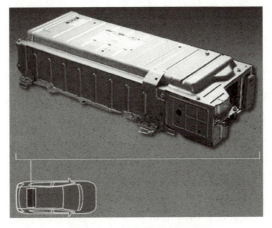

图 3.16 镍氢蓄电池总成

3. 镍氢蓄电池的工作原理

镍氢蓄电池是将物质的化学反应产生的能量直接转换为电能的一种电池。镍氢蓄电池由镍氢化合物正极、储氢合金负极及碱性电解液(如 30% 的 KOH 溶液)组成。镍氢蓄电池的性能特点主要取决于电极反应。

充电时,正、负极的电化学反应分别为

$$Ni(OH)_2 - e^- + OH^- \longrightarrow NiOOH + H_2O$$

$$2MH + 2e^- \longrightarrow 2M^- + H_2$$

放电时,正、负极的电化学反应分别为

$$NiOOH + H_2O + e^- \longrightarrow Ni(OH)_2 + OH^-$$

$$2M^- + H_2 \longrightarrow 2MH + 2e^-$$

当镍氢蓄电池以标准电流放电时,平均工作电压为 1.2V。当镍氢蓄电池以 $8C$ 率放电时,端电压降至 1.1V,认为放电完成,电压 1.1V 称为 $8C$ 率放电时的放电终止电压(0.6~0.8V)。

4. 镍氢蓄电池的特点

镍氢蓄电池具有如下特点。

(1) 比功率高。目前商业化的镍氢功率型蓄电池的比功率能达到 1350W/kg。

(2) 循环次数多。对于电动汽车用镍氢蓄电池,80% 放电深度循环寿命超过 1000 次,为铅酸蓄电池的 3 倍以上,100% 放电深度循环寿命超过 500 次,在混合动力电动汽车中可使用 5 年以上。

(3) 无污染。镍氢蓄电池不含铅、镉等对人体有害的金属。

(4) 耐过充电、耐过放电。

(5) 无记忆效应。

(6) 使用温度范围大。镍氢蓄电池的正常使用温度为 -30~55℃,储存温度为 -40~70℃。

(7) 安全可靠。经短路、挤压、针刺、安全阀工作能力、跌落、加热、耐振动等安全性及可靠性试验，无爆炸、燃烧现象。

与铅酸蓄电池相比，镍氢蓄电池具有比能量高、质量轻、体积小、循环次数多的优点。

5. 对镍氢蓄电池的要求

对镍氢蓄电池的要求分为对镍氢单体蓄电池的要求和对镍氢蓄电池模块的要求。单体蓄电池是构成蓄电池的最小单元，一般由正极、负极及电解质等组成，其标称电压为电化学的标称电压；蓄电池模块是指单体蓄电池的组合。

对镍氢单体蓄电池有以下要求。

（1）外观。在良好的光线条件下，目视检查单体蓄电池的外观，金属外壳不得有变形及裂纹，表面平整、干燥、无碱痕、无污物，并且标志清晰。

（2）极性。用电压表检查单体蓄电池极性时，电池极性应与标志的极性符号一致。

（3）外形尺寸及质量。单体蓄电池的外形尺寸、质量应符合制造厂提供的技术条件。

（4）室温放电容量。单体蓄电池按规定方法进行试验时，其放电容量应不低于额定容量，并且不超过额定容量的110%，同时所有测试对象的初始容量极差不大于初始容量平均值的5%。

对镍氢蓄电池模块有以下要求。

（1）外观。在良好的光线条件下，目视检查蓄电池模块的外观，不得有变形及裂纹，表面应平整、干燥、无外伤，并且排列整齐、连接可靠、标志清晰等。

（2）极性。用电压表检查蓄电池模块极性时，蓄电池模块的极性应与标志的极性符号一致。

（3）外形尺寸及质量。蓄电池模块的外形尺寸及质量应符合制造厂提供的技术条件。

（4）室温放电容量。蓄电池模块按规定方法进行试验时，其放电容量应不低于额定容量，并且不超过额定容量的110%，同时所有测试对象的初始容量极差不大于初始容量平均值的7%。

（5）室温倍率放电容量。按照制造厂提供的电池类型分别进行试验，高能量蓄电池模块按规定方法进行试验时，其放电容量应不低于初始容量的90%；高功率蓄电池模块按规定方法进行试验时，其放电容量应不低于初始容量的80%。

（6）室温倍率充电性能。蓄电池模块按规定方法进行试验时，其放电容量应不低于初始容量的80%。

（7）低温放电容量。蓄电池模块按规定方法进行试验时，其放电容量应不低于初始容量的80%。

（8）高温放电容量。蓄电池模块按规定方法进行试验时，其放电容量应不低于初始容量的90%。

（9）荷电保持与容量恢复能力。蓄电池模块按规定方法进行试验时，其室温荷电保持率应不低于初始容量的85%，高温荷电保持率应不低于初始容量的70%，容量恢复应不低于初始容量的95%。

（10）耐振动性。蓄电池模块按规定方法进行耐振动性试验时，不允许出现放电电流锐变、电压异常、蓄电池外壳变形、电解液溢出等现象，并保持连接可靠、结构完好。

(11) 储存。蓄电池模块按规定方法进行试验时，容量恢复应不低于初始容量的 90%。

(12) 安全性。蓄电池模块按规定方法进行短路、过放电、过充电、加热、针刺、挤压等试验时，应不爆震、不起火、不漏液。

具体试验方法参照 GB/T 31486—2015《电动汽车用动力蓄电池电性能要求及试验方法》和 GB/T 31485—2015《电动汽车用动力蓄电池安全要求及试验方法》。

3.2.3 锂离子蓄电池

锂离子蓄电池

锂离子蓄电池是 1990 年由日本索尼公司率先推向市场的高能蓄电池。与其他蓄电池相比，锂离子蓄电池具有电压高、比能量高、使用寿命长、无记忆效应、无污染、快速充电、自放电率低、工作温度范围大和安全可靠等优点，已成为未来电动汽车较理想的动力电源。

1. 锂离子蓄电池的分类

锂离子蓄电池可以根据形状和正极材料进行分类。根据形状的不同，锂离子蓄电池可以分为圆柱形锂离子蓄电池、方形锂离子蓄电池和软包锂离子蓄电池。

(1) 圆柱形锂离子蓄电池。

圆柱形锂离子蓄电池是指具有圆柱形金属外壳和连接元件（电极）的蓄电池，如图 3.17 所示。特斯拉电动汽车使用的是圆柱形锂离子蓄电池。

图 3.17 圆柱形锂离子蓄电池

比较典型的圆柱形锂离子蓄电池有 18650 蓄电池和 21700 蓄电池。18650 蓄电池是一种标准的锂离子蓄电池，其中 18 表示蓄电池直径为 18mm，65 表示蓄电池长度为 65mm，0 表示圆柱形蓄电池。18650 单体蓄电池的容量为 2.2～3.6A·h，质量为 45～48g，蓄电池系统的能量密度为 250W·h/kg。21700 蓄电池是日本松下公司为特斯拉电动汽车研发的锂离子蓄电池，21 表示蓄电池直径为 21mm，70 表示蓄电池长度为 70mm，0 表示圆柱形蓄电池。21700 单体蓄电池的容量为 3.0～4.8A·h，质量为 60～65g，蓄电池系统的能量密度为 300W·h/kg。

圆柱形锂离子蓄电池采用非常成熟的卷绕工艺，生产自动化水平高，批量化生产成本较低，同时能保持较好的良品率和成组一致性。在应用层面，圆柱形锂离子蓄电池受结构特性的影响，成组后单体蓄电池之间仍留有一定的空隙，利于散热。为延长续驶里程，相应单体蓄电池需求更多,增大了系统连接及管控难度。同时,由于钢壳蓄电池的自重较大,因此其质量能量密度提升空间有限。

(2) 方形锂离子蓄电池。

方形锂离子蓄电池是指具有长方形金属外壳和连接元件(电极)的蓄电池,如图 3.18 所示。由于方形锂离子蓄电池电芯连接比圆柱形锂离子蓄电池容易,因此国内纯电动汽车用动力蓄电池以方形锂离子蓄电池为主。

图 3.18　方形锂离子蓄电池

方形锂离子蓄电池以铝壳为主,其规格尺寸多根据搭载车型需求定制开发,设计相对灵活,具有很强的适配性,但批量生产工艺难以统一,降低了自动化水平。在应用层面,方形锂离子蓄电池的金属外壳更趋向于轻量化铝合金材质,结构设计更简单,与圆柱形锂离子蓄电池相比,质量能量密度有所提升。成组后单体蓄电池排列方式更紧凑,空间利用率较高,并且金属外壳具有一定的强度,成组难度较小,但相应地对热安全管控技术的要求较高。

(3) 软包锂离子蓄电池。

软包锂离子蓄电池是指具有由复合薄膜制成的金属外壳和连接元件(电极)的蓄电池,如图 3.19 所示。软包锂离子蓄电池采用质量更小且韧度更高的铝塑膜材料,同时单体蓄电池内部装配为叠片式结构,其规格尺寸以定制开发为主。

图 3.19　软包锂离子蓄电池

我国方形锂离子蓄电池装机量约占 80%;圆柱形锂离子蓄电池装机量约占 15%;软

包锂离子蓄电池装机量约占5%。由此可见，我国电动汽车用蓄电池以方形锂离子蓄电池为主。方形锂离子蓄电池的典型结构如图3.20所示，主要包括组合极芯、正极引出、负极引出、壳体和盖板。

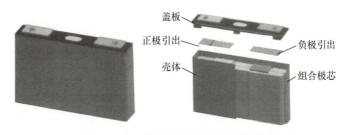

图3.20 方形锂离子蓄电池的典型结构

根据正极材料的不同，锂离子蓄电池可以分为磷酸铁锂电池、锰酸锂电池、钴酸锂电池和三元锂电池等。

(1) 磷酸铁锂电池。

磷酸铁锂电池是指用磷酸铁锂作为正极材料的锂离子蓄电池。磷酸铁锂具有橄榄石晶体结构，其理论容量为170mA·h/g，未掺杂改性时，其实际容量达110mA·h/g。通过表面修饰，磷酸铁锂电池的实际容量达165mA·h/g，已经非常接近理论容量，工作电压约为3.4V。磷酸铁锂电池的优点是稳定性高、安全可靠、环保、价格低；缺点是电阻率较大，电极材料利用率低。

(2) 锰酸锂电池。

锰酸锂电池是指用锰酸锂作为正极材料的锂离子蓄电池。锰酸锂具有尖晶石结构，其理论容量为148mA·h/g，实际容量为90~120mA·h/g，工作电压为3~4V。锰酸锂电池的优点是锰资源丰富，价格低，安全性高，比较容易制备；缺点是理论容量低，与电解质的相容性不好，在深度充放电的过程中电池容量衰减快。

(3) 钴酸锂电池。

钴酸锂电池是指用钴酸锂作为正极材料的锂离子蓄电池。钴酸锂电池的优点是电化学性能优越，易加工，性能稳定，一致性好，比容量高，综合性能突出；缺点是安全性较差，成本高。钴酸锂主要应用于小电池，如手机电池、计算机电池等。

(4) 三元锂电池。

三元锂电池是指使用镍钴锰酸或镍钴铝作为正极材料，石墨作为负极材料的锂离子蓄电池。与磷酸铁锂电池不同，三元锂电池电压平台很高，工作电压约为3.7V，意味着在相等的体积或质量下，三元锂电池的比能量、比功率更大。另外，在大倍率充电和耐低温性能等方面，三元锂电池也有很大的优势。特斯拉Model S采用的18650蓄电池就是三元锂电池。

三元锂电池以镍钴锰路线为主，而且不断提高镍的占比，从3∶3∶3(镍∶钴∶锰)(实际为各占1/3)转变到6∶2∶2，再转变到8∶1∶1，称为811锂电池。

目前国内纯电动汽车使用的主流电池以三元锂电池和磷酸铁锂电池为主。三元锂电池能量密度高，但安全性较低，使用寿命短，成本高；磷酸铁锂电池能量密度低，但安全性好，使用寿命长，成本低。

常见正极材料的比较见表3-1。

表 3-1 常见正极材料的比较

正极材料	锰酸锂	磷酸铁锂	钴酸锂	镍钴锰锂
振实密度/(g/cm³)	2.2～2.4	1.0～1.4	2.8～3.0	2.0～2.3
比表面积/(m²/g)	0.4～0.8	12～20	0.4～0.6	0.2～0.4
克容量/(mA·h/g)	100～120	110～140	135～145	140～165
标称电压/V	3.7	3.2	3.6	3.5
循环寿命/次	≥500	≥2000	≥300	≥800
原料成本	低	低	很高	高
制备难度	比较小	较大	小	比较小
环保性	好	好	好（含钴）	好（含镍和钴）
安全性	良好	优秀	差	较好
高温性能	差	很好	差	较好
低温性能	较好	差	好	较好
倍率性能	较差	较差	好	好

2. 锂离子蓄电池的结构

锂离子蓄电池主要由正极、负极、隔膜板、电解液和安全阀等组成。圆柱形锂离子蓄电池的基本结构如图 3.21 所示。

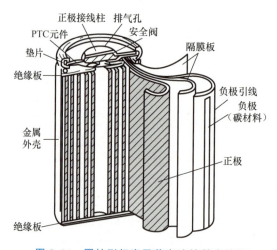

图 3.21 圆柱形锂离子蓄电池的基本结构

（1）正极。正极活性物质由含锂的过渡金属氧化物组成，在锰酸锂离子蓄电池中以锰酸锂为主要原料，在磷酸铁锂离子蓄电池中以磷酸铁锂为主要原料，在镍钴锂离子蓄电池中以镍钴锂为主要材料，在镍钴锰锂离子蓄电池中以镍钴锰锂为主要材料，在正极活性物质中加入导电剂、树脂黏合剂，并涂覆在铝基体上，呈细薄层分布。

（2）**负极**。负极活性物质是碳材料与黏合剂的混合物加上有机溶剂，并调和制成糊状涂覆在铜基上，呈薄层分布。

（3）**隔膜板**。隔膜板起关闭或阻断通道的作用，一般使用聚乙烯或聚丙烯材料的微多孔膜。关闭或阻断功能是指蓄电池出现异常，温度上升，阻塞或阻断作为离子通道的细孔，使蓄电池停止充、放电反应。隔膜板可以有效防止由外部短路等引起的过大电流使蓄电池产生异常发热现象。只要异常发热现象发生一次，蓄电池就不能正常使用。

（4）**电解液**。电解液是以混合溶剂为主体的有机电解液。为了使主要电解质成分的锂盐溶解，电解液必须具有高电容率，并且具有与锂离子相容性好的溶剂，以不阻碍离子移动的低黏度有机溶液为宜。另外，在锂离子蓄电池的工作温度范围内，电解液必须呈液体状态，凝固点低，沸点高。电解液对活性物质具有化学稳定性，能适应充、放电反应过程中发生的剧烈的氧化还原反应。由于使用单一溶剂很难满足上述条件，因此电解液中一般混合不同性质的多种溶剂。

（5）**安全阀**。为了保证锂离子蓄电池的使用安全性，一般通过控制外部电路或者在蓄电池内部设置异常电流切断的安全装置。即使这样，在使用过程中也有可能因其他原因导致蓄电池内压异常上升，此时，安全阀释放气体，可以防止蓄电池破裂。安全阀实际上是一次性非修复式的破裂膜，一旦进入工作状态，就可以使蓄电池停止工作，是蓄电池的最后保护手段。

3. 锂离子蓄电池的工作原理

锂离子蓄电池的正极材料必须有能够接纳锂离子的位置和扩散路径。目前应用性能较好的正极材料是具有高插入电位的层状结构的过渡金属氧化物和锂的化合物，如锂化合物 $LiCoO_2$、$LiNiO_2$ 或具有尖晶石结构的 $LiMn_2O_4$。这些正极材料的插锂电位都可以达到 4V 以上。负极材料一般采用锂碳层间化合物 Li_xC_6。电解液一般采用溶解了锂盐 $LiPF_6$、$LiAsF_6$ 的有机溶液。

图 3.22 所示为锂离子蓄电池的工作原理。充电时，锂离子在正极脱嵌，通过电解液进入负极，受隔膜板的作用，电子只能通过外电路从正极流向负极，形成充电电流，保持

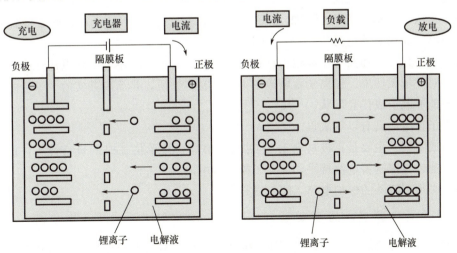

图 3.22　锂离子蓄电池的工作原理

正、负极电荷平衡。同理，放电时，锂离子在负极脱嵌，流向正极，电子在外电路形成放电电流。

锂离子蓄电池正极和负极的电化学反应分别为

$$LiMO_2 \rightleftharpoons Li_{1-x}MO_2 + x\,Li^+ + xe^-$$

$$nC + xLi^+ + xe^- \rightleftharpoons Li_xC_n$$

总的电化学反应为

$$LiMO_2 + nC \rightleftharpoons Li_{1-x}MO_2 + Li_xC_n$$

式中，M 为 Co、Ni、Fe、W 等。

例如，以 $LiCoO_2$ 为正极材料、以石墨为负极材料的锂离子蓄电池，正极和负极的电化学反应分别为

$$LiCoO_2 \rightleftharpoons Li_{1-x}CoO_2 + x\,Li^+ + xe^-$$

$$6C + xLi^+ + xe^- \rightleftharpoons Li_xC_6$$

总的电化学反应为

$$LiCoO_2 + 6C \rightleftharpoons Li_{1-x}CoO_2 + Li_xC_6$$

因为电池反应过程中既没有消耗电解液，又不产生气体，只是锂离子在正、负极间移动，所以锂离子蓄电池可以做成完全封闭的结构。此外，在正常条件下，因为电池充、放电过程中没有其他副反应，所以锂离子蓄电池充电效率很高，甚至可以达到100％。

4. 锂离子蓄电池的特点

锂离子蓄电池具有以下优点。

（1）工作电压高。锂离子蓄电池的工作电压为 3.6V，是镍氢蓄电池和镍镉蓄电池工作电压的 3 倍。

（2）比能量高。锂离子蓄电池的比能量为 150W·h/kg，是镍镉蓄电池的 3 倍、镍氢蓄电池的 1.5 倍。

（3）循环寿命长。离子蓄电池循环寿命已达到 1000 次以上，在低放电深度下可达几万次，超过了其他二次电池。

（4）自放电率低。锂离子蓄电池每月自放电率仅为 6％～8％，远低于镍镉蓄电池（25％～30％）和镍氢蓄电池（15％～20％）。

（5）无记忆性。锂离子蓄电池可以根据要求随时充电，且不会降低电池性能。

（6）对环境无污染。锂离子蓄电池中不存在有害物质，是名副其实的"绿色电池"。

（7）能够制造成任意形状。

锂离子蓄电池具有以下缺点。

（1）成本高。主要是正极材料 $LiCoO_2$ 的价格高，按单位瓦时的价格计算，已经低于镍氢蓄电池，与镍镉蓄电池持平，但高于铅酸蓄电池。

（2）必须有特殊的保护电路，防止过充电。

5. 对锂离子蓄电池的要求

对锂离子蓄电池的要求分为对单体蓄电池的要求、对蓄电池模块的要求及对蓄电池总成的要求。

(1) 对锂离子单体蓄电池的要求与对镍氢单体蓄电池的要求相同。

(2) 对锂离子蓄电池模块的要求与对镍氢蓄电池模块的要求相比，基本上只有低温放电容量、荷电保持与容量恢复能力不同，其他相同。

① 对锂离子蓄电池模块低温放电容量的要求：锂离子蓄电池模块按规定方法进行试验时，其放电容量应不低于初始容量的70%。

② 对锂离子蓄电池模块荷电保持与容量恢复能力的要求：锂离子蓄电池模块按规定方法进行试验时，其室温及高温荷电保持率应不低于初始容量的85%，容量恢复应不低于初始容量的90%。

(3) 锂离子蓄电池总成是指由一个或多个锂离子蓄电池模块和电路设备（保护电路、锂离子蓄电池管理系统、电路和通信接口）等组成的，为用电装置提供电能的电源系统。对锂离子蓄电池总成有以下要求。

① 锂离子蓄电池一致性。锂离子蓄电池一致性是指组成锂离子蓄电池模块和锂离子蓄电池总成的单体蓄电池性能的一致性特性，主要包括实际电能、阻抗、电极的电气特性、电气连接、温度特性差异、衰变速度等因素，这些因素的差异将直接影响运行过程中输出电参数的差异。组成锂离子蓄电池模块和锂离子蓄电池总成的单体蓄电池的一致性特性应在规定的负荷条件和荷电状态下进行试验。锂离子蓄电池的一致性特性分为充电状态一致性特性和放电状态一致性特性。若没有具体规定，则以放电状态一致性特性为锂离子蓄电池模块和锂离子蓄电池总成的一致性特性。

锂离子蓄电池一致性等级和规范见表3-2。一致性指数超过5级的为不合格产品。

表3-2 锂离子蓄电池一致性等级和规范

一致性等级	1级	2级	3级	4级	5级
一致性指数	≤5F	≤8F	≤11F	≤14F	≤18F

② 正极和负极连接。组成锂离子蓄电池总成的锂离子蓄电池模块正极和负极连接，可采用螺栓连接方式或可插拔连接器连接方式。正极和负极连接处应有清晰的极性标志，正极采用红色标志和红色电缆，负极采用黑色标志和黑色电缆。

③ 接口和协议。组成锂离子蓄电池总成的蓄电池管理系统的接口和协议包括电路接口和接口协议、通信接口和通信协议。电路接口和接口协议包括充电控制导引接口和接口协议、单体蓄电池电压监测电路接口和接口协议、充放电控制电路接口和接口协议、I/O充放电接口电路和接口协议。通信接口和通信协议包括内部通信接口和通信协议、充放电通信接口和通信协议、用户通信接口和通信协议。蓄电池总成的接口和通信协议应符合JB/T 11138—2011《锂离子蓄电池总成接口和通讯协议》的规定。

④ 额定电能。当采用标称电压相等的锂离子蓄电池模块组成锂离子蓄电池总成时，锂离子蓄电池总成的额定电能值等于组成锂离子蓄电池总成中电能最小的锂离子蓄电池模块的电能与模块数量的乘积。当采用不同标称电压的蓄电池模块组成锂离子蓄电池总成时，锂离子蓄电池总成的额定电能值等于由锂离子蓄电池模块的额定电能除以锂离子蓄电池模块标称电压最小值与锂离子蓄电池总成标称电压的乘积。

⑤ 电源功率消耗。电源功率消耗是指组成锂离子蓄电池总成的蓄电池管理系统电路消耗的峰值功率，应符合制造厂提供的产品技术文件的规定。

⑥ 标称电压。由锂离子蓄电池模块组成的锂离子蓄电池总成的标称电压见表3-3。

表3-3 由锂离子蓄电池模块组成的锂离子蓄电池总成的标称电压

模块数量/个	12V系列标称电压/V	24V系列标称电压/V	36V系列标称电压/V	48V系列标称电压/V	72V系列标称电压/V
2	24	48	72	96	144
3	36	72	—	144	216
4	48	96	144	—	288
5	60	120	—	240	360
6	72	144	—	288	432
7	—	—	—	336	—
8	96	—	288	384	—
9	—	—	—	432	—
10	120	240	—	480	—
11	—	—	396	—	—
12	144	288	—	—	—
13	—	312	—	—	—
14	—	336	—	—	—
15	—	—	—	—	—
16	—	384	—	—	—

注：锰酸锂蓄电池模块没有12V系列的锂离子蓄电池模块。

⑦ 使用寿命。锂离子蓄电池总成的使用寿命分为标准循环使用寿命和工况循环使用寿命。磷酸亚铁锂蓄电池的标准循环使用寿命大于或等于1200次，锰酸锂蓄电池的标准循环使用寿命大于或等于800次。电动汽车用锂离子蓄电池总成的工况循环使用寿命可用续驶里程表示。

3.2.4 全固态锂离子蓄电池

全固态锂离子蓄电池是较具潜力的替代现有高能量密度锂离子蓄电池的候选电池，其能量密度有望是现有锂离子蓄电池的2～5倍，循环寿命更长，倍率性能更好，并可能从本质上解决现有液态电解质锂离子蓄电池的安全性问题。如果这些目标可以实现，则全固态锂离子蓄电池必然会颠覆现有锂离子蓄电池技术。

1. 液态电解质锂离子蓄电池的不足

在已有可充放电池技术中，锂离子蓄电池的质量和体积能量密度较高，每瓦时成本不断下降，获得了广泛应用。但是对于能量密度越来越高的液态电解质锂离子蓄电池，尽管在材料、电极、电芯、模组、电源管理、热管理、系统设计等层面采取了多种改进措施，但安全性问题依然很突出，热失控现象难以彻底避免。除此之外，液态电解质锂离子蓄电池的电芯还存在以下不足。

(1) SEI膜持续生长。由于SEI膜生长不致密且正、负极材料在循环过程中存在较大的体积膨胀收缩,因此SEI膜部分成分可以溶解在电解液里,使正、负极表面的SEI膜持续生长,活性锂减少,电解液持续消耗,内阻、内压不断增大,电极体积膨胀。

(2) 过渡金属溶解。对于层状及尖晶石结构氧化物正极材料来说,正极在充电状态下处于高氧化态,容易发生还原相变,骨架中的过渡金属离子与电解质中的溶剂相互作用,析出到电解液,并扩散到负极,催化SEI膜进一步生长;同时正极材料表面结构破坏,内阻增大,可逆容量损失。受过渡金属催化SEI膜生长的作用,电池中对所有材料的游离磁性金属的要求达到几十个10^{-9}级以下,导致电池材料成本提高。

(3) 正极材料析氧。高容量的层状氧化物在充电至较高电压时,正极晶格中的氧容易失去电子,以游离氧的形式从晶格析出,并与电解液发生氧化反应,导致热失控;正极材料结构也逐渐破坏。

(4) 电解液氧化。为了提高正极材料容量,需要充电至较高电压以脱出更多锂,针对钴酸锂的电解质溶液可以充电到4.45V,三元材料可以充电到4.35V,继续充电到更高电压,电解质会氧化分解,正极表面也会发生不可逆相变。

(5) 析锂。由于嵌入负极材料内部动力学较慢,在低温过充电或大电流充电情况下,金属锂直接析出在负极表面,可能导致锂枝晶,造成微短路;高活性的金属锂与液体电解质直接发生还原反应,损失活性锂,增大内阻。

(6) 高温失效。满充电态时,负极处于还原态,正极处于高氧化态,在高温下,SEI膜的部分成分溶解度增大,促使高活性的正、负极材料与电解液发生反应;同时锂盐在高温下自发分解,并催化电解液反应;这些反应可能导致热失控。高温可以来自外部原因,也可以来自内部的短路、电化学与化学放热反应、大电流焦耳热。

(7) 体积膨胀。在采用高容量的硅负极或者高温胀气、长时间循环后,电解液持续分解,SEI膜生长和反应产生的气体以及负极本身的体积膨胀收缩,软包电芯的体积膨胀超过要求的10%以内。

以上缺点与电解质的化学稳定性、电化学稳定性、热稳定性不高有一定关系,如果能解决上述液态电解质锂离子蓄电池的问题,则其电化学性能及安全性将显著提升。为了提高安全性,在液态电解质方面,阻燃添加剂、离子液体等获得了广泛研究和开发,但考虑到电芯综合性能的优化,这些策略不能同时解决上述问题。因此,发展理论上不易燃烧、基于固态电解质的电池成为重要的研究方向,并期望固态锂离子蓄电池能解决上述问题。

2. 全固态锂离子蓄电池的结构

全固态锂离子蓄电池主要由正极、负极、集流体和固态电解质组成,如图3.23所示。正、负极材料涂敷于相应的集流体上,固态电解质位于正、负极之间。电池放电时,电子通过外电路从负极传输至正极,锂离子通过固态电解质,从负极传输至正极;电池充电时,

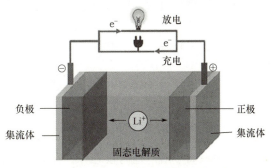

图3.23 全固态锂离子蓄电池的组成

电子和锂离子的传输方向与放电时相反。全固态锂离子蓄电池在这种电子、锂离子传输机制下完成充放电循环。

3. 全固态锂离子蓄电池的特点

全固态锂离子蓄电池采用固体电解质，不含易燃、易挥发组分，彻底消除了由漏液引发的电池冒烟、起火等安全隐患。

全固态锂离子蓄电池与液态电解质锂离子蓄电池相比，具有以下优点。

（1）安全性能高。由于液态电解质中含有易燃的有机溶剂，发生内部短路时温度骤升，容易发生燃烧甚至爆炸现象，因此需要安装抗温升和防短路的安全装置结构，从而增加成本，但无法彻底解决安全性问题。由于很多无机固体电解质材料不可燃、无腐蚀、不挥发、不存在漏液问题，且有望克服锂枝晶现象，因此基于无机固体电解质的全固态锂二次电池有望具有很高的安全性。聚合物固体电解质仍然存在一定的燃烧风险，但与含有可燃溶剂的液态电解液电池相比，安全性有较大提高。

（2）能量密度高。目前应用的锂离子蓄电池电芯的最高能量密度约为 300W·h/kg。对全固态锂离子蓄电池来说，若负极采用金属锂，则电池能量密度有望达到 300～400W·h/kg 甚至更高。由于固体电解质密度高于液态电解质，因此，对于正、负极材料相同的体系，液态电解质锂离子蓄电池能量密度显著高于全固态锂离子蓄电池。之所以说全固态锂二次电池能量密度高，是因为负极可能采用金属锂材料。

（3）循环寿命长。固体电解质有望防止液态电解质在充、放电过程中持续形成和生长固体电解质界面膜的问题及锂枝晶刺穿隔膜问题，从而大大提高金属锂离子蓄电池的循环性。

（4）工作温度范围大。若全固态锂离子蓄电池全部采用无机固体电解质，则最高操作温度有望提高到300℃甚至更高，目前大容量全固态锂离子蓄电池的低温性能有待提高。电池的工作温度范围主要与电解质及界面电阻的高、低温特性有关。

（5）电化学窗口宽。全固态锂离子蓄电池的电化学稳定窗口宽，可能达到5V，适用于高电压型电极材料，有利于进一步提高能量密度。目前主流的三元电池的电化学窗口为 4.2～4.5V。

（6）具备柔性优势。全固态锂离子蓄电池可以制备成薄膜电池和柔性电池，未来可应用于智能穿戴和可植入式医疗设备等。柔性液态电解质锂离子蓄电池的封装更容易、更安全。

全固态锂离子蓄电池具有以下缺点。

（1）界面阻抗过大。因为固态电解质与电极材料之间的界面是固-固界面，所以电极与电解质之间的有效接触能力较弱，致使离子在固体物质中传输动力性能低。

（2）快充比较难。由于电池的阻抗及电导率都较大，因此较大内阻阻碍充电和容量易损失。

（3）成本高。由于固态电解质的制造和固-固界面优化两项技术还不成熟，因此固态锂离子蓄电池的成本较高。

4. 全固态锂离子蓄电池的核心材料

全固态锂离子蓄电池的核心材料有固态电解质、正极材料和负极材料。

（1）固态电解质。固态电解质在全固态锂离子蓄电池中起着传输锂离子的作用。固态电解质可分为有机聚合物电解质和无机固态电解质,前者包括固态聚合物电解质(SPE)和凝胶聚合物电解质(GPE),后者包括氧化物基固态电解质(SCOs)和硫化物基固态电解质(SCSs),如图 3.24 所示。

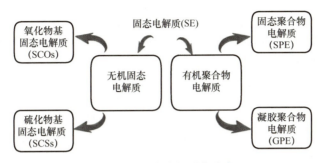

图 3.24 固态电解质的分类

① 有机聚合物电解质。固态聚合物的电解质主要有聚氧化乙烯(PEO)、聚偏氟乙烯(PVDF)和氯化聚乙烯(PEC)等。其中,PEO 具有优异的盐溶性和电极界面相容性,是常用固态聚合物电解质。凝胶聚合物电解质是向聚合物基体中添加有机液态增塑剂,锂离子在其内部的传输机理类似于液态电解质,但是与液态电解质相比,凝胶聚合物电解质可以保证一定的柔韧性,从而实现更高的安全性。常见凝胶聚合物电解质有聚偏二氟乙烯(PVDF)-六氟丙烯(HFP)、聚甲基丙烯酸甲酯(PMMA)-聚丙烯腈(PAN)等。

② 氧化物基固态电解质。氧化物基固态电解质包括钠超离子导体(NASICON)型、钙钛矿型及石榴石型。NASICON 型化合物的化学通式可以写为 $A_xMM'(XO_4)_3$,其中 A 代表 Li、Na、K、Mg 等碱金属和碱土金属元素,M 和 M' 代表 Fe、Ti、Zr 等过渡金属元素,X 代表 S、P、Si 等非金属元素,研究较广泛的有 $Li_{1+x}Al_xTi_{2-x}(PO_4)_3$ (LATP)等。钙钛矿型固态电解质材料的化学通式是 ABO_3,其中 A 代表稀土或碱土金属元素,B 代表过渡金属元素。另一种研究较普遍的氧化物基固态电解质材料具有石榴石构型,研究较多的是 $Li_7La_3Zr_2O_{12}$ (LLZO)。LLZO 晶体结构较复杂,存在两种相态,室温下为四方相,在 100~150℃ 下会发生相变,形成立方相。

③ 硫化物基固态电解质。硫化物基固态电解质可分为非晶态硫化物、晶态硫化物和微晶玻璃硫化物。具有代表性的非晶态硫化物系 $xLi_2S-(1-x)P_2S_5$ 和 $xLi_2S-(1-x)SiS_2$ 系统;晶态硫化物主要为 LISICON[$Li_{14}Zn(GeO_4)_4$];微晶玻璃硫化物是由玻璃晶化而成,具有三维框架结构的一维锂离子传导路径。硫化物基固态电解质的室温离子电导率可达 $10^{-6} \sim 10^{-2}$ S/cm。

(2)正极材料。作为电池体系中的锂离子提供者,正极材料主要有 $LiCoO_2$、尖晶石结构的 $LiMn_2O_4$、橄榄石结构的 $LiFePO_4$、$LiNi_{1/3}Mn_{1/3}Co_{1/3}O_2$ 等三元材料,以及富锂层状结构的 $Li_2MnO_3 \cdot LiMO_2$(M 为 Ni、Co、Mn 等过渡金属)。

(3)负极材料。负极是在电池充电过程中发生锂化的地方,主要有石墨、金属锂及其合金、硅基和锡基材料、金属氧化物等。

3.2.5 蓄电池的充电方法

蓄电池的充电方法可以分为常规充电和快速充电两种。

1. 蓄电池的常规充电方法

蓄电池的常规充电方法有恒流充电法、分段电流充电法、恒压充电法、恒压限流充电法等。

（1）**恒流充电法**。

恒流充电法是通过调整充电装置输出电压或改变与蓄电池串联的电阻的方式，使充电电流强度保持不变的充电方法。该方法控制简单，但由于蓄电池可接受的电流能力随着充电过程的进行逐渐下降，到充电后期，充电电流多用于电解水产生气体，使得析气过多，电能不能有效转换为化学能，而转换为热能消耗掉了，因此常选用分段电流充电法。恒流充电曲线如图3.25所示。

恒流充电法能使蓄电池充电比较彻底，但需经常调节充电电压，且充电时间较长。

（2）**分段电流充电法**。

在充电过程中，为更有效地利用电能，通常采用逐渐减小电流的方法。考虑到蓄电池的具体情况，分段电流充电法一般分为多阶段进行充电，如二阶段充电法和三阶段充电法。

① 二阶段充电法。二阶段充电法是指采用恒电流和恒电压结合的快速充电方法，其充电曲线如图3.26所示。首先以恒电流充电至预定的电压值，然后改为恒电压充电，一般两个阶段之间的转换电压就是第二阶段的恒电压。

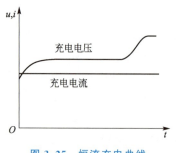

图 3.25　恒流充电曲线

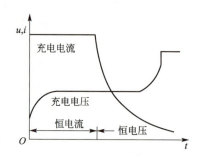

图 3.26　二阶段充电法的充电曲线

② 三阶段充电法。三阶段充电法在充电开始和结束时采用恒电流充电，中间用恒电压充电。当电流衰减到预定值时，由第二阶段转换到第三阶段。这种方法可以将出气量减到最小，但作为快速充电方法使用时受到一定的限制。

（3）**恒压充电法**。

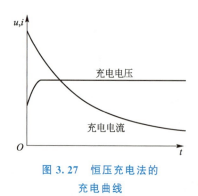

图 3.27　恒压充电法的充电曲线

恒压充电法是指充电电源的电压在全部充电时间里保持恒定的数值，随着蓄电池端电压的逐渐升高，电流逐渐减小的充电方法。与恒流充电法相比，恒压充电法的充电过程更接近最佳充电曲线。恒压充电法的充电曲线如图3.27所示。由于充电初期蓄电池电动势较低，充电电流很大，随着充电的进行，电流逐渐减小，因此只需简单控制系统即可。

恒压充电法电解水很少，避免了蓄电池过充电。但在充电初期电流过大，会对蓄电池使用寿命造成很大影响；并且容易使蓄电池极板弯曲，造成蓄电池报废。一般很少采用恒压充电法,只有在充电电源电压低且电流大时才采用,如汽车行驶过程中,蓄电池就是以恒压充电法充电的。

(4) **恒压限流充电法**。

为了克服恒压充电法中初期电流过大的缺点,常采用恒压限流充电法。在充电第一阶段,用恒定电流充电;蓄电池电压达到一定电压后,维持此电压不变,转为第二阶段的恒压充电过程;充电电流下降到一定值后,继续维持恒压充电约1h后停止充电。

2. 蓄电池的快速充电方法

为了最大限度地加快蓄电池的化学反应,缩短蓄电池达到满充状态的时间,同时保证蓄电池正、负极板的极化现象尽量少或轻,提高蓄电池使用效率,近年来快速充电技术得到了迅速发展。

(1) **蓄电池快速充电的原理**。

由蓄电池的化学反应原理可知,蓄电池在充、放电的过程中产生氧气。在密封式铅酸蓄电池中,正极产生的氧气可以通过隔膜和气室被负极吸收,整个化学反应变成一个循环的反应形式,从而达到免维护的目的。但由于它的内压是有限的,因此负极的吸收速度也是有限的。如果充电电压过高,正极产生氧气的速度过快,负极的吸收速度跟不上氧气的产生速度,则一段时间后必然造成电池失水,从而出现蓄电池的微短路、硫酸化等现象,损害蓄电池的质量并缩短蓄电池的使用寿命。同时,高速率充电时,蓄电池极化会造成蓄电池内部压力上升、温度上升、内阻增大等,不仅会缩短蓄电池的使用寿命,而且可能对蓄电池造成永久伤害;同时使蓄电池可接受的充电电流下降,蓄电池不能充电到标称容量。

蓄电池的化学反应原理是制定快速充电方法的依据。快速充电要想方设法加快蓄电池的化学反应速度(提高充电电压或电流等),使充电速度提高;要保证负极的吸收能力,使其跟得上正极产生氧气的速度;要尽可能地消除蓄电池的极化现象。该原理表明,蓄电池的快速充电速度是有上限的。

提高蓄电池的化学反应速度有如下两种方式:一是改进蓄电池的结构,以减小内阻并提高反应离子的扩散速度;二是改进蓄电池的充电方法,允许增大充电电流,缩短充电时间。

(2) **常用的快速充电方法**。

① 脉冲式充电法。使用脉冲式充电法,首先用脉冲电流对蓄电池充电,然后停充一段时间,如此循环,其充电曲线如图 3.28 所示。充电脉冲使蓄电池充满电,间歇期使蓄电池经化学反应产生的氧气和氢气有时间重新化合而被吸收,消除浓差极化和欧姆极化,从而减小蓄电池的内压,使下一轮恒流充电更加顺利地进行,蓄电池可以吸收更多电量。间歇脉冲使蓄电池有充分的反应时间,减小了析气量,提高了蓄电池的充电电流接受率。

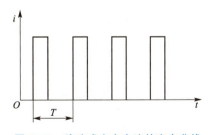

图 3.28 脉冲式充电方法的充电曲线

② 变电流间歇充电法。变电流间歇充电法建立在恒流充电和脉冲充电的基础上,其充电曲线如图 3.29 所示。它的特点是将恒流充电段改为限压变电流间歇充电段。充电前

期采用变电流间歇充电法,保证增大充电电流,获得绝大部分充电量;充电后期采用定电压充电法,获得过充电量,将蓄电池恢复至完全充电状态。

③ 变电压间歇充电法。变电压间歇充电法的充电曲线如图 3.30 所示,其与变电流间歇充电法的不同之处在于,第一阶段不是间歇恒流,而是间歇恒压。

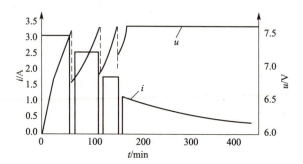

图 3.29 变电流间歇充电法的充电曲线

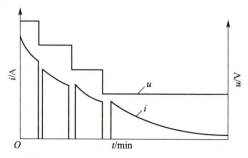

图 3.30 变电压间歇充电法的充电曲线

比较图 3.29 和图 3.30 可以看出,图 3.30 更加符合最佳充电曲线。在每个恒电压充电阶段,由于是恒压充电,因此充电电流按照指数规律下降,符合蓄电池电流可接受率随着充电的进行逐渐下降的特点。

3.2.6 蓄电池的性能测试

1. 蓄电池充放电性能测试

(1) 蓄电池充电性能测试。

蓄电池充电性能主要是指充电效率、充电最高电压和耐过充能力等。

充电效率是指蓄电池充电时充入的电能与消耗的总电能之比,以百分数表示。充电电流、充电方法、充电时的温度直接影响充电效率。充电效率高表示蓄电池接受充电的能力强,一般充电初期充电效率较高,接近 100%;在充电后期,由于电极极化增大,充电效率下降,电极上析出大量气体。

充电最高电压是指蓄电池在充电过程中所能达到的最高电压。充电电压越低,蓄电池在充电过程中的极化越小,蓄电池的充电效率越高,蓄电池的使用寿命越长。

蓄电池应具有良好的耐过充能力,即使在极端充电条件下,也能拥有较优良的使用性能。

(2) **蓄电池放电性能测试**。

蓄电池放电性能受放电时间、放电电流、环境温度、终止电压等因素影响。蓄电池的放电方法有恒流放电法、恒阻放电法、恒压放电法、恒压恒流放电法、连续放电法和间歇放电法等，其中恒流放电法是常见放电方法。

放电电流直接影响蓄电池的放电性能。当标注蓄电池的放电性能时，应标明放电电流。蓄电池的工作电压是衡量蓄电池放电性能的重要指标，由于放电曲线反映了整个放电过程中工作电压的变化过程，是一个变化的值，因此一般用中点电压表示工作电压。中点电压是指额定放电时间中点时刻蓄电池的工作电压，主要用来衡量大电流放电系列蓄电池的高倍率放电能力。

蓄电池的充放电性能可用蓄电池充放电性能测试仪测试。

2. 蓄电池容量的测试

蓄电池容量的测试方法与蓄电池放电性能的测试方法基本相同，可分为恒流放电法、恒阻放电法、恒压放电法、恒压恒流放电法、连续放电法和间歇放电法等。根据放电时间和电流，可以计算蓄电池的容量。对于恒流放电，蓄电池容量等于放电电流与放电时间的乘积。恒流放电的蓄电池容量不仅与放电电流有很大关系，而且与放电温度、充电制度、搁置时间等有关。

蓄电池容量可以用专用的蓄电池容量测试仪测试。

3. 蓄电池循环寿命测试

蓄电池循环寿命是衡量蓄电池性能的重要参数。影响蓄电池循环寿命的因素有电极材料、电解液、隔膜、制造工艺、充放电制度、环境温度等。

当进行循环寿命测试时，要严格控制测试条件。通常在一定的充放电条件下进行循环，检测蓄电池容量的衰减，当蓄电池容量小于额定容量的80%（不同的蓄电池有不同的规定，锂离子蓄电池是80%）时终止测试，此时的循环次数就是蓄电池的循环寿命。

对于不同类型的蓄电池，循环寿命的测试规定不同，具体可参考相应国家标准或国际电工委员会（International Electrotechnical Commission，IEC）制定的标准。

蓄电池的循环寿命可以用专用的蓄电池循环寿命检测仪测试。

4. 蓄电池内阻、内压测试

蓄电池内阻是指蓄电池工作时，电流流过蓄电池内部所受到的阻力，一般分为交流内阻和直流内阻。由于蓄电池内阻很小，测直流内阻时电极容易极化，产生极化内阻，因此无法测出真实值。测交流内阻可避免极化内阻的影响，得出真实的内阻值。测交流内阻的方法是利用蓄电池等效于一个有源电阻的特点，给蓄电池一个1000Hz、50mA的恒定电流，对其进行电压采样、整流、滤波等一系列处理，精确地测量其阻值。蓄电池内阻可用专门的内阻仪测试。

蓄电池内压是指充放电过程中产生的气体所形成的压力，主要受蓄电池材料、制造工艺、结构、使用方法等因素影响。一般情况下，蓄电池内压维持在正常水平；在过充电或过放电情况下，蓄电池内压可能会升高。例如，过充电时，正极产生的氧气透过隔膜与负极复合，如果负极的反应速度低于正极的反应速度，产生的氧气来不及消耗，就会造成蓄电池内压升高。

镍镉蓄电池和镍氢蓄电池内压测试是将蓄电池以 0.2C 放电至 1.0V，以 1C 充电 3h，根据蓄电池金属外壳的轻微形变，通过转换得到蓄电池内压。测试中，蓄电池不应膨胀、漏液或爆炸。

锂离子蓄电池内压测试是模拟在海拔 15240m 的高空（气压为 11.6kPa）下，检验蓄电池是否漏液或发鼓。其具体步骤如下：对蓄电池以 1C 充电恒流恒压充电到 4.2V，截止电流为 10mA，再放到气压为 11.6kPa、温度为 20℃±3℃ 的低压箱中储存 6h，蓄电池不会爆炸、起火、裂口、漏液。

5. 高低温环境下蓄电池性能的测试

电动汽车的动力蓄电池可能会在不同的环境温度下使用，高温和低温对蓄电池的充放电性能都有影响，应分别对不同温度下的蓄电池充放电性能进行测试。

高低温测试所需的仪器与充放电性能测试的仪器基本相同，只是在恒温箱中测定不同温度下的蓄电池性能。

6. 自放电及储存性能测试

自放电又称荷电保持能力，是指在开路状态下，蓄电池储存的电量在一定条件下的保持能力。一般而言，自放电主要受制造工艺、材料、储存条件的影响。自放电是衡量蓄电池性能的重要参数。蓄电池储存温度越低，自放电率越低，但应注意温度过低或过高均可能损坏蓄电池。蓄电池充满电并开路搁置一段时间后，一定程度的自放电属于正常现象。

蓄电池的储存性能是指蓄电池开路时，在一定的温度、湿度等条件下储存时容量的下降率，是衡量蓄电池综合性能稳定程度的重要参数。蓄电池储存一段时间后，允许容量及内阻有一定程度的变化，可以让内部各成分的电化学性能稳定下来，了解蓄电池的自放电性能，以便保证蓄电池的品质。

7. 蓄电池安全性能测试

蓄电池的安全性测试项目非常多，不同类型的蓄电池，安全性能测试项目不同，可根据相关标准选择测试。

3.2.7 动力蓄电池的梯次利用

随着电动汽车保有量的快速增大和动力蓄电池的寿命逐渐到期，动力蓄电池梯次利用及资源回收越来越受到重视。从电动汽车上"退役"的动力蓄电池的容量一般为初始容量的 60%～80%，并且具有一定的寿命。目前主要有两种可行的处理方法：一是梯次利用，在储能等领域，将"退役"的动力蓄电池用作为电能的载体，充分发挥剩余价值；二是拆解回收，对"退役"的动力蓄电池进行放电和拆解，提炼原材料，实现循环利用。

1. 动力蓄电池梯次利用的定义

动力蓄电池梯次利用是指将电动汽车不能再使用的动力蓄电池（或其中的动力蓄电池包/蓄电池模块/单体蓄电池）应用到其他领域的过程，可以一级利用，也可以多级利用，如图 3.31 所示。

电动汽车用动力电池 第3章

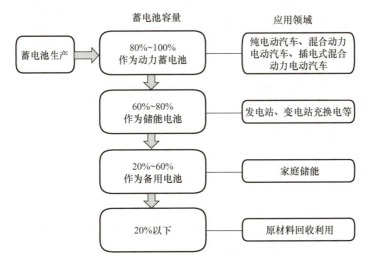

图 3.31　动力蓄电池梯次利用

2. 动力蓄电池梯次利用的方向

动力蓄电池梯次利用的方向很多，可以替代传统铅酸蓄电池，作为通信备用电源、新能源路灯、低速电动车、电动自行车等；也可以开发微电网市场，用作微电网储能系统、移动式充电车、家用微电网储能柜、电网用户侧储能系统等。图 3.32 所示为动力蓄电池梯次利用示意。

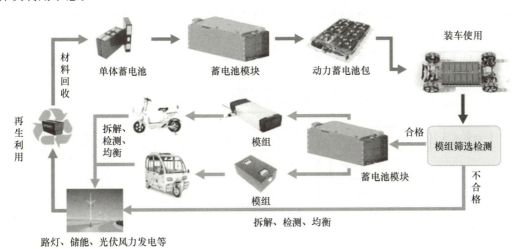

图 3.32　动力蓄电池梯次利用示意

3. 动力蓄电池梯次利用的性能分析

动力蓄电池梯次利用的性能分析如下。

（1）安全性。从现有的研究和使用情况看，梯次利用电源产品在安全性方面与新电池制造的电源产品没有明显差异，与铅酸蓄电池也没有明显差异。

（2）电源整体性能。可梯次利用电源筛选、配组标准的控制，可以保证梯次利用电源产品的电压等级、有效容量、充放电性能等主要性能指标与新电池制造的电源产品基本一致。

(3) 使用寿命。从理论上分析,如果按剩余容量 80% 退役,电动汽车使用 5 年,梯次利用场景为通信备用电源测算,磷酸铁锂电池梯次利用产品的使用寿命(5 年)与铅酸蓄电池产品相同。三元锂电池梯次利用产品的使用寿命(2~3 年)比铅酸蓄电池产品短。

(4) 经济性。按现有市场价格测算,磷酸铁锂电池梯次利用电源产品的销售价格与铅酸蓄电池产品基本持平。如果两者的使用寿命相同,则经济性也是持平的。如果磷酸铁锂的使用寿命更长,则经济性更好。

3.3 燃料电池

燃料电池是一种化学电池,直接把物质发生化学反应时释放的能量转换为电能,工作时需要连续供给活性物质(发生反应的物质)——燃料和氧化剂。

根据电解质的不同,燃料电池可以分为质子交换膜燃料电池、碱性燃料电池、磷酸燃料电池、熔融碳酸盐燃料电池、固体氧化物燃料电池、直接甲醇燃料电池等。

3.3.1 燃料电池发电系统

燃料电池发电系统是指一个或多个燃料电池堆和其他主要及适当的附加部件的集成体,可组装到一个发电装置或一个交通工具中。燃料电池发电系统常简称为燃料电池系统。

燃料电池发电系统主要由燃料电池堆、DC/DC 转换器、空气压缩机、加湿器、水泵、散热器、氢气循环泵、储氢罐等组成,如图 3.33 所示。

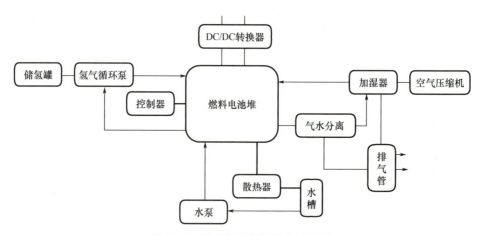

图 3.33 燃料电池发电系统的组成

1. 燃料电池堆

燃料电池堆是燃料电池发电系统的核心和主体,也是燃料电池的关键技术,如图 3.34 所示。

2. DC/DC 转换器

DC/DC 转换器如图 3.35 所示，用于将燃料电池输出的低压直流电升压为高压直流电，为燃料电池电动汽车提供电能，同时为动力蓄电池充电。DC/DC 转换器通过对燃料电池系统输出功率的精确控制，实现整车动力系统之间的功率分配及优化控制。

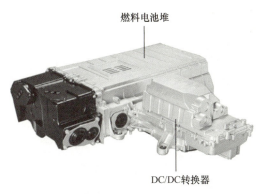

图 3.34　燃料电池堆

图 3.35　DC/DC 转换器

3. 空气压缩机

在燃料电池中，氢和氧发生电化学反应产生电流，其中的氧可以使用纯氧或从空气中直接获得的氧，从空气中获得更方便、更经济。给氧气增大压力，可以提高燃料电池反应的效率和速度，燃料电池两侧的压力越大越好，这样效率更高，单位时间内产生的电流更大。质子交换膜燃料电池的工作压力为 1～3MPa。图 3.36 所示为某燃料电池的空气压缩机。

4. 加湿器

当工作温度较高时，水分减少使质子交换膜的质子电导率降低，质子交换膜的电阻增大，电池性能降低。加湿器既可以给气体加湿，又可以控制温度。图 3.37 所示为某燃料电池的加湿器。

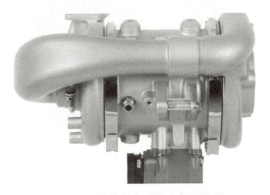

图 3.36　某燃料电池的空气压缩机

图 3.37　某燃料电池的加湿器

5. 水泵

水泵能够给系统冷却液做功，使冷却液循环。一旦电池堆温度升高至超过限定值，水泵就增大冷却液的流速给电池堆降温。为了保证电池堆产生的热量快速、有效地散发，要求水泵具有大流量、高扬程、绝缘及更强的电磁兼容能力。此外，水泵还需要实时反馈当前的运行状态或故障状态。图3.38所示为某燃料电池的水泵。

图3.38 某燃料电池的水泵

6. 散热器

散热器的作用是散热，它将冷却液的热量传递给环境，降低冷却液的温度。散热器本体需求的散热量大，清洁度要求高，离子释放率低，散热器的风扇要求风量大、噪声小、能够无级调速且反馈相应的运行状态。图3.39所示为某燃料电池的散热器。

7. 氢气循环泵

国内燃料电池发动机系统的氢气侧多采用脉冲排氢，将阳极侧的水带出燃料电池堆，防止氢侧水淹；还可以使用氢气循环泵，隔几个小时排一次氢，提高燃料利用率。在氢气侧作为循环利用的零部件有三个好处：一是可以给氢气侧带来水；二是可以提供流畅的速度；三是可以防止水淹。流速快既可以增大整个反应的速度，又容易带走积水。图3.40所示为某燃料电池的氢气循环泵。

图3.39 某燃料电池的散热器

图3.40 某燃料电池的氢气循环泵

8. 储氢罐

国内储氢罐是在铝合金的内胆外面缠绕碳纤维，国外大部分用塑料内胆。国内储氢罐压力主要为35MPa，受限于金属内胆本身的特性及碳纤维缠绕成本较高；国外储氢罐压力主要为70MPa。图3.41所示为储氢罐结构。

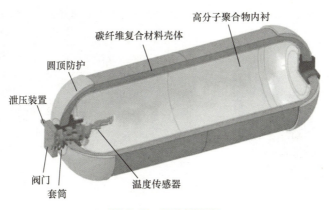

图 3.41 储氢罐结构

深圳市氢蓝时代动力科技有限公司的燃料电池系统如图 3.42 所示，其净输出功率为 132kW，动态响应速率为 60A/s，采用新型故障诊断与健康管理策略。

上海捷氢科技有限公司的燃料电池系统如图 3.43 所示，其额定功率为 117kW，电池堆体积功率密度为 3.7kW/L，具有高集成度、易在商用车上布置和维护、快速响应等优势，可应用于燃料电池中重型卡车、城际客车等。

图 3.42 深圳市氢蓝时代动力科技有限公司的燃料电池系统

图 3.43 上海捷氢科技有限公司的燃料电池系统

广东国鸿氢能科技有限公司的燃料电池系统如图 3.44 所示，其集成了国鸿氢能自主研发的鸿芯 GI 高性能燃料电池堆，与空气子系统、氢气子系统和冷却子系统等集成于一体，净输出功率为 110kW，体积比功率为 555W/L，系统最高效率为 61%；主要应用于中大型客车、中重型载货车、自卸车、牵引车等。

宝马公司的燃料电池系统如图 3.45 所示，其通过氢气与空气中的氧气发生化学反应，产生高达 125kW 的电能。燃料电池下方装有直流转换器，可使燃料电池的电压水平与电动动力系统和高功率型电池的电压水平匹配。与燃料电池系统配套的还有一对 70MPa 的储氢压力罐，可容纳 6kg 的氢，加氢只需 3~4min。

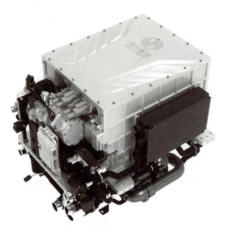

图 3.44 广东国鸿氢能科技有限公司的燃料电池系统

图 3.45 宝马公司的燃料电池系统

3.3.2 质子交换膜燃料电池

质子交换膜燃料电池采用可传导离子的聚合膜作为电解质,也称聚合物电解质燃料电池(PEFC)、固体聚合物燃料电池(SPFC)或固体聚合物电解质燃料电池(SPEFC)。

1. 质子交换膜燃料电池的基本结构

单体质子交换膜燃料电池由质子交换膜、催化层、气体扩散层和双电极组成,如图 3.46 所示,其中催化层与气体扩散层分别在质子交换膜两侧构成阳极和阴极,阳极为氢电极,发生燃料的氧化反应;阴极为氧电极,发生氧化剂的还原反应。阳极和阴极上都需要一定量的电催化剂,用来加速电极上发生的电化学反应;两电极之间是电解质,即质子交换膜;通过热压将阴极、阳极与质子交换膜复合在一起,形成膜电极。

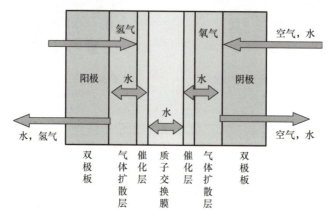

图 3.46 燃料电池单体的基本结构

(1) 质子交换膜。质子交换膜(Proton Exchange Membrane,PEM)作为电解质,起到传导质子、隔离反应气体的作用。在燃料电池内部,质子交换膜为质子的迁移和输送提供通道,使质子从阳极到达阴极,与外电路的电子转移构成回路,向外界提供电流。质子交换膜的性能对燃料电池的性能起着非常重要的作用，它的质量直接影响燃料电池的使用寿命。质子交换膜主要分为全氟化质子交换膜、部分氟化质子交换膜和非氟化质子交换膜等。目前车用质子交换膜逐渐趋于薄型化，厚度由几十微米减小到几微米，能减小质子传递的欧姆极化。

（2）催化层。催化层是由催化剂和催化剂载体形成的薄层。催化剂主要是铂碳（Pt/C）、铂合金碳，载体材料主要是纳米颗粒碳、碳纳米管等。要求材料导电性好，载体耐蚀，催化活性强。

（3）气体扩散层。气体扩散层是由导电材料制成的多孔合成物，起着支撑催化层，收集电流，并为电化学反应提供电子通道、气体通道和排水通道的作用。质子交换膜燃料电池电极中的气体扩散层材料主要有炭纸、炭布、炭黑纸及无纺布等，也可以采用泡沫金属、金属网等。

（4）双极板。双极板又称集流板，放置在膜电极的两侧，其作用是阻隔燃料和氧化剂，收集和传导电流、导热，将各单体电池串联起来，并通过流场为反应气体进入电极及水的排出提供通道。双极板按照材料大致可分为三类：炭质材料双极板、金属材料双极板及金属与炭质的复合材料双极板。炭质材料双极板常用于商用车燃料电池；金属材料双极板已成为乘用车燃料电池的主流双极板；金属与炭质的复合材料双极板由于加工周期长，长期工作可靠性差，因此没有大范围推广，未来将向低成本化方向发展。

燃料电池的基本构成是单体电池，电压约为1V，不能直接使用。在实际应用中，要由若干单体电池组成电池堆，再由电池堆组成燃料电池系统并安装在汽车上，为燃料电池电动汽车提供能量。

2. 质子交换膜燃料电池的工作原理

质子交换膜燃料电池的工作原理如图3.47所示。

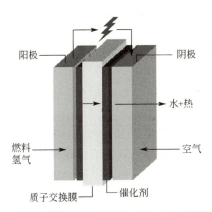

图3.47　质子交换膜燃料电池的工作原理

导入的氢气通过阳极集流板经由阳极气体扩散层到达阳极催化剂层，在阳极催化剂的作用下，氢分子分解为带正电的氢离子（质子）并释放出带负电的电子，完成阳极反应；氢离子穿过质子交换膜到达阴极催化剂层，集流板收集电子，通过外电路到达阴极，在外电路形成电流，通过适当连接可向负载输出电能。在电池另一端，氧气通过阴极集流板经由阴极气体扩散层到达阴极催化剂层，在阴极催化剂的作用下，氧气与透过质子交换膜的氢离子及来自外电路的电子发生反应生成水,完成阴极反应。电极反应生成的水大多由尾气排出,其余的在压力差的作用下通过质子交换膜向阳极扩散。阴极和阳极发生的电化学反应分别为

$$2H_2 \longrightarrow 4H^+ + 4e^-$$

$$4e^- + 4H^+ + O_2 \longrightarrow 2H_2O$$

总的电化学反应为

$$2H_2 + O_2 \longrightarrow 2H_2O$$

上述过程是理想的工作过程,实际上,整个反应过程中会有很多中间步骤和中间产物。

3. 质子交换膜燃料电池的特点

质子交换膜燃料电池的优点如下。

(1) 能量转化效率高。通过氢氧化合作用直接将化学能转换为电能,不通过热机过程,不受卡诺循环的限制。

(2) 可实现零排放。唯一的排放物是纯净水,不排放污染物。

(3) 运行噪声小,可靠性高。质子交换膜燃料电池没有机械运动部件,工作时仅有气体和水的流动。

(4) 维护方便。质子交换膜燃料电池内部构造简单,电池模块呈现自然的"积木化"结构,使得电池组的组装和维护都非常方便,也很容易实现免维护设计。

(5) 发电效率平稳。发电效率受负荷变化影响小,适合用作分散型发电装置(作为主机组),也适合用作电网的"调峰"发电机组(作为辅机组)。

(6) 氢气来源广泛。氢气来源极其广泛,是一种可再生能源。氢气可通过石油、天然气、甲醇、甲烷等重整制得;也可通过电解水制氢、光解水制氢、生物制氢等方法获取。

(7) 技术成熟。目前氢气的生产、储存、运输和使用等技术非常成熟、安全、可靠。

质子交换膜燃料电池的缺点如下。

(1) 成本高。因为膜材料和催化剂均十分昂贵,只有达到一定规模的生产,经济效益才能显示出来。

(2) 对氢的纯度要求高。质子交换膜燃料电池需要纯净的氢,因为极易受到一氧化碳和其他杂质的污染。

因为质子交换膜燃料电池的工作温度低,起动速度较大,功率密度较高(体积较小),所以很适合用作新一代交通工具的动力。从目前的发展情况看,质子交换膜燃料电池是技术较成熟的电动汽车动力源,质子交换膜燃料电池电动汽车被认为是电动汽车未来的发展方向。燃料电池将会成为继蒸汽机和内燃机之后的第三代动力系统。

3.3.3 碱性燃料电池

碱性燃料电池以强碱(如氢氧化钾、氢氧化钠)为电解质,以氢气为燃料,以纯氧或脱除微量二氧化碳的空气为氧化剂,以对氧电化学还原有良好催化活性的Pt/C、Ag、Ag-Au、Ni等为电催化剂制备的多孔气体扩散电极为氧化极,以Pt-Pd/C、Pt/C、Ni或硼化镍等具有良好催化氢电化学氧化的电催化剂制备的多孔气体电极为氢电极。以无孔碳板、镍板或镀镍,甚至镀银、镀金的金属(如铝、镁、铁等)板为集流板材料,在板面上

可加工出各种形状的气体流动通道。

1. 碱性燃料电池的结构

单体碱性燃料电池的结构如图 3.48 所示。将电极以电解液保持室隔板的形式粘接在塑料制成的电池框架上,再加上隔板便构成单体碱性燃料电池。

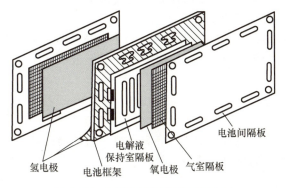

图 3.48 单体碱性燃料电池的结构

2. 碱性燃料电池的工作原理

图 3.49 所示为单体碱性石棉膜型氢氧燃料电池的工作原理。

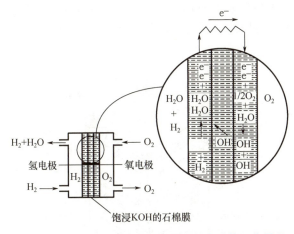

图 3.49 单体碱性石棉膜型氢氧燃料电池的工作原理

在阳极,氢气与碱中的 OH^- 在电催化剂的作用下发生氧化反应,生成水和电子,电子通过外电路到达阴极,在阴极电催化剂的作用下,参与氧的还原反应,生成的 OH^- 通过饱浸碱液的多孔石棉迁移到氢电极。阳极和阴极发生的电化学反应分别为

$$H_2 + 2OH^- \longrightarrow 2H_2O + 2e^-$$

$$O_2 + 2H_2O + 4e^- \longrightarrow 4OH^-$$

总的电化学反应为

$$2H_2 + O_2 \longrightarrow 2H_2O$$

3. 碱性燃料电池的特点

碱性燃料电池具有以下特点。

（1）具有较高的效率(50%～55%)。

（2）工作温度约为80℃，起动很快，但电力密度比质子交换膜燃料电池小很多。

（3）性能可靠，可用非贵金属作为催化剂。

（4）生产成本较低。

（5）技术发展较快，主要用于空间任务，包括为航天飞机提供动力和饮用水；在交通工具上的应用有一定的发展和应用前景。

（6）使用具有腐蚀性的液态电解质，具有一定的危险性且容易造成环境污染。此外，为解决CO_2毒化问题采用的一些方法(如使用循环电解液吸收CO_2等)增大了系统的复杂程度。

3.3.4 磷酸燃料电池

磷酸燃料电池是以酸为电解质的酸性燃料电池。它是继火电、水电、核电之后的第四种发电方式，是目前唯一商业化的燃料电池。

1. 磷酸燃料电池的结构

磷酸燃料电池的电池片由基材及肋条板触媒层组成的燃料极、保持磷酸的电解质层、与燃料极具有相同构造的空气极构成。在燃料极，燃料中的氢原子释放电子，成为氢离子，氢离子通过电解质层，在空气极与氧离子发生反应生成水。将多枚单体电池片叠加，每数枚电池片中叠加用于降低发电时内部热量的冷却板，构成输出功率稳定的基本电池堆，再加上用于上下固定的构件、供气用的集合管等，构成磷酸燃料电池的电池堆，其结构如图3.50所示。

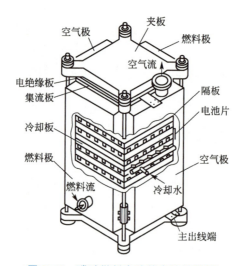

图3.50 磷酸燃料电池的电池堆结构

2. 磷酸燃料电池的工作原理

图3.51所示为磷酸燃料电池的工作原理。磷酸燃料电池以磷酸水溶液为电解质，磷酸水溶液通常在碳化硅基质中。当以氢气为燃料，氧气为氧化剂时，电池内发生电化学反应。

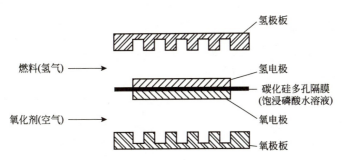

图 3.51 磷酸燃料电池的工作原理

阳极和阴极发生的电化学反应分别为

$$H_2 \longrightarrow 2H^+ + 2e^-$$
$$O_2 + 4H^+ + 4e^- \longrightarrow 2H_2O$$

总的电化学反应为

$$2H_2 + O_2 \longrightarrow 2H_2O$$

3. 磷酸燃料电池的特点

磷酸燃料电池的工作温度比质子交换膜燃料电池和碱性燃料电池的工作温度略高,为 150~200℃,但仍需电极上的铂金催化剂加速反应。较高的工作温度使其对杂质的耐受性较强,即使其反应物中含有 1%~2% 的一氧化碳和百万分之几的硫,也可以工作。

磷酸燃料电池的效率比其他燃料电池低,约为 40%,其加热时间比质子交换膜燃料电池长。

磷酸燃料电池具有构造简单、稳定、电解质挥发度低等优点,可用作公交车的动力,但很难用在轿车上。

3.3.5 熔融碳酸盐燃料电池

1. 熔融碳酸盐燃料电池的结构

熔融碳酸盐燃料电池由多孔陶瓷阴极、多孔陶瓷电解质隔膜、多孔金属阳极、金属极板构成。

单体熔融碳酸盐燃料电池一般是平板型的,由电极、电解质、燃料流通道、氧化剂流通道和上、下隔板(电流采集板)组成,如图 3.52 所示。单体熔融碳酸盐燃料电池的上下部分为隔板,中间部分是电解质板,电解质板的两侧为多孔的阳极板和阴极板,电解质是熔融态碳酸盐。

2. 熔融碳酸盐燃料电池的工作原理

熔融碳酸盐燃料电池的工作原理如图 3.53 所示。

熔融碳酸盐燃料电池的工作过程实际上是燃料的氧化过程和氧化剂的还原过程。燃料和氧化剂气体流经阳极和阴极通道。氧化剂中的 O_2 和 CO_2 在阴极与电子进行氧化反应生成 CO_3^{2-},电解质板中的 CO_3^{2-} 直接从阴极移动到阳极,H_2 与 CO_3^{2-} 在阳极发生反应,生成 CO_2、H_2O 和电子。电子被集流板收集起来后到达隔板。隔板位于单体电池的上部和下部,并与负载连接,从而构成包括电子传输和离子移动在内的完整的回路。

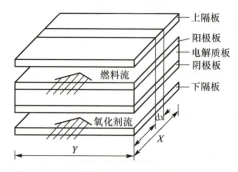

图 3.52 单体熔融碳酸盐燃料电池的结构

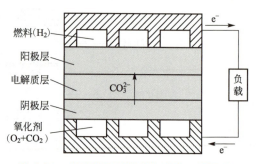

图 3.53 熔融碳酸盐燃料电池的工作原理

其电化学反应式为

$$H_2(a) + CO_3^{2-} \longrightarrow H_2O(a) + CO_2(a) + 2e^-(a)$$

$$2CO_2 + O_2(c) + 4e^-(c) \longrightarrow 2CO_3^{2-}(c)$$

$$2H_2 + O_2 + 2CO_2(c) \longrightarrow 2H_2O + 2CO_2(a) + 2E^0 + Q^0$$

式中,a、c 分别表示阳极、阴极;e^- 表示电子;E^0 表示基本发电量;Q^0 表示基本放热量。

3. 熔融碳酸盐燃料电池的特点

熔融碳酸盐燃料电池是一种高温(600~700℃)电池,具有效率高(高于 40%)、噪声小、无污染、燃料多样化(氢气、煤气、天然气和生物燃料等)、余热利用价值高和电池构造材料价格低等优点。

3.3.6 固体氧化物燃料电池

固体氧化物燃料电池属于第三代燃料电池,是在中高温下直接将储存在燃料和氧化剂中的化学能高效、环境友好地转换为电能的全固态化学发电装置。固体氧化物燃料电池被普遍认为是未来会得到广泛应用的一种燃料电池。

1. 固体氧化物燃料电池的结构

单体固体氧化物燃料电池主要由电解质、阳极(燃料极)、阴极(空气极)和连接体(集流板)组成,如图 3.54 所示。

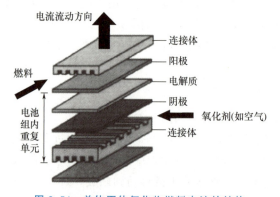

图 3.54 单体固体氧化物燃料电池的结构

固体电解质是固体氧化物燃料电池的核心部件，主要功能是传导氧离子。它的性能（电导率、稳定性、热膨胀系数、致密化温度等）不但直接影响电池的工作温度及转换效率，而且决定了与之匹配的电极材料及其制备技术的选择。常用的固体电解质是镍基金属陶瓷，其离子电导率即使在氧分压变化十几个数量级时也不发生明显变化。

电极材料本身是一种催化剂。阴极需要长期在高温和氧化环境下工作，起传递电子和扩散氧的作用，应是多孔洞的电子导电性薄膜。固体氧化物燃料电池的工作温度高，只有贵金属或电子导电的氧化物适合做阴极材料，由于铂、钯等贵金属价格高，因此一般只在实验范围内使用。在实际应用中，常将掺锶的锰酸镧作为固体氧化物燃料电池的阴极材料。目前，镍基金属陶瓷造价低，是实际应用中的首选阳极材料。

连接体在单体电池间起连接作用，并隔离阳极侧的燃料气体与阴极侧的氧化气体（氧气或空气）。

2. 固体氧化物燃料电池的工作原理

图 3.55 所示为固体氧化物燃料电池的工作原理。固体氧化物燃料电池工作时，电子由阳极经外电路流向阴极，氧离子经电解质由阴极流向阳极。

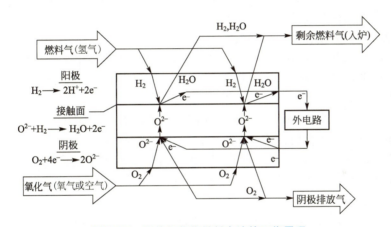

图 3.55　固体氧化物燃料电池的工作原理

在阴极发生氧化剂（氧气或空气）的电还原反应，即氧分子得到电子还原为氧离子。阴极的电化学反应为

$$O_2 + 4e^- \longrightarrow 2O^{2-}$$

氧离子在电解质隔膜两侧的电位差与浓差的作用下，通过电解质隔膜中的氧空位，定向跃迁到阳极侧。

在阳极发生燃料（氢或富氢气体）的电氧化反应，即燃料（如氢气）与经电解质传递来的氧离子进行氧化反应生成水，同时向外电路释放电子，电子通过外电路到达阴极，形成直流电。

分别用 H_2、CO、CH_4 做燃料时，阳极反应为

$$H_2 + O^{2-} \longrightarrow H_2O + 2e^-$$
$$CO + O^{2-} \longrightarrow CO_2 + 2e^-$$
$$CH_4 + 4O^{2-} \longrightarrow 2H_2O + CO_2 + 8e^-$$

以 H_2 为例，电池的总反应为

$$2H_2 + O_2 \longrightarrow 2H_2O$$

3. 固体氧化物燃料电池的特点

固体氧化物燃料电池除具备燃料电池高效、清洁、环境友好的特点外，还具有以下优点。

(1) 固体氧化物燃料电池是全固态电池结构，不存在电解质渗漏问题，避免了使用液态电解质带来的腐蚀和电解液流失等问题，无须配置电解质管理系统，使用寿命长。

(2) 对燃料的适应性强，可直接使用天然气、煤气和其他碳氢化合物作为燃料。

(3) 固体氧化物燃料电池直接将化学能转换为电能，不通过热机过程，不受卡诺循环的限制，发电效率高，能量密度大，能量转换效率高。

(4) 工作温度高，电极反应速度快，不需要使用贵金属作为电催化剂。

(5) 可使用高温进行内部燃料重整，使系统优化。

(6) 排放少，噪声小。

(7) 废热的再利用价值高。

(8) 陶瓷电解质要求中、高温(600～1000℃)运行，加快了电池的反应，还可以实现多种碳氢燃料气体的内部还原，简化了设备。

固体氧化物燃料电池存在如下缺点。

(1) 氧化物电解质材料为陶瓷材料，质脆易裂，电堆组装较困难。

(2) 高温热应力作用会引起电池龟裂，应严格匹配主要部件的热膨胀率。

(3) 存在自由能损失。

(4) 工作温度高，预热时间较长，不适用于经常起动的非固定场所。

早期的固体氧化物燃料电池的工作温度较高，一般为 800～1000℃。中温固体氧化物燃料电池的工作温度一般为 800℃。科学家正努力开发低温固体氧化物燃料电池，其工作温度可以降低为 650～700℃。工作温度的进一步降低，使得固体氧化物燃料电池的实际应用成为可能。

由于单体固体氧化物燃料电池只能产生约 1V 的电压，功率有限，因此为了使固体氧化物燃料电池具有实际应用的可能，需要大大提高功率。为此，可以将若干单体电池以各种方式(串联、并联、混联)组装成电池组。固体氧化物燃料电池组的主要结构有管状、平板型和整体型三种，其中平板型因功率密度高和制作成本低而成为固体氧化物燃料电池的发展趋势。

固体氧化物燃料电池的能量密度高、燃料范围广和结构简单等优点是其他燃料电池无法比拟的。随着生产成本和操作温度的降低、能量密度的增大和起动时间的缩短，固体氧化物燃料电池在今后的电动汽车发展中有比较广阔的发展前景。

3.3.7 直接甲醇燃料电池

直接甲醇燃料电池是质子交换膜燃料电池的一种，其直接使用水溶液及蒸汽甲醇作为燃料供给来源，不需要通过重整器重整甲醇、汽油及天然气等制取氢以供发电。

1. 直接甲醇燃料电池的结构与工作原理

直接甲醇燃料电池主要由阳极、固体电解质膜和阴极构成，阳极和阴极分别由多孔结构的扩散层和催化剂层组成,通常使用疏水性、亲水性不同的炭黑和聚四氟乙烯作为阳极材料和阴极材料。直接甲醇燃料电池的结构与工作原理如图3.56所示。

以甲醇为燃料,将甲醇和水的混合物送至直接甲醇燃料电池的阳极,在阳极,甲醇直接发生电催化氧化反应生成二氧化碳,并释放出电子和质子。在阴极,氧气发生电催化氧化还原反应,与阳极产生的质子反应生成水。电子从阳极经外电路转移至阴极形成直流电,工作温度为25~135℃。

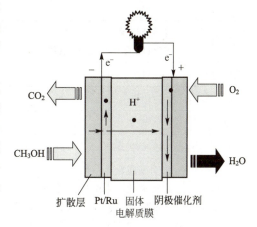

图3.56 直接甲醇燃料电池的结构与工作原理

阳极和阴极发生的电化学反应分别为

$$CH_3OH + H_2O \longrightarrow CO_2 + 6H^+ + 6e^-$$
$$3O_2 + 12e^- + 6H_2O \longrightarrow 12OH^-$$

总的电化学反应为

$$2CH_3OH + 3O_2 \longrightarrow 2CO_2 + 4H_2O$$

2. 直接甲醇燃料电池的特点

(1) 直接甲醇燃料电池的优点。

① 甲醇来源丰富,价格低廉,储存、携带方便。

② 与氢-氧质子交换膜燃料电池相比,结构更简单,操作更方便。

③ 与质子交换膜燃料电池相比,体积能量密度更高。

④ 与重整甲醇燃料电池相比,没有甲醇重整装置,质量更轻、体积更小、响应时间更短。

(2) 直接甲醇燃料电池的缺点。

直接甲醇燃料电池的缺点是当甲醇低温转化为氢和二氧化碳时,与常规的质子交换膜燃料电池相比需要更多的铂金催化剂。

直接甲醇燃料电池技术仍处于发展期,可以用作移动电话和膝上型计算机的电源,将来可能成为便携式电子产品应用的主流。

六种燃料电池的主要特征参数见表3-4。

表3-4 六种燃料电池的主要特征参数

项目	质子交换膜燃料电池	碱性燃料电池	磷酸燃料电池	熔融碳酸盐燃料电池	固体氧化物燃料电池	直接甲醇燃料电池
燃料	H_2	H_2	H_2	CO、H_2	CO、H_2	CH_3OH
电解质	固态高分子膜	碱溶液	液态磷酸	熔融碳酸锂	固体二氧化锆	固态高分子膜
工作温度/℃	≈80	60~120	170~210	60~650	≈1000	≈80
氧化剂	空气或氧气	纯氧气	空气	空气	空气	空气或氧气

续表

项目	质子交换膜燃料电池	碱性燃料电池	磷酸燃料电池	熔融碳酸盐燃料电池	固体氧化物燃料电池	直接甲醇燃料电池
电极材料	C	C	C	Ni-M	Ni-YSZ	C
催化剂	Pt	Pt、Ni	Pt	Ni	Ni	Pt
腐蚀性	中	中	强	强	无	中
循环寿命/h	100000	10000	15000	13000	7000	100000
特征	比功率高、运行灵活、无腐蚀	效率高、对 CO_2 敏感、有腐蚀	效率较低、有腐蚀	效率高、控制复杂、有腐蚀	效率高、运行温度高、有腐蚀	比功率高、运行灵活、无腐蚀
效率/（%）	>60	60～70	40～50	>60	>60	>60
起动时间	几分钟	几分钟	2～4h	>10h	>10h	几分钟
主要应用领域	航天、军事、汽车、固定用途	航天、军事	大客车、中小电厂、固定用途	大型电厂	大型电厂、热站、固定用途	航天、军事、汽车、固定用途

3.3.8 车载储氢技术

车载储氢技术是燃料电池电动汽车应用的关键技术之一。

1. 车载储氢系统技术条件

车载储氢系统是指从氢气加注口至燃料电池进口，与氢气加注、储存、输送、供给和控制有关的装置，如图 3.57 所示。

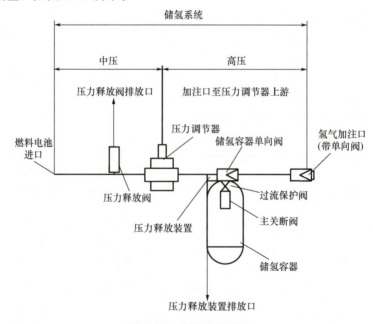

图 3.57 车载储氢系统

图 3.57 中的主关断阀是一种关断从储氢容器向该阀下游供应氢气的阀；储氢容器单向阀是储氢容器主阀中的一种防止氢气从储氢容器倒流至加注口的阀；压力调节器实际上是一种将氢系统压力控制在设计值范围内的阀；压力释放阀是当减压阀下游管路中压力反常增大时，通过排气控制压力在正常范围的阀。

车载储氢系统具有以下要求。

（1）车载储氢系统应符合 GB/T 24549—2020《燃料电池电动汽车 安全要求》的规定，并且车载储氢系统及其装置应在正常使用条件下安装，能安全、可靠地运行。

（2）车载储氢系统应最大限度地减少高压管路连接点，保证管路连接点施工方便、密封良好、易检查和维修。

（3）车载储氢系统中与氢接触的材料应与氢兼容，并应充分考虑氢脆现象对使用寿命的影响。

（4）储氢容器的布置应保证车辆在空载、满载状态下的载荷分布符合规定。

（5）车载储氢系统使用的部件，元件，材料等（如储氢容器、压力调节阀、主关断阀、压力释放阀、压力释放装置、密封件及管路）应符合相关标准。

（6）主关断阀、储氢容器单向阀和压力释放装置应集成在一起，安装在储氢容器的端头。主关断阀应采用电动方式操作，并应安装在驾驶人易操作的部位，断电时应处于自动关闭状态。

（7）储氢容器应有过流保护装置或其他保护装置，当由检测储氢容器或管道内压力的装置检测到压力反常降低或流量反常增大时，能自动关断来自储氢容器内的氢气供应；如果采用过流保护阀，则应安装在主关断阀上或靠近主关断阀。

（8）每个储氢容器的进口管路上都应安装手动关断阀或其他关断装置，当加氢、排氢或维修时，可用来单独隔断各储氢容器。

储氢容器和管路应满足以下要求。

（1）不允许采用更换储氢容器的方式为车辆加注氢气。

（2）车载储氢系统管路安装位置及走向要避开热源、电器及蓄电池等可能产生电弧的地方，至少应有 200mm 的距离，尤其管路接头不能位于密闭的空间内。高压管路及部件可能产生静电的地方要可靠接地，或采取其他控制氢泄漏及浓度的措施，这样即使是在产生静电的地方，也不会发生安全问题。

（3）储氢容器和管路一般不应安装在乘客舱、行李舱或其他通风不良的地方。当不可避免要安装在乘客舱、行李舱或其他通风不良的地方时，应设计通风管路或其他措施，将可能泄漏的氢气及时排出。

（4）储氢容器和管路等应安装牢固，紧固带与储氢容器之间应有缓冲保护垫，以防行车时发生位移和损坏。当储氢容器按照标称工作压力充满氢气时，固定在储氢容器上的零件应能承受车辆加速或制动时的冲击，且不发生松动现象。应使用覆盖物保护可能发生损坏的部位。储氢容器紧固螺栓应有放松装置，紧固力矩符合设计要求。储氢容器安装紧固后，在上、下、前、后、左、右 6 个方向上应能承受 8g 的冲击力，保证储氢容器与固定座不损坏，相对位移不超过 13mm。

（5）支撑和固定管路的金属零件不应直接与管路接触，但管路与支撑和固定件直接焊合或使用焊料连接的情况例外。

（6）刚性管路布置合理、排列整齐，不得与相邻部件碰撞、摩擦；管路保护垫应能抗振和消除热胀冷缩影响,管路弯曲时,其中心线曲率半径应不小于管路外直径的5倍。两端固定管路的中间应有适当的弯曲,支撑点的间隔应不大于1m。

(7) 刚性管路及附件的安装位置,应与车辆的边缘至少有100mm的距离;否则,应增加保护措施。

(8) 对可能受排气管等热源影响的储氢容器、管道等,应有适当的热绝缘保护措施。要充分考虑使用环境对储氢容器可能造成的伤害,需要对储氢容器组加装防护装置。直接暴露在阳光下的储氢容器应有必要的覆盖物或遮阳棚。

(9) 当车辆发生碰撞时,主关断阀应根据设计的碰撞级别立即自动关闭,切断向管路的燃料供应。

氢气泄漏及检测应按以下步骤进行。

(1) 氢气泄漏量。当评估一辆标准乘用车的氢气渗漏量、泄漏量时,需要将其限制在一个封闭的空间内,增大压力至100%的标称工作压力,确保氢气的渗透量和泄漏量在稳态条件下不超过0.15NL/min。

(2) 在安装储氢系统的封闭或半封闭的空间上方的适当位置,至少安装一个氢泄漏探测器,实时检测氢气的泄漏量,并将信号传递给氢气泄漏警告装置。

(3) 在驾驶人容易识别的部位安装氢气泄漏警告装置,根据氢气泄漏量发出不同的警告信号。泄漏量与警告信号的级别由制造厂根据车辆的使用环境和要求决定。一般情况下,当泄漏量较小(空气中氢气体积含量大于或等于2%)时,发出一般警告信号;当氢气泄漏量较大(空气中氢气体积含量大于或等于4%)时,立即发出严重警告信号,并立即关断氢供应,如果车辆装有多个氢系统,允许仅关断有氢泄漏部分的氢供应。

(4) 当氢泄漏探测器发生短路、断路等故障时,应能对驾驶人发出故障报警信号。

加氢口要满足以下要求。

(1) 加氢口应符合GB/T 26779—2021《燃料电池电动汽车 加氢口》的规定。

(2) 加氢口的安装位置和高度要考虑安全防护要求,且方便加气操作。

(3) 加氢口不应位于乘客舱、行李舱和通风不良的地方。

(4) 加氢口与暴露的电气端子、电气开关和点火源至少相距200mm。

压力释放装置和氢气的排放应满足以下要求。

(1) 压力释放装置。为防止调节器下游压力异常升高,允许采用压力释放阀排出氢气,或关断压力调节器上游的氢气供应。

(2) 氢气的排放。当压力释放阀排放氢气时,排放气体的流动方位及方向应远离人、电源、火源。放气装置应尽可能安装在车辆的高处,并且应防止排出的氢气对人员造成危害,避免流向暴露的电气端子、电气开关器件或点火源等部件。

压力释放装置排气时应遵循下列原则:不应直接排向乘客舱和行李舱;不应排向车轮所在的空间;不应排向暴露的电气端子、电气开关及点火源;不应排向其他氢气容器;不应排向车辆正前方。

驾驶人易于观察的地方应装有指示储氢容器氢气压力的压力表或指示氢气剩余量的仪表。

2. 储氢

目前使用比较广泛的储氢技术有高压储氢、液态储氢和储氢材料储氢,这三种技术在实际运用中的效果很大程度上取决于材料性能。储氢材料储氢的技术更有优势，尤其采用碳纳米管储氢时效果更理想。表3-5所示为几种储氢技术的比较。

表3-5 几种储氢技术的比较

项　　目		高压储氢	液态储氢	储氢材料储氢	
				钛系储氢合金	碳纳米管
安全性		低	低	较高	
能源综合利用率		低	较低	高	
储氢能力	单位质量储氢量/(%)	—	—	2	4
	单位体积储氢量/(kg/m³)	31.5	71	61	160
能量密度	单位质量能量密度/(kW·h/kg)	—	—	0.79	5.53
	单位体积能量密度/(kW·h/L)	1.24	2.8	2.4	6.32
优　　点		简单、方便	储运效率高，装置质量轻、体积小，储氢压力低	安全性好、运输方便、操作比较容易	
缺　　点		空间有限，必须使用耐高压容器，储氢压力过大，安全性降低，充氢操作复杂，成本增加	氢气液化需耗费大量能源，必须使用耐超低温的特殊容器，使用过程中存在危险，充氢操作复杂	成本较高，受制于材料的性能、储氢容器的结构及储氢系统的整体设计	
应　　用		多	少	少	

随着材料科学的发展，储氢技术的发展主要集中在开发密度更小、强度更高的材料，以提高储氢容器内的压力；开发绝热性能更好的材料，以减小液氢的蒸发量，提高使用时的安全性；开发高容量的储氢材料，特别是碳纳米管等的制造技术。

3. 氢气的制备方法

氢气是燃料电池常用的燃料，但地球周围的单质氢极少，要大规模推广燃料电池电动汽车，必须解决氢源问题。氢能产业涉及制氢、储氢和输氢等环节，其中制氢成本最高。常用制氢方式有电解水制氢、天然气水蒸气重整制氢、甲醇转化制氢和可再生能源制氢等。

（1）电解水制氢。

电解水制氢是将水电解为氢气和氧气的过程，其阴极反应为

$$2H_2O + 2e^- \longrightarrow 2OH^- + H_2$$

阳极反应为

$$2OH^- \longrightarrow H_2O + \frac{1}{2}O_2 + 2e^-$$

总的反应为

$$2H_2O \longrightarrow 2H_2 + O_2$$

图 3.58 水电解槽

因为纯水是电的不良导体，所以电解水制氢时，要在水中加入电解液来增强水的导电性。一般电解水制氢采用氢氧化钾做电解液。

电解水制氢系统的主体设备为水电解槽，如图 3.58 所示。

水电解槽的性能参数决定了水电解制氢的技术性能。水电解槽的性能参数、结构应以降低单位氢气电能消耗、降低制造成本、延长使用寿命为基本要求；应合理选择水电解槽的结构形式、电解小室及其电极、隔膜的构造、涂层和材质。水电解槽由若干电解池组成，每个电解池都由电极、隔膜和电解质溶液等构成，由此构成各种形状和规格的水电解制氢系统。电解池是指利用电能使某电解质溶液分解为其他物质的装置。电解水制氢系统的结构取决于制氢装置的工作压力、氢(氧)气的用途、气体纯度及其允许杂质含量等。

图 3.59 所示为水电解槽的工作原理。水电解槽的左、右槽并联，中间极板接直流电

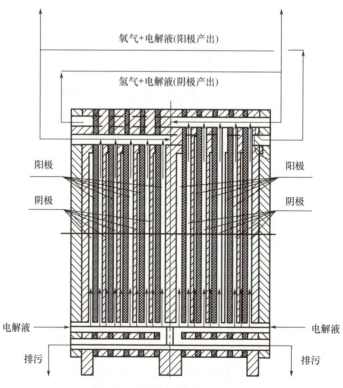

图 3.59 水电解槽的工作原理

源正极，两端极板接直流电源负极，并采用双极性极板和隔膜垫片组成多个电解池，在槽内下部形成共用的进液口和排污口，上部形成各种氢碱和氧碱的气液体通道。正常生产时，采用30%氢氧化钾水溶液作为电解液，槽的温度控制在85~90℃。在强制循环、水电解槽通直流电的条件下，电解液在水电解槽中生成氢气和氧气，经过分离器气液分离后，生成的氢气和氧气源源不断地排出系统。

电解水制氢系统框图如图3.60所示。水电解槽中生成的氢气和氧气分别经过气液分离器、洗涤（冷却）器、压力控制装置浸入氢气储罐和氧气储罐，供给用户或压缩充装。

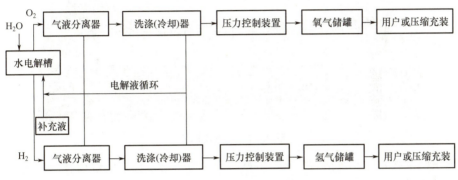

图 3.60　电解水制氢系统框图

气液分离器的作用是处理含有少量凝液的气体，实现凝液回收或者气相净化。气液分离器一般是一个压力容器，内部有相关进气构件、液滴捕集构件，气体由上部排出，液相由下部收集。

图3.61所示为旋风式气液分离器，其主要特点是结构简单，操作弹性强，管理、维修方便，价格低廉，能去除100%的直径大于$8\mu m$的液滴，能去除90%~95%的直径为$4 \sim 8\mu m$的液滴。旋风式气液分离器的工作原理是气体通过入口进入设备内旋风分离区，含杂质气体沿轴向进入旋风分离管后，气流受导向叶片的导流作用发生强烈旋转，气流呈

(a) 非工作状态　　　　(b) 工作状态

图 3.61　旋风式气液分离器

螺旋形向下进入旋风筒体，密度大的液滴和尘粒在离心力的作用下被甩向筒壁，并在重力作用下沿筒壁下落，流出旋风管排尘口至设备底部储液区，从设备底部的出液口排出。旋转的气流在筒体内收缩，向中心流动，向上形成二次涡流，经导气管流至净化天然气室，再经设备顶部出口流出。

洗涤(冷却)器用来洗涤(冷却)氢气和氧气。图 3.62 所示为氢气冷却器。

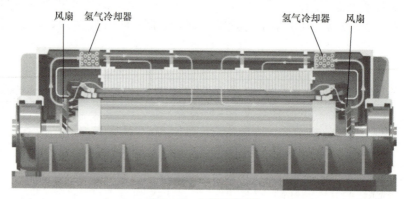

图 3.62　氢气冷却器

电解水制氢技术主要包括碱性水电解槽技术、质子交换膜水电解槽技术和固体氧化物水电解槽技术。其中，碱性水电解槽技术最成熟，生产成本较低，国内单台最大产气量达到 $1000m^3/h$；质子交换膜水电解槽技术流程简单，效率较高，国内单台最大产气量达到 $50m^3/h$，但因使用贵金属电催化剂等材料，成本较高；固体氧化物水电解槽技术采用水蒸气电解，可以在高温环境下工作，效率最高，但尚处于研发阶段。

图 3.63 所示为某企业生产的电解水制氢装置。

图 3.63　某企业生产的电解水制氢装置

电解水制氢具有绿色环保、生产灵活、纯度高(通常高于 99.7%)以及副产品高价值氧气等特点，但其单位能耗为 $4\sim5kW\cdot h/m^3$，制氢成本受电价的影响很大，电价占总成本的70%以上。若采用市电生产，制氢成本为30～40元/千克，且考虑火电占比较大，依旧面临碳排放问题。一般认为当电价低于0.3元/(千瓦·时)时，电解水制氢成本接近传统化石燃料制氢成本。按照当前我国电力的平均碳强度计算，电解水得到1kg氢气的碳排放量约为35.84kg，是化石燃料重整制氢单位碳排放的3～4倍。

(2) 天然气水蒸气重整制氢。

天然气水蒸气重整制氢是大规模工业制氢的主要方法。重整是指由原燃料制备富氢气体混合物的化学过程；天然气水蒸气重整是指通过天然气和水蒸气的化学反应制备富氢气体的过程；重整制氢是指碳氢化合物原料在重整器内进行催化反应获得氢的过程。

天然气的主要成分是甲烷（CH_4），它与水蒸气在1100℃下发生反应，其反应方程式为

$$CH_4(g) + H_2O(g) \longrightarrow 3H_2(g) + CO(g)$$

式中，(g) 代表气体。

气体产物中的CO可通过与水蒸气的置换反应转换为H_2和CO_2，其反应方程式为

$$CO(g) + H_2O(g) \longrightarrow H_2(g) + CO_2(g)$$

最终产物中的CO_2可通过高压水清洗掉，所得H_2可直接用作工业原料气，如果要用作燃料电池电动汽车的燃料，则需要进一步处理其中的CO等杂质。

天然气水蒸气重整制氢系统主要由精脱硫装置、预热炉、蒸气转化炉、余热锅炉、变换反应器、冷却器和变压吸附提纯装置等组成。天然气经精脱硫装置脱硫精制后，按一定的水碳比与水蒸气混合，经预热炉预热后，进入蒸气转化炉。在催化剂的作用下，经转化反应生成H_2、CO、CO_2等气体，经余热锅炉回收热量后，进入变换反应器，将CO变换成CO_2，得到变换气。变换气经余热锅炉、冷却器后降至常温，再经变压吸附提纯装置提纯，得到纯度较高的H_2。变压吸附提纯装置的解吸气中含有CO、CH_4等可燃组分，经解吸气缓冲罐输送到蒸气转化炉作为燃料气。天然气水蒸气重整制氢系统框图如图3.64所示。

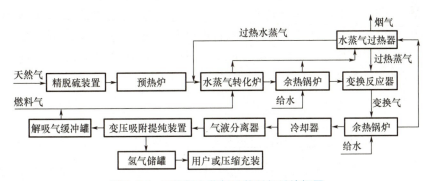

图3.64 天然气水蒸气重整制氢系统框图

天然气水蒸气重整制氢主要包括以下四个流程。

① 原料预处理。原料预处理主要是指原料气的脱硫过程。

② 天然气水蒸气转化。采用镍系催化剂，将天然气中的烷烃转化为主要成分为CO和H_2的原料气。

③ CO置换。CO在中温或高温以及催化剂的作用下与水蒸气发生反应，生成H_2和CO_2的变换气。

④ H_2 提纯。对生成的 H_2 进行提纯，常用 H_2 提纯系统是变压吸附净化分离系统，净化后得到的 H_2 纯度可达到 99.99%。

图 3.65 所示为某企业的天然气水蒸气重整制氢设备。

图 3.65 某企业的天然气水蒸气重整制氢设备

(3) 甲醇转化制氢。

甲醇转化制氢的反应方程式为

$$CH_3OH \longrightarrow 2H_2 + CO$$

分解产物混合气中的 CO 也可以通过置换反应与水蒸气作用转化为 H_2 和 CO_2，即

$$CO(g) + H_2O(g) \longrightarrow H_2(g) + CO_2(g)$$

总的反应方程式为

$$CH_3OH(g) + H_2O(g) \longrightarrow CO_2(g) + 3H_2(g)$$

甲醇转化制氢系统主要由加热器、转换器、过热器、汽化器、换热器、冷却器、水洗塔和变压吸附提纯装置等组成。甲醇和脱盐水按一定比例混合，由换热器预热后进入汽化器，汽化后的甲醇、蒸汽经导热油过热后，进入转换器催化变换成 H_2、CO_2 的转化气。转换器经换热、冷却冷凝后进入水洗塔，塔底收集未转化的甲醇和水以循环使用，塔顶的转化气送至变压吸附提纯装置。转换器、过热器和汽化器均由加热器加热后的导热油提供热量。甲醇转化制氢系统框图如图 3.66 所示。

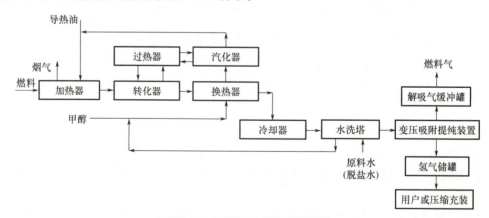

图 3.66 甲醇转化制氢系统框图

图 3.67 所示为某企业的甲醇转化制氢装置。

图 3.67　某企业的甲醇转化制氢装置

（4）可再生能源制氢。

可再生能源制氢主要分为风能电解水制氢、太阳能电解水制氢和风能太阳能联合式电解水制氢。

虽然由风能和太阳能转换的电能可直接用于电力供应，但存在电能难以有效储存、利用率较低、电力供应不稳定等缺点。若将风能和太阳能转换的部分电能用于电解水制氢获得氢气，则可起动电能储存及电力负荷的削峰填谷作用。风能电解水制氢系统框图、太阳能电解水制氢系统框图和风能太阳能联合式电解水制氢系统框图分别如图 3.68 至图 3.70 所示。

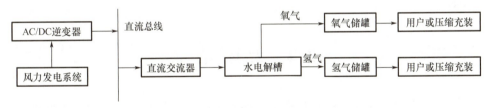

图 3.68　风能电解水制氢系统框图

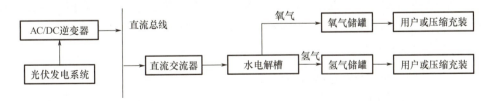

图 3.69　太阳能电解水制氢系统框图

除此之外，还有很多制氢方法，如从化工厂或炼油厂的副产品尾气中获取氢气、利用城市固体垃圾或有机生物质气化制氢等。

传统的工业用制氢方法主要是利用化石燃料制备和水电解，效率不高，排放大量温室气体，难以满足未来氢气制备高效、大规模、无碳排放的要求。核能为清洁的一次能源，核能制氢已经发展为一种清洁、安全、成熟的技术。核能制氢是指将核反应堆与先进制氢

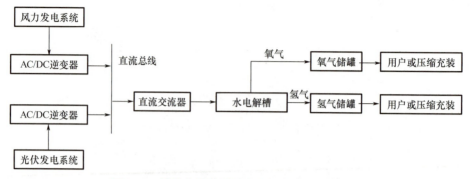

图 3.70　风能太阳能联合式电解水制氢系统框图

工艺耦合,大规模生成氢的过程。核能制氢具有不产生温室气体、以水为原料、效率高、规模大等优点,是未来大规模供应氢气的重要解决方案,为可持续发展及氢能经济开辟了新的道路。

美国、日本、法国、加拿大等都开展了核能制氢技术的研发工作。我国正在发展核电,在建设核电站的同时,非常重视核氢技术的发展。高温气冷堆能够提供高温工艺热,是较理想的高温电解制氢的核反应堆。在 800℃下,高温电解的理论效率高于 50%,温度升高会使效率进一步提高。在此种方案下,高温气冷堆(出口温度为 700~950℃)、核超高温气冷堆(出口温度超过 950℃)是较理想的高温电解制氢的核反应堆。

安全性是制约核能制氢的重要因素。在常温常压下,氢气是一种极易燃烧、无色透明、无臭无味且难溶于水的气体,并且是世界上已知的密度最小的气体(只有空气的 1/14),且极易燃烧。保证与核电偶联的设备在氢运输等相关过程中的安全性是需要突破的重点和难点。

3.4　太阳电池

太阳电池利用太阳光和材料相互作用直接产生电能,是对环境无污染的可再生能源,可以解决人类社会发展中能源需求方面的问题。太阳能是一种储量极其丰富的清洁能源,太阳每年向地面输送的能量高达 3×10^{24} J,相当于世界年耗能量的 1.5 万倍。因此太阳电池作为可持续利用的太阳能资源,是解决能源危机和环境问题的重要途径。

1. 太阳电池的分类

太阳电池可以按照材料和结构进行分类。

(1) 按照材料的不同,太阳电池可分为硅系列太阳电池和化合物系列太阳电池。

① 硅系列太阳电池。硅系列太阳电池是以硅材料为基体的太阳电池,分为单晶硅太阳电池、多晶硅薄膜太阳电池和非晶硅薄膜太阳电池等。

② 化合物系列太阳电池。多元化合物薄膜太阳电池的材料为无机盐,其主要包括砷化镓薄膜太阳电池、硫化镉薄膜太阳电池、碲化镉薄膜太阳电池及铜铟硒薄膜太阳电池等。

(2) 按照结构的不同,太阳电池可以分为同质结电池、异质结电池、肖特基结电池、光电化学电池等。

① 同质结电池。同质结电池是指由同一种半导体材料构成一个或多个 PN 结的电池，如硅太阳电池、砷化镓太阳电池等。

② 异质结电池。异质结电池是指由两种半导体材料在相接的界面上构成一个异质结的太阳电池，如氧化铟锡/硅电池、硫化亚铜/硫化镉电池等。如果两种半导体材料的晶格结构相近，界面处的晶格匹配较好，则称为异质面电池，如砷化铝镓/砷化镓电池。

③ 肖特基结电池。肖特基结电池是指用金属和半导体接触组成一个肖特基势垒的电池，已发展成金属-氧化物-半导体电池和金属-绝缘体-半导体电池，这些电池统称导体-绝缘体-半导体电池。

④ 光电化学电池。光电化学电池是指用浸于电解质中的半导体电极构成的电池，又称液结电池。

2. 太阳电池的特点

单晶硅太阳电池的转换效率为 15%～17%，技术最成熟，在大规模应用和工业生产中占据主导地位。但由于单晶硅价格高，因此大幅度降低成本很困难。为了节省硅材料，开发出多晶硅薄膜太阳电池和非晶硅薄膜太阳电池，作为单晶硅太阳电池的替代产品。

多晶硅薄膜太阳电池与单晶硅太阳电池相比，成本低，效率高，转换效率为 12%～14%。因此，多晶硅薄膜太阳电池将在太阳电池市场上占据主导地位。

非晶硅薄膜太阳电池成本低、质量轻，转换效率为 6%～10%，便于大规模生产，有极大的潜力；但受制于由材料引发的光电效率衰退效应，稳定性不高，直接影响了实际应用。如果能进一步解决稳定性问题并提高转换率，那么非晶硅薄膜太阳电池无疑是太阳电池的主要发展产品。

硫化镉薄膜太阳电池、碲化镉薄膜太阳电池的转换效率比非晶硅薄膜太阳电池高，成本低，便于大规模生产；但由于镉有剧毒，会对环境造成严重的污染，因此，这两种电池并不是单晶硅太阳电池的理想替代产品。

砷化镓薄膜太阳电池的转换效率达 28%。砷化镓化合物材料具有十分理想的光学带隙及较高的吸收效率，抗辐射能力强，对热不敏感，适合制造高效单体电池。但是砷化镓材料的价格不菲，在很大程度上限制了砷化镓薄膜太阳电池的普及。

铜铟硒薄膜太阳电池适合光电转换，不存在光衰退问题，转换效率与多晶硅薄膜太阳电池相近，具有价格低、性能良好和工艺简单等优点，将成为发展太阳电池的一个重要方向。其唯一缺点是铟和硒都是比较稀有的元素，这类电池的发展必然受到限制。

3. 太阳电池的发电原理

太阳电池的发电原理是基于半导体的光生伏特效应，将太阳辐射能直接转换为电能。在晶体中，因为电子数总是与核电荷数一致，所以 P 型半导体和 N 型半导体是电中性的。如果将 P 型半导体或 N 型半导体放在阳光下照射，则光的能量通过电子从化学键中释放，产生电子-空穴对，但在很短时间内电子被捕获，即电子和空穴"复合"。

当 P 型半导体和 N 型半导体相接时，在晶体中的 P 型半导体和 N 型半导体之间形成界面，即 PN 结。此时，界面层 N 型半导体中的自由电子与 P 型半导体中的空穴对应。由于正、负电荷之间存在吸引力，因此界面层附近 N 型半导体中的电子扩散到 P 型半导体中，而空穴扩散到 N 型半导体中与自由电子复合，在界面层周围形成一个无电荷区域。通过界面层周围的电荷交换形成两个带电区,即通过电子到 P 型半导体的迁移在 N 型半导体区形成一个正的空间电荷区,在 P 型半导体区形成一个负的空间电荷区。

不同材料的太阳电池,尽管光谱响应的范围不同,但光电转换的原理一致。如图 3.71 所示,在 PN 结的内建电场作用下,N 型半导体区的空穴向 P 型半导体区运动,P 型半导体区的电子向 N 型半导体区运动,使得在太阳电池受光面(上表面)有大量负电荷(电子)积累,在电池背光面(下表面)有大量正电荷(空穴)积累。如果在电池的上、下表面引出金属电极,并用导线连接负载,在负载上就有电流通过。只要太阳光照不断,负载上就一直有电流通过。

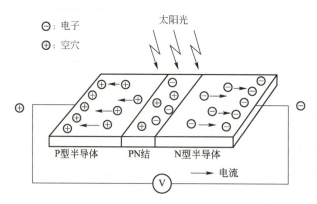

图 3.71　太阳电池的发电原理

4. 太阳电池在汽车上的应用

太阳电池早在 1978 年就应用在汽车上了,当时的太阳能电动汽车车速仅为 13km/h。后来很多国家对太阳能电动汽车进行了研究,但主要侧重赛车领域。2014 年,澳大利亚新南威尔士大学的学生制造的新型太阳能电动汽车,打破了一项沉寂近 26 年的世界纪录。该项目由国际汽车联合会设置,测试标准是电动汽车单次充电后,在 500km 行驶距离中的平均车速。新纪录将原有的平均车速 73km/h 提升到 100km/h,刷新了人们对太阳能电动汽车续驶里程和行驶速度的认识。该车采用全电力驱动并融入太阳电池系统,只可搭载两名成年人,整车质量为 318kg,甚至比特斯拉 Model S 的电池组还轻。其最高车速可达 140km/h,一次充电续驶里程为 800km。车顶和发动机盖上覆盖了 800W 的太阳电池板,还内置了一块由松下公司制造的 60kg 的电池。借助先进的太阳电池系统,该车只要在阳光下泊车 8h,就能连续行驶 2h。即使是在行驶途中,这些太阳电池也能持续发电。

太阳能在汽车上的应用技术主要集中在两个方面:一是作为驱动力,二是作为汽车辅助能源。

当太阳能作为驱动力时,一般采用太阳电池板,通过太阳电池转换的电能驱动汽车行驶。按照应用太阳能的程度可分为两种形式:一是太阳能作为第一驱动力驱动汽车,主要应用在太阳能赛车和短距离电瓶车上;二是太阳能和其他能量混合驱动汽车,相当于混合动力电动汽车,既可以减轻蓄电池的质量,又可以适当减少环境污染。

当太阳能作为汽车辅助能源时,应用较广的是太阳能天窗。太阳能天窗的工作原理如下：在汽车停车熄火的情况下，安装在天窗里的太阳能集电板产生电力，将车外的冷空气导入车内，驱除车内热气，达到降温的目的；同时，太阳能天窗能从车外吸入空气并排出车内废气。奥迪 A6L 汽车的太阳能天窗可以在阳光充足时利用太阳能使鼓风机运转，交换车内外空气，不消耗电能和其他能量，但驻车通风和驻车加热需要消耗蓄电池电能，驻车加热还要消耗部分燃油。奥迪 A4 汽车的太阳能天窗只是将一部分能源供给天窗系统，驻车时太阳能天窗不会给予额外的支持。大众辉腾汽车的太阳能天窗在车顶天窗上整合了 28 块太阳电池板，可提供 24W 的能量，还可以在汽车静止的状态下为电扇供电，以减少蓄电池能量的消耗。

太阳能还可应用于充电站，比如在房子上搭很多太阳能板，收集太阳能为电动汽车充电；也可以利用太阳能制氢，由太阳能发电，用电解水的方法制出氢气后储存在一个罐子里，为汽车里的燃料电池加氢，氢气和氧气化合生成水的同时放电，供汽车使用。

随着太阳电池能量密度的增大、转化效率的提高、价格的降低，太阳电池在汽车上的应用前景广阔。

3.5　超级电容器

超级电容器是一种具有超级储电能力、可提供强大脉冲功率的二次电源，是介于蓄电池与传统静电电容器之间的新型储能装置。超级电容器主要利用电极/电解质界面电荷分离形成的双电层，或借助电极表面快速的氧化还原反应产生的法拉第准电容储存电荷和能量。超级电容器是一种电化学元件，电极与电解液的接触面具有极高的比电容和非常大的表面积，但其储能的过程并不发生化学反应，并且这种储能过程是可逆的，使得超级电容器可反复充放电数十万次。

1. 超级电容器的结构原理

超级电容器主要由电极、电解质、集电极、隔离膜连线极柱、密封材料和排气阀等组成。电极材料一般有碳电极材料、金属氧化物及其水合物电极材料、导电聚合物电极材料，要求电极内阻小、电导率高、表面积大，且尽量薄。电解质需要有较高的导电性（内阻小）和足够的电化学稳定性（增大单体电压）。电解质材料可以分为有机类和无机类，还可以分为液态和固态。集电极选用导电性能良好的金属和石墨等，如泡沫镍、镍网（箔）、铝箔、钛网（箔）及碳纤维等。隔离膜用于防止超级电容器相邻两电极短路，保证接触电阻较小。隔离膜应尽量薄，通常使用多孔隔离膜。有机电解质通常使用聚合物或纸作为隔离膜，水溶液电解质可采用玻璃纤维或陶瓷作为隔离膜。

电极的材料、制造技术、电解质的组成和隔离膜质量对超级电容器的性能有较大影响。

在电动汽车上广泛使用的主要是碳电极超级电容器。碳电极超级电容器的表面积是基于多孔碳材料，该材料具有多孔结构，可使碳电极超级电容器的表面积达到 $2000m^2/g$ 甚至更大。碳电极超级电容器电荷分离的距离是由被吸引到带电电极的电解质离子尺寸决定的，该距离（小于 10Å）比传统电容器薄膜材料实现的距离小。这种庞大的表面积加上非常小的电荷分离距离，使得超级电容器比传统电容器有更大的静电容量。超级电容器中多孔化电极采用的是活性炭粉、活性炭或活性炭纤维,电解液采用的是有机电解质,如碳酸丙烯酯或高氯酸四乙氨等。工作时,碳电极超级电容器在可极化电极与电解质溶液的界面上形成的双电层中聚集电容量,其多孔化电极在电解液中吸附电荷,可以存储很多静电能量。超级电容器的该储电特性介于传统电容器与电池之间。

超级电容器本质上是一种静电型能量储存装置。目前已经研制出的活性炭材料表面积达 $2000m^2/g$,单位质量的电容量达 $100F/g$,并且电容器的内阻能保持在很低的水平;活性炭材料还具有成本低、技术成熟等优点,使得超级电容器在汽车上应用广泛。

图 3.72 电动汽车用 48V 165F 超级电容器外观

图 3.72 所示为电动汽车用 48V 165F 超级电容器外观,其主要技术指标如下。

工作温度:$-40 \sim +65℃$。

储存温度:$-40 \sim +70℃$。

额定容量:165F。

容量偏差:$-5\% \sim +20\%$。

额定电压:48V。

内阻:$AC \leqslant 5.2m\Omega$,$DC \leqslant 6.1m\Omega$。

漏电流:5.2mA。

尺寸:$416mm \times 190mm \times 160mm$。

质量:14.2kg。

2. 超级电容器的分类

超级电容器可以按以下不同的方式进行分类。

(1) 按照储能原理分类,超级电容器可分为因电荷分离产生的双电层电容器、欠电位沉积或吸附电容产生的法拉第准电容器、双电层与准电容混合型电容器。

(2) 按照结构形式分类,超级电容器可分为对称型超级电容器与非对称型超级电容器。两电极组成相同且电极反应相同,但反应方向相反,称为对称型超级电容器;两电极组成不同或反应不同,称为非对称型超级电容器。

(3) 按照电极材料分类,超级电容器可分为以活性炭粉末、活性炭纤维、炭气凝胶、纳米碳管、网络结构活性炭为电极材料的超级电容器;以贵金属氧化物二氧化钌、氧化镍、氧化锰为电极材料的超级电容器;以聚吡咯、聚苯胺、聚对苯等聚合有机物为电极材料的超级电容器。

(4) 按照电解液分类,超级电容器可分为水溶液体系超级电容器 [电导率高、成本低、分解电压低(为 1.2V)],有机体系超级电容器 [电导率低、成本高、分解电压高(为 3.5V)],固体电解质超级电容器(可靠性高、电导率低、无泄漏、比能量高、薄型化)。

3. 超级电容器的特点

超级电容器具有以下优点。

(1) 功率密度大。超级电容器的内阻小,输出功率密度大。

(2) 循环寿命长。超级电容器的循环寿命超过 10 万次,没有记忆效应。

(3) 充电速度快。可以用大电流为超级电容器充电,充电 $10s \sim 10min$ 可达到额定容量的 95% 以上。

(4) 工作温度范围宽。超级电容器能在－40～70℃的环境温度下正常工作。

(5) 简单方便。超级电容器充放电线路简单，无须类似于充电电池的充电电路，安全性高，长期使用免维护；检测方便，可直接读出剩余电量。

(6) 绿色环保。超级电容器在生产过程中不使用重金属和其他有害化学物质，在生产、使用、储存及拆解过程中均没有污染，是一种新型的绿色环保电源。

超级电容器具有以下缺点。

(1) 线性放电。超级电容器因具有线性放电的特性而无法完全放电。

(2) 低能量密度。超级电容器可储存的能量比化学电源小得多。

(3) 低电压。超级电容器单体电压低，需要多个单体串联来提高整体电压。

(4) 高自放电。超级电容器的自放电速率比化学电源高。

4. 超级电容器在汽车上的应用

超级电容器广泛应用于新能源汽车中，作为起动、制动、爬坡时的辅助动力。汽车频繁起步、爬坡和制动使得功率需求曲线变化很大，在城市路况下更是如此。一辆高性能的电动汽车的峰值功率与平均功率之比可达16∶1，但这些峰值功率的特点是持续时间一般比较短，需要的能量不高。对于纯电动汽车、燃料电池电动汽车和串联混合动力电动汽车而言，意味着要么汽车动力性不足，要么电压总线上经常承受大的峰值电流，无疑会大大损害动力蓄电池、燃料电池或其他辅助动力装置的使用寿命。如果使用比功率较大的超级电容器，当瞬时功率需求较大时，由超级电容器提供峰值功率，并且在制动回馈时吸收峰值功率，可以减小对动力蓄电池、燃料电池或其他辅助动力装置的压力，从而增大起步、加速时系统的功率输出，可以高效回收大功率的制动能量，还可以延长电池的使用寿命，改善放电性能。

超级电容器除了用于动力驱动系统外，在汽车零部件领域也有广泛的应用前景。例如，未来汽车设计使用的42V电系统(转向、制动、空调、高保真音响、电动座椅等)，使用循环寿命长的超级电容器可以使需求功率经常变化的子系统性能大大提高，还可以减少车内用于电制动、电转向等子系统的布线，同时减少汽车子系统对电池的功率消耗，延长电池使用寿命。

超级电容器具有很高的功率密度，放电电流可以达到数百安培，在大电流应用场合特别是高能脉冲环境，可更好地满足功率要求。同时，超级电容器充放电时间短、效率高，可在很短的时间内完成一个充放电循环，所用时间远远少于可充电电池，特别适合短距离行驶车辆。超级电容器的循环寿命可达10万次以上，在使用过程中不需要经常性维护，适用温度范围宽，可满足车辆动力系统在低温环境下的起动，安全性高，从而成为城市公交动力理想的选择。

3.6 飞轮电池

飞轮电池是20世纪90年代提出的新概念电池，它突破了化学电池的局限，用物理方法实现储能。

1. 飞轮电池的结构与原理

飞轮电池由飞轮、电动机、发电机和输入/输出电子装置组成，如图 3.73 所示。

图 3.73　飞轮电池组成

飞轮电池通过输入/输出电子装置与外部大功率的电气系统相连，外部系统传输的能量经电动机通过提升飞轮的转速将电能转换为机械能并储存。当需要向负载输出功率时，飞轮通过发电机将机械能转换为电能，同时飞轮转速降低。飞轮电池系统的能量转换是单线程的，即不可能同时输入和输出能量，为了降低电池系统的质量和制造成本，通常将电动机/发动机及输入/输出电子装置集成在一起。

飞轮储能的关键在于减少机械能的损失。机械能的损失主要由空气摩擦阻力和旋转摩擦阻力两部分组成。根据减小空气摩擦阻力方式的不同，可以将飞轮电池分为高速飞轮电池和低速飞轮电池。其中低速飞轮电池通过增大飞轮质量减小空气摩擦带来的影响，而高速飞轮电池通过减小飞轮工作环境的空气压力减小空气摩擦阻力。飞轮电池的飞轮使用新型高强度复合材料，具有质量轻和转速高的特点，其理想工作环境为真空环境，但受技术限制，通常只是将空气摩擦阻力减小至可以接受的程度。为了减小高速旋转时产生的旋转摩擦阻力，飞轮电池通常通过两个磁悬浮轴承的非接触式支撑固定在真空空间。高速飞轮电池体积小，适合车载使用。

飞轮电池的内部结构如图 3.74 所示。

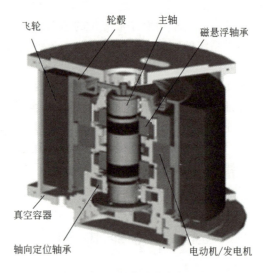

图 3.74　飞轮电池的内部结构

2. 电池性能的比较

现在广泛使用的储能电池是基于电化学原理的化学电池。化学电池将电能转换为化学能并储存，再转换为电能输出。化学电池的主要优点是价格低、技术成熟，主要缺点是污染严重、效率低下、充电时间长、用电时间短、使用过程中电能不易控制等。

还有一种储能电池是超导电池，它把电能转换为磁能并储存在超导线圈的磁场中，由于超导状态下线圈没有电阻，因此能量损耗非常小，效率高，对环境污染小。但由于超导状态只有在线圈处于极低温度下才能实现，维持线圈处于超导状态所需的低温需耗费大量能量，而且维持装置过大，不易小型化，因此民用市场前景并不看好。

飞轮电池兼顾了化学电池和超导电池的优点，虽然目前价格较高，但伴随着技术的进步，必将有一个非常广阔的应用前景。

常见储能电池的性能见表3-6。

表3-6 常见储能电池的性能

性　　能	储能电池		
	化学电池	飞轮电池	超导电池
储能方式	化学能	机械能	磁能
使用寿命/年	3~5	>20	≈20
技术	成熟	验证	验证
温度范围	有限制	不限	不限
外形尺寸(同功率)	大	小	中等
储能密度	小	大	大
放能深度	小	大	大
价格	低	较高	较高
环境影响	有污染	污染小	污染小

3. 飞轮电池在汽车上的应用

受技术和材料价格的限制，飞轮电池的价格较高，在小型场合无法体现优势。但在一些需要大型储能装置的场合，使用化学电池的价格很高，飞轮电池已得到逐步应用。

飞轮电池充电快，放电完全，非常适用于混合动力汽车中。汽车正常行驶或制动时给飞轮电池充电，飞轮电池在加速或爬坡时给汽车提供动力，保证汽车运行在一种平稳的状态下，可减少燃料消耗、空气和噪声污染、发动机的维护，延长发动机的使用寿命。美国得克萨斯大学已研制出汽车用飞轮电池，在汽车需要时可提供150kW的能量，满载汽车能加速到100km/h。

作为一种新兴储能方式，飞轮电池拥有的传统化学电池无法比拟的优点已被人们广泛认同，它非常符合未来储能技术的发展方向。飞轮电池正在向小型化、低廉化的方向发展。可以预见，伴随着储能技术和材料科学的进步，飞轮电池将在未来的多个行业中发挥重要的作用。

 思考题

一、名词解释
1. 铅酸蓄电池
2. 镍氢蓄电池
3. 锂离子蓄电池
4. 动力蓄电池梯次利用
5. 燃料电池

二、填空题
1. 动力蓄电池的组合方式有_____、_____和_____。_____单体蓄电池的主要目的是增大动力蓄电池系统的电压；_____单体蓄电池的主要目的是增大动力蓄电池系统的容量；_____单体蓄电池的主要目的是既增大动力蓄电池系统的电压，又增大动力蓄电池系统的容量，是常用的一种组合方式。

2. 锂离子蓄电池根据形状可以分为_____锂离子蓄电池、_____锂离子蓄电池和_____锂离子蓄电池。

3. 锂离子蓄电池根据正极材料不同，可以分为_____、_____、_____和_____等。

4. 锂离子蓄电池主要由_____、_____、_____、_____和_____等组成。

5. 燃料电池主要有_____、_____、_____、_____、_____、_____。

三、选择题
1. 下列不属于化学电池的是（　　）。
   A. 蓄电池　　　B. 燃料电池　　　C. 储备电池　　　D. 太阳能电池

2. 磷酸铁锂电池的理论容量为（　　）mA·h/g。
   A. 150　　　　B. 160　　　　C. 170　　　　D. 180

3. 国内纯电动汽车使用较多的锂电池是（　　）。
   A. 三元锂电池　　B. 磷酸铁锂电池　　C. 锰酸锂电池　　D. 钛酸锂电池

4. 下列不属于三元材料的是（　　）。
   A. 镍　　　　B. 钴　　　　C. 磷　　　　D. 锰

5. 某电动汽车动力蓄电池由192个单体蓄电池组成，每个单体蓄电池电压为3.7V，每个模组都有12个单体蓄电池，采用两两并联再串联的结构，即6S2P，整个蓄电池包由16个蓄电池模组串联构成，总电压为（　　）V。
   A. 710.4　　　B. 355.2　　　C. 414.4　　　D. 296

四、判断题
1. 18650蓄电池是一种标准的锂离子蓄电池型号，其中18表示蓄电池直径为18mm，65表示蓄电池长度为65mm，0表示圆柱形蓄电池。（　　）

2. 软包锂离子蓄电池的质量比相同容量的钢壳方形锂离子蓄电池约轻50%，比铝壳方形锂离子蓄电池约轻30%。（　　）

3. 三元锂电池能量密度高，但安全性较低，循环寿命短，成本高；磷酸铁锂电池能

量密度低,但安全性高,循环寿命长,成本低。   (   )
    4. 从电动汽车上退役的动力蓄电池一般具有初始容量的 50%～70%。   (   )
    5. 动力蓄电池梯次利用方向很多,可以替代传统铅酸蓄电池,作为通信备用电源、新能源路灯、低速电动车、电动自行车等;也可以开发微电网市场,用作微电网储能系统、移动式充电车、家用微电网储能柜、电网用户侧储能系统等。   (   )

五、问答题
1. 动力电池有哪些性能指标?
2. 动力蓄电池有哪些结构类型?
3. 动力蓄电池有哪些组合方式?
4. 燃料电池发电系统主要由哪几部分组成?
5. 全固态锂离子蓄电池与液态锂离子蓄电池相比,有什么优点?

第 4 章
电动汽车用电动机

教学目标

通过本章的学习,要求读者了解电动汽车用电动机的类型和电动汽车对电动机的要求,熟悉电动机的主要性能指标,掌握电动汽车常用电动机的结构、特点、工作原理和运行特性等,对电动机控制器和电驱动系统有一个初步的认识。

教学要求

知识要点	能力要求	参考学时
概述	了解电动机的类型和电动汽车对电动机的要求;熟悉电动机的主要性能指标	2
直流电动机	了解直流电动机的类型;掌握直流电动机的结构、特点、工作原理和控制特性	
无刷直流电动机	了解无刷直流电动机的类型;掌握无刷直流电动机的结构、特点、工作原理和控制特性	
异步电动机	掌握异步电动机的结构、特点、工作原理和控制特性;了解异步电动机的运行特性	
永磁同步电动机	掌握永磁同步电动机的结构、特点、工作原理和控制特性;了解永磁同步电动机的运行特性	2
开关磁阻电动机	掌握开关磁阻电动机的结构、特点、工作原理和控制特性;了解开关磁阻电动机的运行特性	
轮毂电动机	了解轮毂电动机的结构形式、应用类型、驱动方式、驱动系统的特点和关键技术	
电动机控制器	掌握电动机控制器的组成与工作原理;电动机的控制方式、电动机控制器容量等级	2
电驱动系统	了解电驱动系统的定义和典型电驱动系统;了解电驱动系统的发展趋势和发展目标	

> 导入案例

图 4.1 所示为特斯拉 Model S 采用的异步电动机,其峰值功率为 193kW,峰值转矩为 330N·m,最高转速为 18000r/min,既可用于前驱,又可用于后驱。

图 4.1 特斯拉 Model S 采用的异步电动机

除了异步电动机,还有哪些电动机可以作为电动汽车的驱动电动机呢?通过本章的学习,读者可以得到答案。

电动机是电动汽车驱动系统的核心部件,其性能直接影响电动汽车驱动系统的性能,特别是电动汽车的最高车速、加速性能及爬坡性能等。

4.1 概 述

4.1.1 电动汽车用电动机的类型

电动汽车用电动机可分为直流电动机、无刷直流电动机、异步电动机、永磁同步电动机和开关磁阻电动机等。

1. 直流电动机

直流电动机具有起动加速时驱动力大、调速控制简单、技术成熟等优点。但是由于直流电动机的电枢电流由电刷和换向器引入,换向时产生电火花,换向器容易烧蚀,因此电刷容易磨损,需经常更换,维护工作量大;接触部分存在磨损,不仅使直流电动机效率降低,而且限制了直流电动机的工作转速。新研制的电动汽车基本不采用直流电动机。

2. 无刷直流电动机

无刷直流电动机是一种高性能的电动机，既具有交流电动机的结构简单、运行可靠、维护方便等优点，又具备运行效率高、无励磁损耗、运行成本低和调速性能好等特点。因此，它在电动汽车上的应用日益广泛。

3. 异步电动机

交流异步电动机

因为异步电动机采用变频调速时可以取消机械变速器，实现无级变速，传动效率大大提高，所以在电动汽车上应用广泛。另外，异步电动机很容易实现正反转，再生制动能量回收也简单。当采用笼型转子时，异步电动机还具有结构简单、坚固耐用、价格低、工作可靠、效率高和免维护等优点。

4. 永磁同步电动机

永磁同步电动机在结构上与无刷直流电动机相似，不同之处在于，永磁同步电动机采用正弦波驱动，除了具备无刷直流电动机的优点，还具有噪声小、体积小、功率密度大、转动惯量小、脉动转矩小、控制精度高等特点，特别适用于混合动力电动汽车的电动机驱动系统。由于可以达到减小系统体积、改善汽车加速性能和行驶平稳等目的，因此永磁同步电动机受到了各汽车生产厂家的重视。

5. 开关磁阻电动机

开关磁阻电动机是一种新型电动机。由于其结构简单、坚固、工作可靠、效率高，调速系统运行性能和经济指标都比普通的交流调速系统好，具有很大的潜力，因此被公认为一种极有发展前途的电动汽车用驱动电动机。

随着电子技术和计算机技术的飞速发展，新的电动机理论与控制方式层出不穷，推动新的电动机驱动系统迅猛发展。高密度、高效率、轻量化、低成本、宽调速牵引电动机驱动系统成为各国研究和开发的热点，如永磁开关磁阻电动机、转子磁极分割型混合励磁结构同步电动机、永磁无刷交流电动机等。

表4-1所示为四种典型电动机的性能比较。

表4-1 四种典型电动机的性能比较

项　目	直流电动机	交流电动机	永磁同步电动机	开关磁阻电动机
转速范围/(r/min)	4000～6000	12000～20000	4000～10000	>15000
功率密度	低	中	高	较高
功率因数	—	82～85	90～93	60～65
峰值效率/(%)	85～89	94～95	95～97	85～90
负荷效率/(%)	80～87	90～92	85～97	78～86
过载能力/(%)	200	300～500	300	300～500
恒功率区比例	—	1：5	1：2.25	1：3
电动机质量	大	中	小	小
电动机外形尺寸	大	中	小	小

续表

项　　目	直流电动机	交流电动机	永磁同步电动机	开关磁阻电动机
可靠性	一般	好	优良	好
结构坚固性	差	好	一般	优良
控制操作性	最好	好	好	好
控制器成本	低	高	高	一般

4.1.2　电动机的主要性能指标

电动机的主要性能指标有额定功率、峰值功率、额定转速、最高工作转速、额定转矩、峰值转矩、堵转转矩、额定电压、额定电流、额定频率等。

(1) **额定功率**。额定功率是指在额定运行条件下，电动机轴端输出的机械功率。电动机的功率等级有 1kW、2.2kW、3.7kW、5.5kW、7.5kW、11kW、15kW、18.5kW、22kW、30kW、37kW、45kW、55kW、75kW、90kW、110kW、132kW、150kW、160kW、185kW、200kW 及以上。

(2) **峰值功率**。峰值功率是指在规定时间内，电动机运行的最大输出功率。

(3) **额定转速**。额定转速是指在额定运行条件(额定电压、额定功率)下，电动机的最低转速。

(4) **最高工作转速**。最高工作转速是指在额定电压下，电动机带负载运行所能达到的最高转速。它影响电动汽车的最高设计速度。

(5) **额定转矩**。额定转矩是指电动机在额定功率和额定转速下的输出转矩。

(6) **峰值转矩**。峰值转矩是指电动机在规定的持续时间内允许输出的最大转矩。

(7) **堵转转矩**。堵转转矩是指转子在所有角位堵住时产生的最小转矩。

(8) **额定电压**。额定电压是指电动机正常工作的电压。电动机电源的电压等级有 36V、48V、120V、144V、168V、192V、216V、240V、264V、288V、312V、336V、360V、384V、408V、540V、600V。

(9) **额定电流**。额定电流是指在额定运行条件(额定电压、额定功率)下，电动机电枢绕组(或定子绕组)的线电流。

(10) **额定频率**。额定频率是指在额定运行条件下，电动机电枢(或定子侧)的频率。

当电动机在额定运行条件下输出额定功率时，称为满载运行，此时电动机的运行性能、经济性及可靠性等均处于优良状态。当电动机的输出功率大于额定功率时，称为过载运行，此时电动机的负载电流大于额定电流，将引起电动机过热，缩短电动机的使用寿命，严重时甚至烧毁电动机。当电动机的输出功率小于额定功率时，称为轻载运行，此时电动机的效率和功率因数等均较差，应尽量避免电动机轻载运行。

4.1.3　电动汽车对电动机的要求

(1) 低速大转矩、高速宽调速。驱动电动机的运行特性要满足电动汽车的要求，在恒转矩区，要求低速运行时具有大转矩，以满足电动汽车加速和爬坡的要求；在恒功率区，要求低转矩时具有宽调速范围，以满足电动汽车在平坦的路面高速行驶的要求。

(2) 高功率密度、轻量化。受电动汽车安装空间和整车质量的限制，驱动电动机应具有高的功率/体积比密度和高的功率/质量比密度。

(3) 高效率。驱动电动机应在整个运行范围内具有很高的效率，以延长一次充电的续驶里程。

(4) 能够实现能量回馈。驱动电动机应在汽车减速或制动时回收能量并反馈给蓄电池，使电动汽车具有最佳能量利用率。

(5) 控制精度高、动态响应快。电动汽车要求驱动电动机系统可控性强，稳态精度高，动态性能好，能够适应路面变化及频繁起动和制动等复杂运行工况。

(6) 可靠性与安全性好。驱动电动机应可靠性好，能够在较恶劣的环境下长期工作；车载动力蓄电池和驱动电动机的工作电压可以达到 300～800V，要求汽车电气系统和控制系统符合国家有关汽车电气控制的安全性能的标准和规定，并满足对高压电和转矩控制的功能安全要求。

(7) 低成本。纯电动汽车用驱动电动机系统的成本约占整车制造成本的 10%，降低驱动电动机成本，能够降低电动汽车的价格，提高性能价格比。

(8) 低噪声。振动噪声性能是评价电动汽车品质的关键指标之一，要求电动汽车在全工况范围内具有良好的振动噪声性能。

满足上述要求并广泛应用于电动汽车的驱动电动机有永磁同步电动机和异步电动机。

4.2　直流电动机

直流电动机是指将直流电能转换为机械能的电动机，是电动机的主要类型之一。它具有结构简单、技术成熟、控制容易等特点，应用于早期的电动汽车或希望获得更简单结构的电动汽车，特别是场地用电动汽车和专用电动汽车。

4.2.1　直流电动机的分类

直流电动机分为永磁式直流电动机和绕组励磁式直流电动机。在电动汽车用直流电动机中，小功率电动机采用的是永磁式直流电动机，大功率电动机采用的是绕组励磁式直流电动机。

根据励磁方式的不同，绕组励磁式直流电动机可分为他励、并励、串励和复励四种类型。

1. 他励直流电动机

他励直流电动机的励磁绕组与电枢绕组无连接关系，而由其他直流电源对励磁绕组供电，因此励磁电流不受电枢端电压或电枢电流的影响。永磁式直流电动机也可看作他励直流电动机。

在运行过程中，他励直流电动机的励磁磁场稳定且容易控制，容易实现电动汽车的再生制动要求。当采用永磁激励时，虽然电动机效率高，质量和体积较小，但由于励磁磁场固定，电动机的机械特性不理想，因此驱动电动机无法产生足够大的输出转矩来满足电动汽车起动和加速时的大转矩要求。

2. 并励直流电动机

并励直流电动机的励磁绕组与电枢绕组并联,共用一个电源,其性能与他励直流电动机基本相同。并绕组两端电压就是电枢两端电压,由于励磁绕组用细导线绕成,其匝数很多,因此具有较大的电阻,使得通过它的励磁电流较小。

3. 串励直流电动机

串励直流电动机的励磁绕组与电枢绕组串联后,连接在直流电源上。串励直流电动机的励磁电流就是电枢电流,其内磁场随着电枢电流的变化而变化。为了使励磁绕组中不引起大的损耗和电压降,励磁绕组的电阻越小越好,所以串励直流电动机通常由较粗的导线绕成,匝数较少。

串励直流电动机低速运行时,能给电动汽车提供足够大的转矩;而在高速运行时,电动机电枢中的反电动势增大,与电枢串联的励磁绕组中的励磁电流减小,弱磁调速功能易实现,因此串励直流电动机驱动系统能较好地适应电动汽车的特性要求。但串励直流电动机由低速到高速运行时,弱磁调速特性不理想,随着电动汽车行驶速度的提高,驱动电动机输出转矩快速减小,不能满足电动汽车高速行驶时由于风阻大而需要输出较大转矩的要求。串励直流电动机运行效率低;在实现电动汽车的再生制动时,由于没有稳定的励磁磁场,因此再生制动的稳定性差;由于再生制动需要加接触器切换,因此驱动电动机控制系统的故障率较高,可靠性较差。另外,串励直流电动机的励磁绕组损耗大,体积和质量也较大。

4. 复励直流电动机

复励直流电动机有并励和串励两个励磁绕组,电动机的磁通由两个绕组内的励磁电流产生。若串励绕组产生的磁通势与并励绕组产生的磁通势方向相同,则称为积复励;若两个磁通势方向相反,则称为差复励。

复励直流电动机的永磁励磁部分采用高磁性材料——钕铁硼,运行效率较高。由于复励直流电动机的永磁励磁部分有稳定的磁场,因此用复励直流电动机构成驱动系统时易实现再生制动功能。由于复励直流电动机增加了增磁绕组,控制励磁绕组的励磁电流或励磁磁场,因此能克服纯永磁他励直流电动机不能产生足够的输出转矩来满足电动汽车低速行驶或爬坡时的大转矩要求的缺陷,且复励直流电动机的质量或体积比串励直流电动机的小。

各种励磁方式直流电动机的电路如图 4.2 所示,图中 I_a 为电枢电流;I_f 为励磁电流;U 为电源电压;U_f 为励磁电压;I 为负载电流。

电动汽车用直流电动机主要是他励直流电动机(包括永磁式直流电动机)、串励直流电动机、复励直流电动机。

小功率(0.1~10kW)直流电动机采用小型高效的永磁式直流电动机,可以应用在小型、低速的搬运设备上,如电动自行车、休闲用电动汽车、高尔夫球车、电动叉车等。

中等功率(10~100kW)直流电动机采用他励直流电动机、复励直流电动机或串励直流电动机,可以用于结构简单、转矩要求较大的电动货车上。

大功率(>100kW)直流电动机采用串励直流电动机,可以用于要求低速、高转矩的专用电动车上，如矿石电动搬运车、玻璃电动搬运车等。

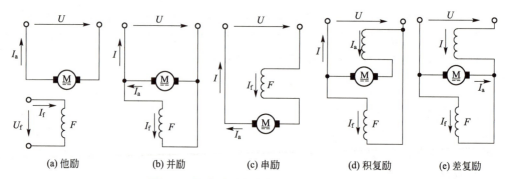

图 4.2　各种励磁方式直流电动机的电路

4.2.2　直流电动机的结构与特点

1. 直流电动机的结构

直流电动机由定子与转子两大部分构成，定子和转子之间的间隙称为气隙。直流电动机的定子主要由励磁绕组、磁极、机座、电刷等组成；转子主要由电枢铁芯、电枢绕组、换向器等组成。直流电动机的结构如图 4.3 所示。

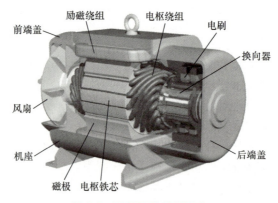

图 4.3　直流电动机的结构

2. 直流电动机的特点

直流电动机具有以下特点。

（1）调速性能好。直流电动机可以在重负载条件下，实现均匀、平滑的无级调速，而且调速范围较宽。

（2）起动力矩大。直流电动机可以均匀、经济地实现转速调节，凡是在重负载下起动或要求均匀调节转速的机械（如大型可逆轧钢机、卷扬机、电力机车、电车等），都可用直流电动机拖动。

（3）控制比较简单。直流电动机一般用斩波器控制，具有效率高、控制灵活、质量轻、体积小、响应快等优点。

（4）有易损件。由于直流电动机存在电刷、换向器等易磨损器件，因此必须定期维护或更换。

电动汽车用直流电动机与其他通用的电动机相比,应在耐高温性、抗振动性、低损耗性、抗负载波动性及小型轻量化、免维护性等方面给予特殊考虑。

除此之外,由于大多电动汽车用直流电动机在较低的电压下驱动,同时是大电流电路,因此需要注意连接线的接触电阻。

4.2.3 直流电动机的工作原理

图 4.4 所示为直流电动机的工作原理。图中,定子有 N 极和 S 极,电枢绕组的末端分别连接到 1、2 两个换向片上,正、负电刷 A 和 B 分别与两个换向片接触。

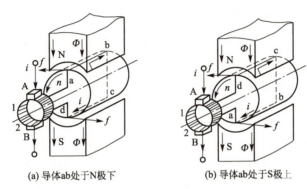

(a) 导体ab处于N极下　　(b) 导体ab处于S极上

1,2—换向片；A,B—电刷

图 4.4　直流电动机的工作原理

如果给两个电刷加上直流电源,如图 4.4(a)所示,则直流电流从电刷 A 流入,经过线圈 abcd,从电刷 B 流出。根据电磁力定律(毕奥-萨伐尔定律),载流导体 ab 和 cd 受到电磁力的作用,其方向可用左手定则判定,两段导体受到的力形成了一个转矩,使得转子逆时针转动。如果转子转到图 4.4(b)所示的位置,则电刷 A 与换向片 2 接触,电刷 B 与换向片 1 接触,直流电流从电刷 A 流入,在线圈中的流动方向是 dcba,从电刷 B 流出。此时,载流导体 ab 和 cd 受到电磁力的作用方向同样可用左手定则判定,它们产生的转矩仍然使得转子逆时针转动,这就是直流电动机的工作原理。

虽然外加的电源是直流的,但受到电刷和换向片的作用,在线圈中流过的电流是交流的,其产生的转矩的方向不变。

4.2.4 直流电动机的转速控制

直流电动机的转速控制方法主要有电枢调压控制、磁场控制和电枢回路串电阻控制三种。

1. 电枢调压控制

电枢调压控制是指通过改变电枢的端电压控制电动机的转速,只适合电动机基速以下的转速控制,可保持电动机的负载转矩不变。因为电动机转速近似与电枢端电压成比例变化,所以称为恒转矩调速。直流电动机采用电枢调压控制可实现较大范围的连续平滑的速度控制,调速比一般为 1:10。如果与磁场控制配合使用,则调速比可达 1:30。电枢调压控制需要专用的可控直流电源，过去常用电动机-发电机组，现在大、中容量的可控直流电源广泛采用晶闸管可控整流电源，小容量可控直流电源则采用电力晶体管的脉冲宽度调制（Pulse Width Modulation，PWM）控制电源。电动汽车用直流电动机常用斩波控制器作为电枢调压控制电源。

电枢调压控制的调速过程如下：当磁通量保持不变时，减小电压，由于转速不立即发生变化，因此反电动势也暂时不变化。由于电枢电流减小了，因此转矩减小了。如果阻转矩不变，则转速下降。随着转速的下降，反电动势减小，电枢电流和转矩增大，直到转矩与阻转矩再次平衡为止，此时转速已经下降。

2. 磁场控制

磁场控制是指通过调节直流电动机的励磁电流改变每极磁通量，从而调节电动机的转速，只适合电动机基速以上的控制。当电枢电流不变时，其具有恒功率调速特性。磁场控制效率高，但调速范围小，而且响应速度较慢。磁场控制可采用可变电阻器，也可采用可控整流电源作为励磁电源。

磁场控制的调速过程如下：当电压保持恒定时，减小磁通量，受机械惯性的影响，转速不立即发生变化，因此反电动势减小，电枢电流随之增大。由于电枢电流增大的影响超过磁通量减小的影响，因此转矩增大。如果阻转矩不变，则转速增大。随着转速的增大，反电动势增大，电枢电流和转矩减小，直到转矩和阻转矩再次平衡为止，此时转速已经增大。

3. 电枢回路串电阻控制

电枢回路串电阻控制是指当电动机的励磁电流不变时，通过改变电枢回路电阻来调节电动机的转速。这种控制方法的机械特性较弱，而且电动机运行不稳定，一般很少应用。小型串励直流电动机常采用电枢回路串电阻控制方式。

4.3 无刷直流电动机

无刷直流电动机是用电子换向装置代替有刷直流电动机的机械换向装置，保留了有刷直流电动机宽阔、平滑的优良调速性能，克服了有刷直流电动机机械换向的一系列缺点。无刷直流电动机体积小、质量轻、可做成各种形状、效率高、转矩高、精度高、数字式控制，是理想的调速电动机之一，在电动汽车上有着广阔的应用前景。

4.3.1 无刷直流电动机的分类

按照工作特性的不同，无刷直流电动机可以分为具有直流电动机特性的无刷直流电动机和具有交流电动机特性的无刷直流电动机。

1. 具有直流电动机特性的无刷直流电动机

具有直流电动机特性的无刷直流电动机，反电动势波形和供电电流波形都是矩形波，所以又称矩形波同步电动机。这类电动机由直流电源供电，借助位置传感器检测主转子的位置，由检测出的信号触发相应的电子换相线路，以实现无接触式换相。显然，这种无刷直流电动机具有有刷直流电动机的各种运行特性。

2. 具有交流电动机特性的无刷直流电动机

具有交流电动机特性的无刷直流电动机，反电动势波形和供电电流波形都是正弦波，所以又称正弦波同步电动机。这类电动机也由直流电源供电，但通过逆变器将直流电转换为交流电，以驱动一般的同步电动机。因此，它们具有同步电动机的各种运行特性。

下面介绍的无刷直流电动机主要是指具有直流电动机特性的无刷直流电动机。

4.3.2 无刷直流电动机的结构与特点

1. 无刷直流电动机的结构

无刷直流电动机主要由电动机本体、电子换向器和位置传感器三部分组成。

(1) 电动机本体。

无刷直流电动机的电动机本体由定子和转子两部分组成。

① 定子是电动机本体的静止部分，由导磁的定子铁芯、导电的电枢绕组及固定铁芯和绕组用的零部件，绝缘材料，引出部分（如机壳、绝缘片、槽楔、引出线等）组成。

② 转子是电动机本体的转动部分，是产生励磁磁场的部件，由永磁体、导磁体和支承零部件组成。

(2) 电子换向器。

电子换向器由功率开关和位置信号处理电路构成，主要用来控制定子各绕组通电的顺序和时间。无刷直流电动机本质上是自控同步电动机，电动机转子跟随定子旋转做磁场运动，因此应按一定的顺序给定子各相绕组轮流通电，产生旋转的定子磁场。无刷直流电动机的定子三相绕组中通过的电流波形是120°电角度的方形波，绕组在持续通过恒定电流的时间内产生的定子磁场在空间静止。在开关换相期间，随着电流从一相转移到另一相，定子磁场跳跃了一个电角度，而转子磁场随着转子连续旋转。这两个磁场的瞬时速度不相等，但是平均速度相等，能保持"同步"。由于无刷直流电动机采用了电子换向器，因此电动机输入电流的频率与电动机的转速始终保持同步，电动机和电子换向器不会产生振荡和失步，这是无刷直流电动机的优点之一。

一般来说，电子换向器应满足如下基本要求：结构简单；运行稳定、可靠；体积小、质量轻；功耗小；能按照位置传感器的信号正确换相，并能控制电动机的正反转；能长期满足不同环境条件的要求。

(3) 位置传感器。

位置传感器在无刷直流电动机中起着检测转子磁极位置的作用，为功率开关电路提供正确的换相信息，即将转子磁极的位置信号转换为电信号，经位置信号处理电路处理后控制定子绕组换相。由于功率开关的导通顺序与转子转角同步，因此位置传感器与功率开关一起，起着与传统有刷直流电动机的机械换向器和电刷类似的作用。位置传感器的种类比较多，可分为电磁式位置传感器、光电式位置传感器、磁敏式位置传感器等。电磁式位置传感器具有输出信号大、工作可靠、使用寿命长等优点，但体积比较大，信噪比低且输出为交流信号，只有整流滤波后才能使用。光电式位置传感器性能比较稳定、体积小、质量轻，但对环境要求较高。磁敏式位置传感器的基本原理为霍尔效应和磁阻效应，其对环境的适应性很强，成本低，但精度不高。

图4.5所示为某无刷直流电动机。

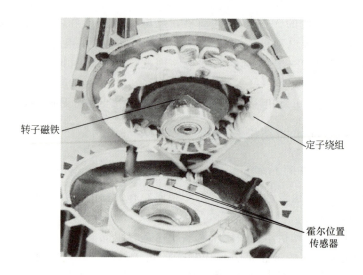

图4.5 某无刷直流电动机

2. 无刷直流电动机的特点

(1) 无刷直流电动机的优点。

① 外特性好。非常符合电动汽车的负载特性，尤其是具有低速大转矩特性，能够提供大的起动转矩，满足电动汽车的加速要求。

② 无刷直流电动机可以在低速、中速、高速下运行，而有刷直流电动机受机械换相的影响，只能在中低速下运行。

③ 效率高。在轻载车况下，仍能保持较高的效率，这对珍贵的电池能量是很重要的。

④ 过载能力强。无刷直流电动机的过载通力是Y系列电动机的3倍以上，满足电动汽车的突起堵转需要。

⑤ 再生制动效果好。无刷直流电动机转子具有很高的永久磁场，在汽车下坡或制动时电动机可完全进入发电机状态，给电池充电，同时起到电制动作用，减轻机械制动负担。

⑥ 体积小、质量轻、比功率大，可有效减轻质量、节省空间。

⑦ 无机械换向器，采用全封闭式结构，防止尘土进入电动机内部，可靠性高。

⑧ 控制系统比异步电动机简单。

(2) 无刷直流电动机的缺点。

无刷直流电动机的缺点是电动机本身比交流电动机复杂，控制器也比有刷直流电动机复杂。

4.3.3 无刷直流电动机的工作原理

无刷直流电动机的工作原理与有刷直流电动机的工作原理基本相同。无刷直流电动机是利用电动机转子位置传感器输出信号控制电子换相线路驱动逆变器的功率开关器件，使电枢绕组依次馈电，从而在定子上产生跳跃式的旋转磁场，拖动电动机转子旋转。同时，随着电动机转子的转动，转子位置传感器持续输出位置信号，以持续改变电枢绕组的通电状态，使得在某磁极下导体中的电流方向保持不变，电动机便旋转起来。

图 4.6 所示为无刷直流电动机的工作原理。

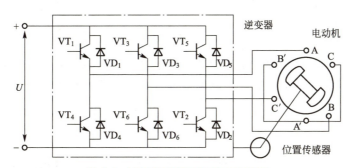

图 4.6　无刷直流电动机的工作原理

4.3.4　无刷直流电动机的控制

按照获取转子位置信息方法的不同，无刷直流电动机的控制方法可以分为有位置传感器控制和无位置传感器控制两种。

1. 有位置传感器控制

有位置传感器控制是指在无刷直流电动机的定子上安装位置传感器来检测转子旋转过程中的位置，将转子磁极的位置信号转换为电信号，为电子换相电路提供正确的换相信息，以控制电子换相电路中的功率开关管的开关状态，保证电动机各相按顺序导通，在空间形成跳跃式的旋转磁场，驱动永磁转子连续旋转。无刷直流电动机中的常用位置传感器有霍尔位置传感器、磁敏晶体管位置传感器、光电式位置传感器等。

2. 无位置传感器控制

无位置传感器控制无须在电动机中安装传感器，使用场合多，与有位置传感器控制相比有较大优势。无位置传感器控制中不直接使用转子位置传感器，但在电动机运转过程中仍然需要转子位置信号，以控制电动机换相。通过软、硬件间接获得可靠的转子位置信号是无刷直流电动机无位置传感器控制的关键。为此，国内外的研究人员在这方面做了大量研究工作，提出了多种转子位置信号检测方法，大多是利用检测定子电压、电流等容易获取的物理量实现转子位置的估算。归纳起来，可以分为反电动势法、电感法、状态观测器法、人工神经网络法等。

4.4　异步电动机

异步电动机又称感应电动机，是由气隙旋转磁场与转子绕组感应电流相互作用产生电磁转矩，从而实现将电能转换为机械能的一种交流电动机。

异步电动机的种类很多，常见分类方法是按转子结构分类和按定子绕组相数分类。按照转子结构的不同,异步电动机可分为笼型异步电动机和绕线型异步电动机;按照定子绕组相数的不同,异步电动机可分为单相异步电动机、两相异步电动机和三相异步电动机。在电动汽车中,主要使用笼型异步电动机。

4.4.1 异步电动机的结构与特点

1. 异步电动机的结构

异步电动机主要由静止的定子和旋转的转子两大部分组成,定子和转子之间存在气隙。此外,还有端盖、轴承、机座和风扇等部件。图 4.7 所示为三相异步电动机的典型结构。

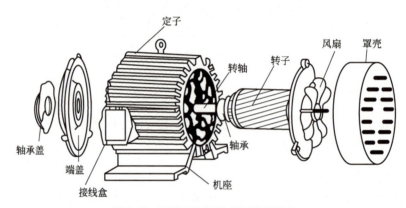

图 4.7　三相异步电动机的典型结构

(1) **定子**。

异步电动机的定子由定子铁芯、定子绕组和机座构成。

① 定子铁芯。定子铁芯是电动机磁路的一部分,其上放置有定子绕组。定子铁芯一般由厚度为 0.35～0.5mm 的表面具有绝缘层的硅钢片冲制、叠压而成。定子铁芯的内圆冲有均匀分布的槽,以嵌放定子绕组。定子铁芯的槽型有半闭口型槽、半开口型槽和开口型槽三种。

② 定子绕组。定子绕组是电动机的电路部分,通入三相交流电,产生旋转磁场。定子绕组由三个在空间互呈 120°电角度、对称排列的结构完全相同的绕组连接而成,这些绕组的线圈按一定规律分别嵌在定子各槽内。

③ 机座。机座主要用于固定定子铁芯与端盖,以支承转子,并起防护及散热等作用。机座通常为铸铁件,大型异步电动机机座一般用钢板焊成,微型电动机的机座采用铸铝件。封闭式电动机的机座外面有散热筋以增大散热面积,防护式电动机的机座两端端盖开有通风孔,使电动机内、外的空气直接对流,利于散热。

(2) **转子**。

异步电动机的转子由转子铁芯、转子绕组和转轴组成。

① 转子铁芯。转子铁芯是电动机磁路的一部分,铁芯槽内放置有转子绕组。转子铁芯所用材料与定子铁芯相同,由厚度为 0.5mm 的硅钢片冲制、叠压而成,硅钢片外圆冲有均匀分布的孔,用来安置转子绕组。通常用定子铁芯冲落后的硅钢片内圆来冲制转子铁

芯。一般小型异步电动机的转子铁芯直接压装在转轴上，大、中型异步电动机(转子直径大于300mm)的转子铁芯借助转子支架压装在转轴上。

② 转子绕组。转子绕组是转子的电路部分，用于切割定子旋转磁场，产生感应电动势及电流，并形成电磁转矩，使电动机运转。转子绕组分为笼式转子和绕线式转子两种。

③ 转轴。转轴用于固定和支承转子铁芯，并输出机械功率。转轴的材料一般为中碳钢。

(3) 气隙。

异步电动机的定子与转子之间有很小的间隙，称为电动机的气隙。气隙对异步电动机的运行性能有很大影响。中、小型异步电动机的气隙一般为0.2～2mm，功率越大，转速越高，气隙就越大。

2. 异步电动机的特点

(1) 基本特点。

转子绕组无须与其他电源相连，定子电流直接取自交流电力系统。与其他电动机相比，异步电动机结构简单，制造、使用、维护方便，运行可靠性高，质量轻，成本低。以三相异步电动机为例，与同功率、同转速的直流电动机相比，前者的质量只是后者的1/2，成本仅为1/3。异步电动机还容易按不同环境条件的要求，派生出各种系列产品；具有接近恒速的负载特性，能满足大多数工、农业生产机械拖动的要求。

(2) 局限性。

异步电动机的局限性是指转子转速与定子旋转磁场的同步转速有固定的转差率，因而调速性能较差，在要求较大的平滑调速范围的使用场合不如直流电动机经济、方便。此外，异步电动机运行时，从电力系统吸取无功功率励磁会导致电力系统的功率因数变差，因此在大功率、低转速场合宜采用同步电动机。

4.4.2 异步电动机的工作原理与运行特性

1. 异步电动机的工作原理

图4.8所示为异步电动机的工作原理。

异步电动机的三相定子绕组通入三相交流电后，产生一个旋转磁场，切割转子绕组，从而在转子绕组中产生感应电动势，电动势的方向可用右手定则确定。由于转子绕组是闭合通路，因此转子中产生电流，电流方向与电动势方向相同，载流的转子导体在定子旋转磁场的作用下产生电磁力，电磁力的方向可用左手定则确定。由电磁力产生电磁转矩，驱动电动机旋转，并且电动机旋转方向与旋转磁场方向相同。

异步电动机的转子转速不等于定子旋转磁场的同步转速，这是异步电动机的主要特点。

如果异步电动机的转子轴上带有机械负载，则该负载被电磁转矩拖动而旋转。当负载发生变化时，转子转速随之发生变化，转子导体中的电动势、电流和

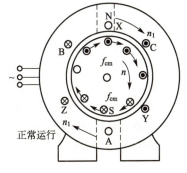

图4.8 异步电动机的工作原理

电磁转矩也发生变化,以适应负载需要。因此,异步电动机的转速是随负载变化而变化的。

异步电动机的转子转速与定子旋转磁场的同步转速之间存在转速差,转速差决定了转子的电动势及频率,直接影响异步电动机的工作状态。转速差与同步转速的比值用转差率表示,即

$$s = \frac{n_1 - n}{n_1}$$

式中,s 为转差率;n_1 为定子旋转磁场的同步转速;n 为转子转速。

转差率是异步电动机运行时的一个重要物理量。异步电动机运行时,$0<s<1$。在额定负载条件下运行时,$s=0.01\sim0.06$。

2. 异步电动机的运行特性

异步电动机的运行特性包括工作特性和机械特性。

(1) **工作特性**。

异步电动机的工作特性是指电动机在保持额定电压和额定频率不变的情况下,电动机的转速、电磁转矩、定子电流、功率因数和效率随输出功率变化的特性。工作特性一般通过负载试验测取。图 4.9 所示为异步电动机的工作特性曲线。

工作特性是异步电动机的重要特性。转速特性和电磁转矩特性关系到电动机与机械负载匹配的合理性;定子电流特性表明电动机的发热情况,关系到电动机运行的可靠性和使用寿命;功率因数特性和效率特性关系到电动机运行的经济性。

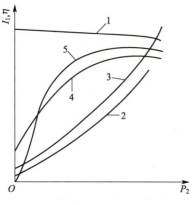

1—转速特性;2—电磁转矩特性;
3—定子电流特性;4—功率因数特性;5—效率特性

图 4.9 异步电动机的工作特性曲线

(2) **机械特性**。

异步电动机的机械特性是指电动机在恒定电压和恒定频率的情况下,电动机转速与转矩之间的关系,是电动机的重要特性。机械特性曲线一般包括异步电动机的起动转矩、起动过程的最小转矩、最大转矩、额定转矩、同步转速、额定转速等重要技术数据,以及电动机转速随转矩变化的情况。

异步电动机的机械特性分为自然机械特性和人为机械特性。

① 自然机械特性。在电源电压和电源频率恒定,且定子、转子回路不接入任何附加设备情况下的机械特性称为自然机械特性。异步电动机的自然机械特性曲线如图 4.10 所示,图中 T_{st} 为异步电动机的起动转矩;T_{min} 为起动过程中的最小转矩;T_{max} 为最大转矩;T_N 为额定转矩;n_1 为同步转速;n_N 为额定转速。

② 人为机械特性。电源电压、电源频率、电动机极对数、定子或转子回路接入其他附属设备中的任一项改变得到的机械特性称为人为机械特性。图 4.11 所示为电源电压改变时的人为机械特性曲线。由于电源频率不变,因此同步转速点不变,电磁转矩与电源电压的平方成比例变化,但各曲线的最大转矩点对应的转差率基本保持不变。

电动汽车用电动机 第4章

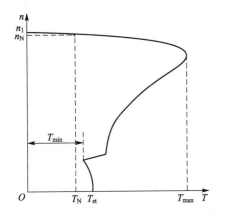

图 4.10 异步电动机的自然机械特性曲线

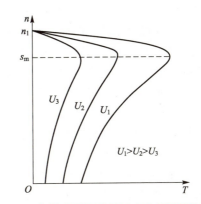

图 4.11 电源电压改变时的人为机械特性曲线

4.4.3 异步电动机的控制

异步电动机是一个多变量（多输入输出）系统，因为变量电压（电流）、频率、磁通、转速之间相互影响，所以也是强耦合的多变量系统。

异步电动机的调速控制主要包括恒压频比开环控制、转差控制、矢量控制及直接转矩控制等。

1. 恒压频比开环控制

因为恒压频比开环控制实际上只控制电动机磁通，不控制电动机的转矩，所以对异步电动机来说根本谈不上控制性能，通常只用于对调速性能要求一般的通用变频器。

2. 转差控制

转差控制根据异步电动机电磁转矩和转差率的关系来直接控制电动机的转矩，可以在一定的转差频率范围内、一定程度上，通过调节转差控制电动机的电磁转矩，从而改善调速系统的控制性能，其控制理论是建立在异步电动机的稳态数学模型基础上的。转差控制适用于电动机转速变化缓慢或者对动态性能要求不高的场合。

3. 矢量控制

矢量控制采用矢量分析的方法分析交流电动机内部的电磁过程，是建立在交流电动机的动态数学模型基础上的控制方法。矢量控制模仿直流电动机的控制技术，将交流电动机的定子电流解耦成相互独立的产生磁链的分量和产生转矩的分量，分别控制这两个分量可以实现对交流电动机磁链控制和转矩控制的完全解耦，从而达到理想的动态性能。

（1）异步电动机矢量控制方式的选择。

异步电动机的矢量控制基于磁场定向的方法，其调速控制系统的方式比较复杂，常用控制方式有以下四种。

① 转子磁场定向矢量控制原理。交流电动机的转矩与定子、转子旋转磁场及其夹角有关，要控制好转矩，必须精确检测和控制磁通。在此种控制方式中，检测出定子电流的 d 轴分量，就可以观测出转子磁链的幅值。当转子磁链恒定时，电磁转矩与电流的 q 轴

分量成正比，忽略反电动势引起的交叉耦合，可以由电压方程 d 轴分量控制转子磁通，q 轴分量控制转矩。目前大多变频系统使用此种控制方式，它实现了系统的完全解耦；其缺点是转子磁通的观测受转子时间常数的影响。

② 转差率矢量控制原理。如果电动机的定子、转子或气隙磁场中的任一项保持不变，则电动机的转矩主要由转差率决定。因此，此种控制方式主要考虑转子磁通的稳态方程式，从转子磁通直接得到定子电流的 d 轴分量。通过对定子电流的有效控制，形成了转差矢量控制，避免了磁通的闭环控制，不需要实际计算转子的磁链，将转差率和测量的转速相加后进行积分，计算磁通相对于定子的位置。此种控制方式主要应用在低速系统中，而且系统性能受转子参数变化影响。

③ 气隙磁场定向矢量控制原理。除了转子磁场的定向控制，还有一些控制系统使用气隙磁场的定向控制。此种控制方式比转子磁通的控制方式复杂，但利用了气隙磁通易观测的优点，保持气隙磁通恒定，从而使转矩与 q 轴电流成正比，直接控制 q 轴电流，达到控制电动机的目的。

④ 定子磁场定向矢量控制原理。由于转子磁通的检测容易受电动机参数的影响，因此气隙磁通的检测需要附加一些检测器件等。此种控制方式通过保持定子磁通不变，控制与转矩成正比的 q 轴电流，从而控制电动机。但是，此种控制方式与气隙磁场定向矢量控制相同，需要对电流进行解耦，而且以定子电压为检测量，容易受到电动机转速的影响。

（2）异步电动机矢量控制的特点。

矢量控制变频器可以分别对异步电动机的磁通和转矩电流进行检测、控制，自动改变电压和频率，使指令值与检测实际值一致，从而实现变频调速，大大提高了电动机控制的静态精度和动态品质。采用矢量控制变频器异步电动机变频调速可以达到控制结构简单、可靠性高的效果，例如，可以从零转速起进行速度控制，调速范围宽；可以对转矩进行较精确的控制；系统的动态响应速度很快；电动机的加速度特性很好；等等。

带速度传感器矢量控制变频器的异步电动机闭环变频调速技术虽然性能较好，但是毕竟需要在异步电动机轴上安装速度传感器，会减弱异步电动机结构坚固、可靠性高的优势。而且，在某些情况下，电动机本身的原因或环境的因素会导致无法安装速度传感器，系统增加了反馈电路和其他辅助环节，也增大了故障概率。因此，在调速范围、转速精度和动态品质要求不是特别高的场合，往往采用无速度传感器矢量变频开环控制异步电动机变频调速系统。

4. 直接转矩控制

直接转矩控制是指将电动机输出转矩作为直接控制对象，通过控制定子磁场向量控制电动机转速。此种控制方式不需要复杂的坐标变换，也不需要依赖转子数学模型，只是通过控制脉宽调制型逆变器的导通和切换方式来控制电动机的瞬时输入电压，改变磁链的旋转速度来控制瞬时转矩，使系统性能对转子参数呈现鲁棒性，已推广到弱磁调速范围。逆变器的脉宽调制采用电压空间向量控制方式，性能较好，但不可避免地会出现转矩脉动、调速性能降低问题。此外，此种控制方式对逆变器开关频率提高的限制较大，定子电阻对电动机低速性能也有较大影响。例如，在低速区，定子电阻的变化会引起定子电流和磁链的畸变，以及转矩脉动、死区效应和开关频率等问题。

(1) 直接转矩控制系统的结构与原理。

直接转矩控制系统框图如图 4.12 所示，主要包括磁链观测器、磁链调节器、转矩观测器、转矩调节器、转速调节器等。其中磁链观测器的准确性对整个控制系统的稳定性有较大影响，磁链调节器、转矩调节器是先进控制算法的核心部分。

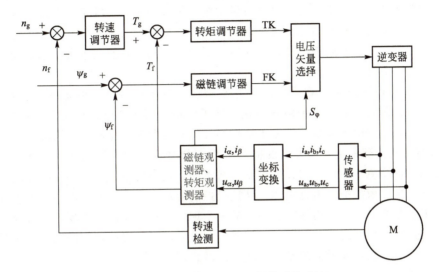

TK—调节后的转矩；FK—调节后的磁链

图 4.12　直接转矩控制系统框图

① 磁链观测器。定子磁链观测器的准确性是实现直接转矩控制技术的关键。无论是定子磁链的幅值还是相位，若出现较大误差，则控制性能都会变差或者不稳定。常用解决磁链问题的方法为间接测量，即通过测量的定子电压、定子电流和转速等建立定子磁链的观测模型，在控制过程中实时、准确地算出定子磁链的幅值和相位。常用磁链观测模型有基于定子电压和电流的磁链观测模型、基于定子电流和转速的磁链观测模型、基于定子电压和转速的磁链观测模型。

② 磁链调节器。磁链调节器用于控制定子磁链在给定值附近变化，输出磁链控制信号。

③ 转矩观测器。转矩观测器用状态检测转矩模型，完成电磁转矩的计算。

④ 转矩调节器。转矩调节器用于实现对转矩的直接控制，直接转矩控制的名称由此而来。为了控制转矩，转矩调节必须具备两个功能：一是转矩调节器直接调节转矩；二是在调节转矩的同时，控制定子磁链的旋转方向，以加强转矩的调节。

⑤ 转速调节器。直接转矩控制系统主要通过控制电压空间矢量控制转速，从而控制转矩，而转矩的控制成为转速控制的基础，故在系统中应用闭环控制。闭环控制系统具有简洁、直观等特点。从传感器中输出的转速反馈信号与转速给定信号做比较后，输入 PI 调节器，PI 调节器的输出直接作为转矩的给定值，从而实现转速的闭环控制。

直接转矩控制过程如下：通过传感器检测得到定子电流、电压的 α-β 分量，通过磁链观测器和转矩观测器分别获得定子磁链的实际值 ψ_f 和转矩的实际值 T_f，将定子磁链的实际值 ψ_f 与给定值 ψ_g 输入磁链调节器，通过滞环比较器实现磁链的自控制。转速给定

值 n_g 与通过速度测量得到的转速 n_f 之差经过转速调节器得到转矩给定值 T_g，将转矩的实际值 T_f 与给定值 T_g 输入转矩调节器，实现转矩的自控制。

（2）直接转矩控制的特点。

与矢量控制相比，直接转矩控制有以下特点。

① 直接转矩控制在定子坐标系下分析交流电动机的数学模型，控制电动机的磁链和转矩，不需要将交流电动机与直流电动机做比较、等效和转化，既不需要模仿直流电动机的控制，又不需要为解耦而简化交流电动机的数学模型，省略了矢量旋转变换等复杂的变换和计算。因此，其信号处理工作特别简单，所用的控制信号使观察者能够对交流电动机的物理过程作出直接、明确的判断。

② 直接转矩控制磁通估算采用的是定子磁链，只要知道定子电阻就可以观测出来。磁场定向矢量控制采用的是转子磁链，观测转子磁链需要知道电动机转子的电阻和电感。因此直接转矩控制解决了矢量控制技术中控制性能易受参数变化影响的问题。

③ 直接转矩控制采用空间矢量的概念分析三相交流电动机的数学模型和控制各物理量，使问题变得简单、明了。与矢量控制方法不同，直接转矩控制不通过控制电流、磁链等间接控制转矩，而是把转矩直接作为被控量控制转矩。因此，直接转矩控制不用极力获得理想的正弦波波形，也不用专门强调磁链完全理想的圆形轨迹；相反，从控制转矩的角度出发，直接转矩控制强调的是转矩的直接控制效果，因而直接转矩控制采用离散的电压状态和六边形磁链轨迹或近似圆形磁链轨迹的概念。

④ 直接转矩控制对转矩实行直接控制的效果不是取决于电动机数学模型的简化，而是取决于转矩的实际状况。

从理论上看，直接转矩控制具有矢量控制无法相比的转子参数鲁棒性和结构上的简单性；从技术实现上看，直接转矩控制往往很难体现出优越性。直接转矩控制的调速范围比矢量控制小，主要因为低速转矩特性差、存在稳态转矩脉动及带负载能力的下降，制约了直接转矩控制进入实用化的进程。

4.5 永磁同步电动机

永磁同步电动机具有效率高、控制精度高、转矩密度高、转矩平稳性良好及振动噪声小的特点，合理设计永磁磁路结构能获得较好的弱磁性能。永磁同步电动机在电动汽车驱动方面具有很高的应用价值，受到国内外电动汽车界的高度重视，是较具竞争力的电动汽车驱动电动机。

4.5.1 永磁同步电动机的结构与特点

1. 永磁同步电动机的结构

永磁同步电动机分为正弦波驱动电流的永磁同步电动机和方波驱动电流的永磁同步电动机两种。下面主要介绍三相正弦波驱动电流的永磁同步电动机。

永磁同步电动机的结构如图 4.13 所示。与传统电动机相同，永磁同步电动机主要由定子和转子两大部分构成。

(1) 定子。

定子与普通感应电动机的定子基本相同,由电枢铁芯和电枢绕组构成。

① 电枢铁芯一般采用厚度为 0.5mm 的硅钢冲制、叠压而成。具有高效率指标或频率较高的电动机,为了减少铁耗,可以考虑使用厚度为 0.35mm 的低损耗冷轧无取向硅钢片。

② 电枢绕组普遍采用分布、短距绕组;对于极数较多的电动机,普遍采用分数槽绕组;需要进一步改善电动势波形时,也可以考虑采用正弦绕组或其他特殊绕组。

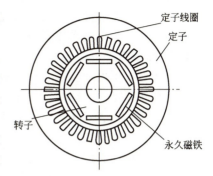

图 4.13 永磁同步电动机的结构

(2) 转子。

转子主要由永磁体、转子铁芯和转轴等构成。

① 永磁体主要采用铁氧体永磁材料和钕铁硼永磁材料。

② 转子铁芯可根据磁极结构的不同,选用实心钢,或采用钢板或硅钢片冲制、叠压而成。

③ 永磁同步电动机的磁路结构。永磁同步电动机必须装有转子永磁体位置检测器,用来检测磁极位置并对电枢电流进行控制,达到对永磁同步电动机驱动控制的目的。

按照永磁体在转子上位置的不同,永磁同步电动机的转子磁路结构可分为表面式和内置式两种。

a. 表面式转子磁路结构。在表面式转子磁路结构中,永磁体通常呈瓦片形,并位于转子铁芯的外表面,其提供磁通的方向为径向。表面式转子磁路结构又分为表面凸出式和表面嵌入式两种,如图 4.14 所示。对采用稀土永磁材料的电动机来说,由于永磁材料的相对回复磁导率接近 1,因此表面凸出式转子在电磁性能上呈隐极转子结构;表面嵌入式转子的相邻两个永磁磁极间有磁导率很大的铁磁材料,在电磁性能上呈凸极转子结构。

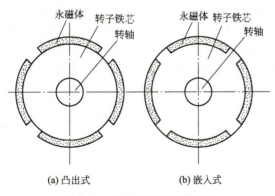

图 4.14 表面式转子磁路结构

表面凸出式转子结构具有结构简单、制造成本较低、转动惯量小等优点,在矩形波永磁同步电动机和恒功率运行范围不大的正弦波永磁同步电动机中得到广泛应用。此外,表面凸出式转子结构中的永磁磁极易实现最优设计,能使电动机的气隙磁密波形趋近于正弦波的磁极形状,显著提高电动机甚至整个传动系统的性能。

表面嵌入式转子结构可充分利用转子磁路不对称性所产生的磁阻转矩，提高电动机的功率密度。其动态性能比表面凸出式转子结构好，制造工艺较简单，常应用于某些调速永磁同步电动机；但漏磁系数和制造成本都比表面凸出式转子结构高。

b. **内置式转子磁路结构**。内置式转子磁路结构的永磁体位于转子内部，永磁体外表面与定子铁芯内圆之间有铁磁物质制成的极靴，极靴中可以放置铸铝笼或铜条笼，具有阻尼或起动作用，动态性能及稳态性能好，广泛用于要求有异步起动能力或动态性能高的永磁同步电动机。内置式转子内的永磁体受到极靴的保护，其转子磁路结构的不对称性所产生的磁阻转矩有助于提高电动机的过载能力或功率密度，而且易发生弱磁扩速。

按永磁体磁化方向与转子旋转方向的相互关系不同，内置式转子磁路结构形式可分为径向式、切向式和混合式三种，如图 4.15 所示。

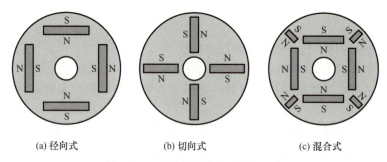

(a) 径向式　　　　　(b) 切向式　　　　　(c) 混合式

图 4.15　内置式转子磁路结构形式

径向式转子结构的永磁同步电动机的磁钢可放在磁通轴的非对称位置上，或同时利用径向充磁和切向充磁的磁钢以产生高磁通密度。该结构的优点是漏磁系数小，转轴上不需要采取隔磁措施，极弧系数易控制，转子冲片机械强度高，安装永磁体后转子不易变形等。

切向式转子结构的永磁同步电动机具有较大惯性，漏磁系数较大，制造工艺和成本比径向式转子结构高。其优点是一个极距下的磁通由相邻两个磁极并联提供，每极磁通更大。尤其当电动机极数较多、径向式转子结构不能提供足够的每极磁通时，这种结构的优势更突出。此外，采用切向式转子结构的永磁同步电动机的磁阻转矩占总电磁转矩的40%，对提高电动机的功率密度和扩展恒功率运行范围都有利。

混合式转子结构综合了径向式转子结构和切向式转子结构的优点，但结构和制造工艺都比较复杂，制造成本也比较高。

2. 永磁同步电动机的特点

永磁同步电动机具有以下优点。

（1）用永磁体取代绕线式同步电动机转子中的励磁绕组，省去了励磁线圈、集电环和电刷，以电子换相实现无刷运行，结构简单、运行可靠。

（2）永磁同步电动机的转速与电源频率之间始终保持准确的同步关系，控制电源频率就能控制电动机的转速。

（3）永磁同步电动机具有较硬的机械特性，对由负载的变化引起的电动机转矩的扰动有较强的承受能力，瞬间最大转矩可以达到额定转矩的 3 倍以上，适合在负载转矩变化较大的工况下运行。

(4) 由于永磁同步电动机的转子为永久磁铁，无须励磁，因此电动机可以在很低的转速下保持同步运行，调速范围宽。

(5) 永磁同步电动机与异步电动机相比，不需要无功励磁电流，功率因数大，定子电流和定子铜耗小，效率高。

(6) 体积小、质量轻。近年来，随着高性能永磁材料的不断应用，永磁同步电动机的功率密度得到很大提高，与相同容量的异步电动机相比，体积和质量更小，适用于许多特殊场合。

(7) 结构多样化，应用范围广。永磁同步电动机由于转子结构多样化，产生了特点和性能各异的许多品种，从工业到农业，从民用到国防，从日常生活到航空航天，从简单电动工具到高科技产品，几乎无所不在。

永磁同步电动机具有以下缺点。

(1) 由于永磁同步电动机的转子为永磁体，无法调节，因此必须通过加定子直轴去磁电流分量削弱磁场，增大定子的电流，增大电动机的铜耗。

(2) 永磁同步电动机的磁钢价格较高。

由此可见，永磁同步电动机体积小、质量轻、转动惯量小、功率密度大（可达 1kW/kg），适合电动汽车空间有限的特点；另外，其转矩惯量比大、过载能力强，尤其低转速时输出转矩大，适合电动汽车的起动加速。因此，永磁同步电动机得到国内外电动汽车界的广泛重视，并已在日本得到普遍应用，日本新研制的电动汽车大多采用永磁同步电动机驱动，比较典型的是在丰田普锐斯混联式混合动力电动汽车上的应用。

丰田普锐斯混联式混合动力电动汽车的电动机为交流永磁同步电动机，采用钕磁铁（永久磁铁）转子，输出功率高、低速转矩特性好。丰田第二代混合动力系统的 500V 最高电压使电动机的输出功率约是丰田混合动力系统（最高电压为 274V）的 1.5 倍，即从 33kW 提高到 50kW，而电动机的尺寸保持不变；在电动机控制方面，中转速范围增加过调制控制技术，保留原来的低速和高速控制方法。通过改进脉宽调制方法，中速范围的输出比原来的最大值增大约 30%。

丰田普锐斯混联式混合动力电动汽车的发电机也采用交流永磁同步发电机，向高功率电动机提供充足的电能。发电机高速旋转，以增大输出功率。采用增加转子强度等措施，将最大功率输出时的转速从 6500r/min 提高到 10000r/min，高转速明显提高了中转速范围的电力，改善了低转速范围的加速性能。此外，发电机还用作发动机的起动机。起动时，发电机（起动机）驱动分配装置的太阳轮，带动发动机旋转。

4.5.2　永磁同步电动机的工作原理与运行特性

1. 电枢反应

永磁同步电动机带负载时，气隙磁场是由永磁体磁动势和电枢磁动势共同建立的。电枢磁动势对气隙磁场有影响，电枢磁动势的基波对气隙磁场的影响称为电枢反应。电枢反应不仅使气隙磁场波形发生畸变，而且产生去磁或增磁作用，因此，气隙磁场将影响永磁同步电动机的运行特性。

分析永磁同步电动机时，需要采用双反应理论，即把电枢电流和电枢电动势分解为交轴和直轴两个分量。交轴电枢电流产生交轴电枢电动势，发生交轴电枢反应；直轴电枢电流产生直轴电枢电动势,发生直轴电枢反应。

2. 电压方程式

忽略磁饱和效应的影响,永磁同步电动机的电压方程式为

$$U = E_0 + I_a R_a + jI_d X_d + jI_q X_q$$

式中,U 为电枢端电压;E_0 为励磁电动势;I_a 为电枢电流,$I_a = I_d + I_q$;I_d 为电枢电流在 d 轴的分量;I_q 为电枢电流在 q 轴的分量;R_a 为电枢绕组电阻;X_d 为直轴同步电抗;X_q 为交轴同步电抗。

3. 功率与转矩

当永磁同步电动机具有滞后功率因数并考虑电枢电阻的影响时,电动机从电网输入的电功率

$$P_1 = mUI_a \cos\varphi$$
$$= \frac{mU[E_0(X_q\sin\theta - R_a\cos\theta) + R_a U + U(X_d - X_q)\sin2\theta/2]}{R_a^2 + X_d X_q}$$

式中,θ 为电动机的功率角。

电动机的电磁功率

$$P_e = P_1 - P_{cua}$$

式中,P_{cua} 为电动机的电枢绕组铜耗。

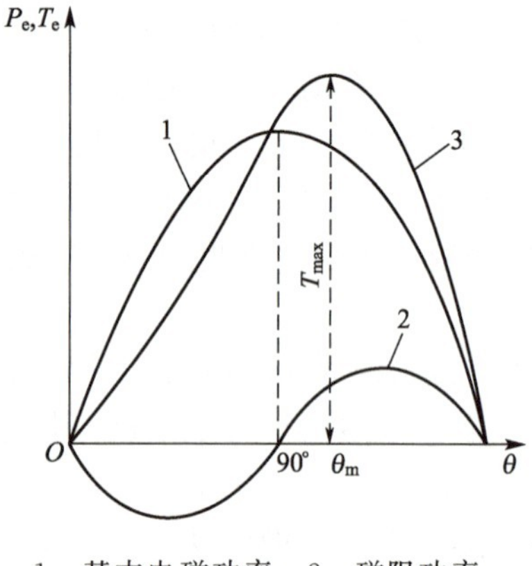

1—基本电磁功率;2—磁阻功率;
3—合成电磁功率

图 4.16 永磁同步电动机的
功角特性曲线和矩角特性曲线

如果忽略电枢电阻的影响,则

$$P_e = \frac{mE_0 U}{X_d}\sin\theta + \frac{mU^2}{2}\left(\frac{1}{X_q} - \frac{1}{X_d}\right)\sin2\theta$$

上式等号右边的第一项称为基本电磁功率,由永磁磁场与电枢磁场相互作用产生;第二项称为附加电磁功率或磁阻功率,由凸极效应产生。对于永磁同步电动机,充分利用磁阻功率是提高电动机功率密度和效率的有效途径。

图 4.16 所示为永磁同步电动机的功角特性曲线和矩角特性曲线。

电磁功率与功率角的关系称为永磁同步电动机的功角特性,如果把纵坐标改为转矩,则表示电磁转矩与功率角之间的关系,称为永磁同步电动机的矩角特性。与基本电磁功率对应的转矩分量称为基本电磁转矩,也称永磁转矩;与磁阻功率相对应的转矩分量称为磁阻转矩。

4. 永磁同步电动机的运行特性

永磁同步电动机的运行特性主要包括机械特性和工作特性。

永磁同步电动机稳态正常运行时,转速始终保持同步,因此,其机械特性曲线为平行于横轴的直线,通过调节电源频率调节电动机转速时,转速将严格地与频率成正比变化,如图 4.17 所示。

永磁同步电动机的工作特性是指当电源电压恒定时，电动机的输入功率 P_1、电枢电流 I_a、效率 η、功率因数 $\cos\varphi$ 等随输出功率 P_2 变化的关系，如图 4.18 所示。

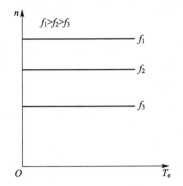

图 4.17　永磁同步电动机的机械特性曲线

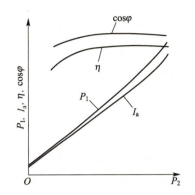

图 4.18　永磁同步电动机的工作特性曲线

从图 4.18 可以看出，在正常工作范围内，永磁同步电动机的功率因数比较平稳，效率特性也能保持较高水平。电动机的输入功率与电枢电流近似，与输出功率成正比。

4.5.3　永磁同步电动机的控制

为了提高永磁同步电动机控制系统的性能，使其具有更快的响应速度、更高的转速精度、更大的调速范围，其动响应和静响应能够与直流电动机系统媲美，人们提出了多种控制永磁同步电动机的策略。

1. 恒压频比开环控制

恒压频比开环控制的控制变量为电动机的外部变量——电压和频率。控制系统将参考电压和频率输入实现控制策略的调制器，由逆变器产生一个交变的正弦电压并施加在电动机的定子绕组上，使之运行在指定的电压和参考频率下。按照这种控制策略进行控制，供电电压的基波幅值随着速度指令成比例地线性增大，从而保持定子磁通的近似恒定。恒压频比开环控制的控制策略简单、易实现，转速通过电源频率控制，不存在异步电动机的转差和转差补偿问题。但由于系统中不引入速度、位置等反馈信号，因此无法实时捕捉电动机状态，从而无法精确控制电磁转矩；当突加负载或者速度指令时，容易发生失步现象；不具有快速的动态响应特性。因此，恒压频比开环控制仅控制电动机磁通，不控制电动机的转矩，控制性能差，通常只应用于对调速性能要求一般的通用变频器。

2. 矢量控制

(1) 基本思想。

矢量控制的基本思想如下：以转子磁链旋转空间矢量为参考坐标，将定子电流分解为相互正交的两个分量，一个与磁链同方向，代表定子电流励磁分量；另一个与磁链方向正交，代表定子电流转矩分量，分别对其进行控制，获得与直流电动机类似的动态特性。矢量控制结构简单、控制软件较容易实现，广泛应用于调速系统。

永磁同步电动机矢量控制策略与异步电动机矢量控制策略有些不同。由于永磁同步电动机的转速和电源频率严格同步，其转子转速等于旋转磁场转速，转差恒等于零，没有转差功率，控制效果受转子参数影响小，因此更容易在永磁同步电动机上实现矢量控制。

(2)电流控制策略。

由于永磁同步电动机的输出电磁转矩对应多个交、直轴电流组合,不同组合对应不同的系统效率、功率因数及转矩输出能力,因此永磁同步电动机有不同的电流控制策略。

① $i_d=0$ 控制。在永磁同步电动机伺服系统中,$i_d=0$ 控制是主要控制方式。通过检测转子磁极空间位置 d 轴,控制逆变器功率开关器件导通和关断,使定子合成电流位于 q 轴,此时 d 轴定子电流分量为零,永磁同步电动机电磁转矩正比于转矩电流(定子电流幅值),只需控制定子电流,即可很好地控制永磁同步电动机的输出电磁转矩。

② 最大转矩/电流比控制。在电动机输出相同电磁转矩的情况下,使电动机定子电流最小的控制策略称为最大转矩/电流比控制。最大转矩/电流比控制的实质是求解电流极值问题,可以建立辅助方程,采用牛顿迭代法求解。但是其计算量较大,在实际应用中系统实时性无法满足,只能离线计算出不同电磁转矩对应的交、直轴电流,以表的形式存储在数字信号处理器的内部存储器中,实际运行时,根据负载情况查表求得对应的 i_d、i_q 进行控制。

③ 弱磁控制。永磁同步电动机的弱磁控制思想来自他励直流电动机调磁控制。当他励直流电动机的电枢端电压达到最大值时,为使电动机在更高转速下运行,通常采取减小电动机励磁电流的方法平衡电压。在永磁同步电动机的电压达到逆变器所能输出的电压极限后,要想继续提高转速,也要采取弱磁增速方法。

永磁同步电动机的励磁磁动势由永磁体产生,无法像他励直流电动机一样通过调节励磁电流实现弱磁。传统方法是调节定子电流 i_d 和 i_q,增大定子直轴去磁电流分量,实现弱磁升速。为保证电动机电枢电流幅值不超过极限值,转矩电流分量 i_q 应随之减小,因此这种弱磁控制过程本质上是在保持电动机端电压不变的情况下减小输出转矩的过程。永磁同步电动机直轴电枢反应比较微弱,只有具备较大的去磁电流才能起到去磁增速的作用。当电动机在额定电流下工作时,去磁电流增大有限,因此得到的弱磁增速范围也是有限的。

图 4.19 所示为某电动汽车用永磁同步电动机矢量控制系统框图。从图中可知,分别比较控制永磁同步电动机的实际电流值 i_d、i_q 与给定电流值 i_d^*、i_q^*,实现转速和转矩控制;并且 i_d 和 i_q 独立控制,便于实现各种先进的控制策略。

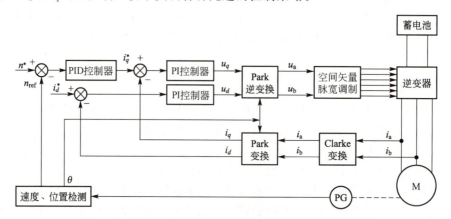

图 4.19 某电动汽车用永磁同步电动机矢量控制系统框图

根据具体应用要求的不同，永磁同步电动机可以采用的控制方法有 $i_d=0$ 控制、$\cos\varphi=1$ 控制、恒磁链控制、最大转矩/电流比控制、弱磁控制、最大输出功率控制等。当电动汽车正常行驶，电动机在基速以下运行时，在给定定子电流的情况下，$i_d=0$ 控制的电磁转矩 $T_e=p_n\Psi_f i_q$，只要控制 i_q 的值就能控制转速和转矩，实现矢量控制；当电动机在基速以上运行时，由于永磁体的励磁磁链为常数，因此电动机感应电动势随着电动机转速成正比增大，电动机感应电压随之增大，但是电动机相电压和相电流的有效值的极限值受到与电动机端相连的逆变器的直流侧电压和逆变器最大输出电流的限制，必须进行弱磁升速，通过控制 i_d 来控制磁链，通过控制 i_q 来控制转速，从而实现矢量控制。在实际控制中，i_d、i_q 不能直接检测，必须通过实时检测到的三相电流和电动机转子位置经坐标变换得到。

(3) 缺点。

矢量控制存在如下缺点。

① 转子磁链的准确观测有一定的难度，转子磁链的计算对电动机的参数有较强的依赖性，对参数变化较敏感。为了克服该问题，出现了多种参数辨识方法，但这些方法进一步增强了系统的复杂性。

② 由于需要进行解耦运算，因此采用矢量旋转变换，系统计算比较复杂。

但是，永磁同步电动机矢量控制系统能实现高精度、高动态响应性能和大范围的调速或伺服控制。随着工业领域对高性能伺服系统需求的不断增加，尤其是数控、机器人等方面技术的发展，永磁同步电动机矢量控制系统作为一种比较成熟的控制策略，将具有广阔的应用前景。

3. 直接转矩控制

永磁同步电动机直接转矩控制系统由永磁同步电动机、逆变器、转矩和磁链计算、扇区判断模块、速度传感器、开关表及调节器模块组成。其工作原理如图 4.20 所示，通过检测逆变器输出的三相相电流及逆变器直流侧电压，利用坐标变换和系统控制规律计算出电动机的定子磁链；根据计算出的磁链和实测出的电流计算电动机的瞬时转矩；根据 α、β 轴定子磁链判别其位置所在的扇区 θ；速度控制器根据转速参考值和实际转速的偏差确定转矩参考值，并与反馈转矩进行比较，得到的偏差经滞环比较器产生转矩的控制信号 τ，

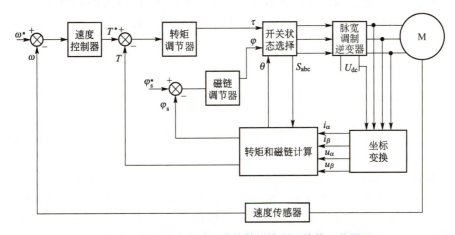

图 4.20　永磁同步电动机直接转矩控制系统的工作原理

电动机的转速可通过光电编码器获得，也可通过定子磁链的旋转速度估计得到，实现无速度传感器运行；定子磁链参考值与实际值进行比较，得到的偏差经滞环比较器产生磁链的控制信号 φ；三个控制信号 τ、φ、θ 经过开关表选取电压矢量，确定适当的开关状态，控制逆变器，进而驱动永磁同步电动机。

4. 智能控制

为了提高永磁同步电动机的控制性能和控制精度，采用模糊控制、神经网络控制等智能控制方法控制永磁同步电动机。

采用智能控制方法的永磁同步电动机控制系统，在多环控制结构中，智能控制器处于最外环，充当速度控制器，而内环电流控制、转矩控制仍采用 PI 控制、直接转矩控制等方法，主要是因为外环是决定系统的根本因素。内环的主要作用是改造对象特性以利于外环的控制，各种扰动给内环带来的误差可以由外环控制或抑制。

在永磁同步电动机系统中应用智能控制时，不能完全摒弃传统的控制方法，只有将两者很好地结合起来，才能彼此取长补短，使系统达到最佳性能。

4.6　开关磁阻电动机

开关磁阻电动机是继直流电动机和交流电动机之后的一种极具发展潜力的电动机。

4.6.1　开关磁阻电动机的结构与特点

1. 开关磁阻电动机的结构

开关磁阻电动机由双凸极的定子和转子组成，其定子、转子的凸极均由普通硅钢片冲制、叠压而成。定子极上绕有集中绕组，把沿径向相对的两个绕组串联成一个两级磁极，称为"一相"；转子既无绕组又无永磁体，仅由硅钢片冲制、叠压而成。

开关磁阻电动机有多种相数结构，如单相、三相、四相等，并且定子和转子的极数有多种搭配。低于三相的开关磁阻电动机一般没有自起动能力。相数多有利于减小转矩脉动，但结构复杂、主开关器件多、成本高。目前应用较多的是四相 8/6 极结构和三相 6/4 极结构。下面介绍的开关磁阻电动机的结构为四相 8/6 极结构。

2. 开关磁阻电动机的特点

（1）优点。

开关磁阻电动机与其他电动机相比，具有以下优点。

① 可控参数多，调速性能好。可控参数有主开关开通角、主开关关断角、相电流幅值、直流电源电压；控制方便，可四象限运行，容易实现正转、反转，以及电动、制动等特定的调节控制。

② 结构简单，成本低。开关磁阻电动机的转子无绕组，也不加永久磁铁，定子为集中绕组，结构比传统的直流电动机、永磁电动机及感应电动机都简单，制造和维护方便；功率变换器比较简单，主开关元件较少，电子器件少，成本低。

③ 损耗小，运转效率高。开关磁阻电动机的转子不存在励磁及转差损耗，功率变换

器的元器件少,相应的损耗也小;控制灵活,易在很宽的转速范围内实现高效节能控制。

④ 起动转矩大,起动电流小。在15%额定电流的情况下,能达到100%的起动转矩。

(2)缺点。

开关磁阻电动机存在以下缺点。

① 存在转矩脉动现象。

② 振动和噪声较大,特别是在负载运行时。

③ 电动机的出线端较多,还有位置检测器出线端。

④ 电动机的数学模型比较复杂,较难建立准确的数学模型。

⑤ 控制复杂,依赖电动机的结构。

4.6.2 开关磁阻电动机的工作原理与运行特性

1. 开关磁阻电动机的工作原理

开关磁阻电动机的工作原理如图4.21所示,S_1、S_2是电子开关,VD_1、VD_2是二极管,U是直流电源。

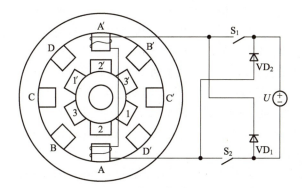

图 4.21 开关磁阻电动机的工作原理

电动机的定子和转子呈凸极形状,极数不相等。转子由叠片构成,带有位置检测器,以提供转子位置信号,使定子绕组按一定顺序通断,电动机连续运行。

开关磁阻电动机的磁阻随着转子磁极与定子磁极的中心线对准或错开变化。因为电感与磁阻成反比,所以当转子磁极在定子磁极中心线位置时,相绕组的电感最大;当转子磁极中心线对准定子磁极中心线时,相绕组的电感最小。

因为开关磁阻电动机的运行遵循"磁阻最小原理",即磁通总要沿着磁阻最小的路径闭合,所以具有一定形状的铁芯移动到最小磁阻位置时,必须使自己的主轴线与磁场的轴线重合。从图4.21中可看出,当定子D—D′极励磁时,产生的磁力力图使转子旋转到转子极轴线1—1′与定子极轴线D—D′重合的位置,并使D相励磁绕组的电感最大。若以图中定子、转子所处的相对位置为起始位置,则依次给D—A—B—C相绕组通电,转子会逆着励磁顺序以逆时针方向连续旋转;反之,若依次给B—A—D—C相绕组通电,则转子会沿着顺时针方向旋转。可见,开关磁阻电动机的转向与相绕组的电流方向无关,而与相绕组的通电顺序有关。

2. 开关磁阻电动机的运行特性

开关磁阻电动机的运行特性可分为三个区域：恒转矩区、恒功率区和串励特性区（自然特性区），如图 4.22 所示。

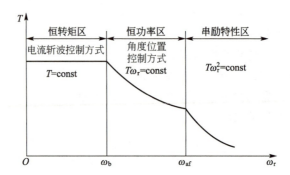

T—电动机转矩；ω_r—电动机角速度；$T\omega_r$—电动机功率；
ω_b—第一临界角速度；ω_{af}—第二临界角速度

图 4.22 开关磁阻电动机的运行特性

开关磁阻电动机一般运行在恒转矩区和恒功率区，在这两个区电动机的实际运行特性可控。通过控制条件，可以实现在实线以下的任意实际运行特性。

在恒转矩区，电动机转速较低，反电动势小，需采用电流斩波控制方式。

在恒功率区，旋转电动势较大，开关器件导通的时间较短，电流较小。在外加电压和开关角一定的条件下，随着角速度的增大，转矩急剧下降，此时可采用角度位置控制方式，通过按比例地增大导通角来补偿，降低转矩的下降速度。

在串励特性区，电动机的可控条件已达极限，运行特性不再可控，电动机呈现自然串励运行特性，一般不在此区运行。

电动机运行时存在第一临界运行点和第二临界运行点，采用不同的可控条件匹配，可得到两个临界运行点的不同配置，从而得到所需的机械特性。

临界运行点对应的转速称为临界转速，是运行和设计开关磁阻电动机时考虑的重要参数。第一临界转速是开关磁阻电动机开始运行于恒功率特性的临界转速，定义为开关磁阻电动机的额定转速，对应的功率为额定功率；第二临界转速是能得到额定功率的最高转速，是恒功率特性的上限，可控条件达到极限，当转速再增大时，输出功率下降。

4.6.3 开关磁阻电动机的控制

开关磁阻电动机不同于常规的感应电动机，其自身结构具有特殊性，既可以通过控制电动机自身的参数（如开通角、关断角）实现，又可以用适用于其他电动机的控制理论（如 PID 控制、模糊控制等）对功率变换器部分进行控制，进而实现电动机的速度调节。

对开关磁阻电动机的自身参数进行控制一般使用角度位置控制、电流斩波控制和电压控制三种方式。

1. 角度位置控制

角度位置控制是指在绕组上的电压一定的情况下，通过改变绕组上主开关的开通角 θ_{on} 和关断角 θ_{off} 来改变绕组的通、断电时刻，调节相电流的波形，实现转速闭环控制。

根据电动势平衡方程式可知，当电动机转速较高时，旋转电动势较大，电流上升率下降，各相主开关器件的导通时间较短，电动机绕组的相电流不易上升，电流较小，便于使用角度位置控制方式。

由于开通角和关断角都可调节，因此角度位置控制可分为改变开通角、改变关断角及同时改变开通角和关断角三种方式。改变开通角可改变电流波形的宽度、峰值和有效值，还可改变电流波形与电感波形的相对位置，从而改变电动机的转矩和转速。改变关断角一般不影响电流的峰值，但可改变电流波形的宽度及与电感曲线的相对位置，进而改变电流的有效值。因此一般采用改变开通角的控制方式。

根据开关磁阻电动机的转矩特性分析可知，当电流波形主要位于电感的上升区时，产生的平均电磁转矩为正，电动机处于电动状态；当电流波形主要位于电感的下降区时，产生的平均电磁转矩为负，电动机处于制动状态。对开通角及关断角进行控制，可以使电流的波形处在绕组电感波形的不同位置，因此可以用控制开通角及关断角的方式使电动机运行在不同的状态。

角度位置控制的优点如下：转矩调节的范围宽；可同时多相通电，以增大电动机的输出转矩，减小转矩波动；优化角度能实现效率最优控制或转矩最优控制。

根据上面的分析可知，角度位置控制不适用于低速场合，因为低速时，旋转电动势较小，电流峰值增大，必须采取相应措施进行限流。

2. 电流斩波控制

根据电动势平衡方程式可知，电动机低速运行（特别是起动）时，旋转电动势引起的电压降很小，相电流上升快，为避免过大的电流脉冲损坏功率开关器件及电动机，需要对电流峰值进行限定，因此可采用电流的斩波控制获取恒转矩的机械特性。电流斩波控制一般不会对开通角及关断角进行控制，而直接在每相的特定导通位置对电流进行斩波控制。

电流斩波控制常用两种控制方案：方案一，对电流的上、下限进行限制的控制；方案二，限制电流上限值和恒定关断时间的控制。

方案一中，主开关器件在 $\theta=\theta_{on}$ 时导通，绕组电流从零开始上升，当电流增大至斩波电流的上限值时，切断绕组电流，绕组承受反压，电流迅速下降；当电流降至斩波电流的下限值时，绕组再次导通，重复上述过程，形成斩波电流，直至 $\theta=\theta_{off}$ 时实现相关断。方案二与方案一的区别在于，当绕组电流达到最大限定值后，将主开关关断一段时间后开通，可见电流下降的幅度主要取决于电感量、电感变化率、转速等，因此方案二的关键在于合理地选取关断时间。

电流斩波控制的优点在于适用于电动机的低速调速系统，可以控制电流峰值增大，并具有很好的电流调节作用。因为每相电流波形呈现出较宽的平顶状，所以产生的转矩比较平稳，转矩的波动比其他控制方式的小。

然而，由于电流的峰值受到限制，当电动机转速在负载的扰动作用下发生变化时，电流的峰值无法作出相应的改变，使得系统的特性比较软，因此系统在负载扰动作用下的动态响应很缓慢。

3. 电压控制

电压控制是在保持开通角及关断角不变的前提下，使功率开关器件工作在脉冲宽度调制方式。通过调节 PWM 波的占空比，调整加在绕组两端电压的平均值，进而改变绕组电流,实现对转速的调节。增大调制脉冲的频率,就会使电流的波形比较平滑,电动机驱动力增大,噪声减小,但对功率开关器件工作频率的要求增加。

按照续流方式的不同,电压控制分为单管斩波和双管斩波。单管斩波方式中,连接在每相绕组中的上、下桥臂的两个开关管,只有一个处于斩波状态,另一个一直导通。双管斩波方式中,两个开关管同时导通和关断,对电压进行斩波控制。考虑到系统效率等因素,实际应用中一般采用单管斩波方式。

电压控制的优点在于,通过调节绕组电压的平均值调节电流,适用于低速系统和高速系统,并且控制简单。

在实际的开关磁阻电动机驱动系统运用中,也可以采用多种控制方式组合的方法,如高速角度控制和低速电流斩波控制组合、变角度电压斩波控制和定角度电压斩波控制组合等。这些组合方式各有优缺点,只有针对不同的应用场合和不同的性能要求,合理地选择控制方式,才能使电动机运行于最佳状态。

根据系统性能要求的不同,控制电路的结构形式有很大差异,但一般应包含以下功能。

(1)用于接收外部指令信号(如起动信号、转速信号、转向信号)的操作电路。

(2)用于将给定量与控制量进行比较,并按规定算法计算出控制参数的调节量的调节器电路。

(3)用于决定控制电路的工作逻辑(如正反转相序逻辑、高低速控制方式的工作逻辑)电路。

(4)用于检测系统中的有关物理量(如转速、角位移、电流和电压)的传感器电路。

(5)用于当系统中某些物理量超过允许值时采取相应保护措施(如过电压保护和过电流保护)的保护电路。

(6)用于控制被控量信号的输出电路,如控制功率开关器件的导通与关断。

(7)用于指示系统的工作状况和参数状态(如指示电动机转速、指示故障保护情况)的显示电路。

4.7 轮毂电动机

轮毂电动机
电动汽车

轮毂电动机技术又称车轮内装式电动机技术,是一种将电动机、传动系统和制动系统融为一体的轮毂装置技术,是现阶段先进电动汽车技术研究的热点。

从各种驱动技术的特点和发展趋势来看,采用轮毂电动机技术是电动汽车的最终驱动形式。随着电池技术、动力控制系统和整车能源管理系统等相关技术研发的不断深入,电动机性能不断提高,轮毂电动机技术将在电动汽车上取得更大成功。

4.7.1 轮毂电动机的结构

轮毂电动机的驱动系统通常由电动机、减速机构、制动器与散热系统等组成。轮毂电动机驱动系统根据电动机转子形式的不同主要分为外转子型和内转子型两种,如图4.23所示。

通常，外转子型轮毂电动机采用低速外转子电动机，最高转速为1000～1500r/min，无任何减速装置，电动机的外转子与车轮的轮辋固定或者集成在一起，车轮的转速与电动机的转速相等。内转子型轮毂电动机采用高速内转子电动机，同时装备传动比固定的减速器。为了获得较高的功率密度，电动机的转速通常为10000r/min。减速结构通常采用传动比为10:1的行星齿轮减速装置，车轮的转速约为1000r/min。

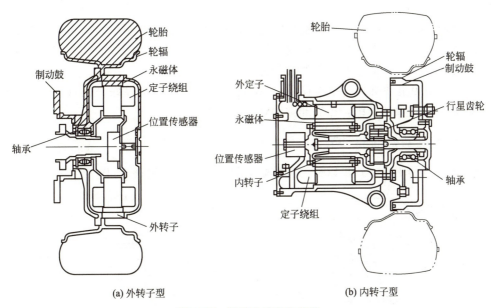

(a) 外转子型　　　　(b) 内转子型

图 4.23　轮毂电动机的结构

低速外转子型轮毂电动机的优点是结构简单、轴向尺寸小、比功率高，能在很宽的速度范围内控制转矩，而且响应速度快，外转子直接与车轮连接，没有减速机构，效率高；缺点是只有增大发动机的体积和质量才能获得较大转矩，因而成本高，加速时效率低，噪声大。高速内转子型轮毂电动机的优点是具有较高的比功率，质量轻，体积小，效率高，噪声小，成本低；缺点是必须采用减速装置，效率降低，非簧载质量增大，电动机的最高转速受线圈损耗、摩擦损耗及变速机构的承受能力等因素的限制。这两种电动机在电动汽车中都有应用，但是随着紧凑的行星齿轮变速机构的出现，高速内转子型轮毂电动机在功率密度方面比低速外转子型轮毂电动机具备竞争力。

对于轮毂电动机系统，由于电动机电制动容量较小，不能满足整车制动效能的要求，因此通常需要附加机械制动系统。轮毂电动机系统中的制动器可以根据结构的不同采用鼓式制动器或者盘式制动器。由于电动机存在电制动容量，因此可以使制动器的设计容量适当减小。轮毂电动机系统大多采用风冷方式进行冷却，也可采用水冷和油冷方式对电动机、制动器等发热部件进行散热降温，但结构比较复杂。

4.7.2　轮毂电动机的应用类型

轮毂电动机系统的驱动电动机按照磁场类型的不同，分为轴向磁通电动机和径向磁通电动机两种。轴向磁通电动机的结构更利于散发热量，并且定子不需要铁芯；径向磁通电动机的定子与转子之间受力比较均衡，磁路由硅钢片冲制、叠压而成，技术更简单、更成熟。

轮毂电动机系统的电动机主要分为无刷永磁(同步)电动机、感应(异步)电动机、开关磁阻电动机三种。

(1) 无刷永磁(同步)电动机可采用圆柱形径向磁场结构或盘式轴向磁场结构,具有较高的功率密度和效率,以及较宽的调速范围,已应用于多种电动汽车,发展前景十分乐观。

(2) 感应(异步)电动机的优点是结构简单、坚固耐用、成本低、运行可靠,转矩脉动小、噪声小,不需要位置传感器,转速极限高;缺点是驱动电路复杂、成本高,与无刷永磁(同步)电动机相比,效率和功率密度偏低。

(3) 开关磁阻电动机具有结构简单、成本低、转速/转矩特性好等优点,适用于电动汽车驱动;缺点是设计精细、控制非常困难,噪声大。

4.7.3 轮毂电动机的驱动方式

轮毂电动机的驱动方式可以分为直接驱动(图 4.24)和减速驱动(图 4.25)两种。

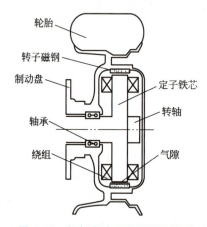

图 4.24 轮毂电动机直接驱动方式

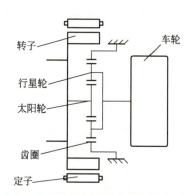

图 4.25 轮毂电动机减速驱动方式

轮毂电动机直接驱动方式采用低速外转子型轮毂电动机,其与车轮组成一个完整部件总成,电动机布置在车轮内部,直接驱动车轮带动汽车行驶。其主要优点是电动机体积小、质量轻、成本低、系统传动效率高、结构紧凑,既有利于整车结构布置和车身设计,又便于改型设计。这种驱动方式直接将外转子安装在车轮的轮辋上驱动车轮转动。由于电动汽车起步时需要较大转矩,因此安装在直接驱动车轮中的电动机必须能在低速时提供大转矩;承载大转矩时需要大电流,易损坏电池和永磁体;电动机效率峰值区很小,负载电流超过一定值后效率急剧下降。为了使汽车具有较好的动力性,电动机还必须具有很宽的转矩调节范围和转速调节范围。由于电动机工作产生一定的冲击和振动,因此车轮轮辋和车轮支撑必须坚固、可靠;同时,由于非簧载质量大,要保证汽车的舒适性,就要对悬架系统进行优化设计。这种驱动方式适用于平坦路面或负载小的场合。

轮毂电动机减速驱动方式采用高速内转子型轮毂电动机,可获得较高的功率,适合现代高性能电动汽车的运行要求。减速机构布置在电动机与车轮之间,起减速和增矩作用,保证电动汽车低速时获得足够大的转矩。电动机输出轴通过减速机构与车轮驱动轴连接,使电动机轴承不直接承受车轮与路面的载荷作用,改善了轴承的工作条件;采用固定速比行星齿轮减速器,使系统具有较大的调速范围和输出转矩,消除了车轮尺寸对电动机输出转矩和功率的影响。但轮毂电动机内齿轮的工作噪声较大,并且润滑方面存在很多问题,非簧载质量比轮毂直接驱动式的大,对电动机及系统内部的结构方案设计要求高。

4.7.4 轮毂电动机驱动系统的特点

轮毂电动机驱动系统作为一种新兴的电动机驱动形式,布置非常灵活,可以根据汽车驱动方式分别布置在电动汽车的两个前轮、两个后轮或四个车轮的轮毂中。与其他驱动形式的电动汽车相比,轮毂电动机驱动系统在动力源配置、底盘结构等方面具有独特的技术特征和优势,具体体现在以下几个方面。

(1)动力控制由硬连接改为软连接。通过电子线控技术,实现各电动轮从零到最大速度的无级变速和各电动轮间的差速要求,从而省略了传统汽车所需的机械式操纵变速装置、离合器、变速器、传动轴和机械差速器等,使驱动系统和整车结构简洁,有效利用空间大,传动效率提高。

(2)各电动轮的驱动力独立可控,动力学控制更灵活、更方便;能合理控制各电动轮的驱动力,从而提高恶劣路面下的行驶性能。

(3)容易实现各电动轮的电气制动、机电复合制动和制动能量回馈,还能对整车能源进行高效利用,实施最佳控制和最佳管理,节约能源。

(4)底架结构大大简化,使整车总布置和车身造型设计的自由度增大,若能将底架承载功能与车身功能分离,则可实现相同底盘不同车身造型的产品多样化和系列化,从而缩短新车型的开发周期,降低开发成本。

(5)在采用轮毂电动机驱动系统的四轮电动汽车上使用线控四轮转向技术,实现汽车转向行驶高性能,可有效减小转向半径,甚至实现零转向半径,大大增强了转向灵便性。

4.7.5 轮毂电动机驱动系统的技术挑战

轮毂电动机系统的技术挑战主要包括以下方面。

(1)轮毂电动机驱动系统集驱动、制动、承载等多种功能于一体,优化设计难度大。

(2)车轮内部空间有限,对电动机功率密度要求高,设计难度大。

(3)电动机与车轮集成导致非簧载质量较大,使悬架隔振性能下降,影响不平路面下的汽车操控性和安全性。同时,轮毂电动机将承受很大的路面冲击载荷,电动机抗振要求苛刻。

(4)在大负荷低速爬长坡工况下,汽车容易出现由冷却不足导致的轮毂电动机过热烧毁问题,需要重视电动机的散热和强制冷却问题。

(5)车轮容易积存水和污物等,导致电动机被腐蚀,使用寿命和可靠性受到影响。

(6)轮毂电动机运行转矩的波动可能会引起汽车轮胎、悬架、转向系统的振动和噪声,以及其他整车声振问题。

4.8 电动机控制器

电动机控制器是控制动力电源与电动机之间能量传输的装置,由控制信号接口电路、电动机控制电路和驱动电路组成。

1. 电动机控制器的组成与工作原理

电动机控制器由逆变器和控制器两部分组成,如图 4.26 所示。逆变器接收电池输出的直流电,逆变为三相交流电并为电动汽车驱动电动机提供电源;控制器接收电动机转速等信号并反馈到仪表,当发生制动或者加速行为时,控制器控制变频器频率的增大或减小,达到加速或者减速的目的。

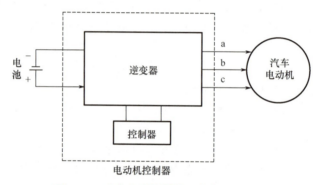

图 4.26 电动机控制器的组成与工作原理

2. 电动机控制方式

电动机控制方式主要有电压控制、电流控制、频率控制、弱磁控制、矢量控制、直接转矩控制。

(1) 电压控制。电压控制是指通过改变电动机端电压实现转速控制的控制方式。

(2) 电流控制。电流控制是指通过改变电动机绕组电流实现转速控制的控制方式。

(3) 频率控制。频率控制是指通过改变电动机的电源频率实现转速控制的控制方式。

(4) 弱磁控制。弱磁控制是指通过减弱气隙磁场控制电动机转速的控制方式。

(5) 矢量控制。矢量控制是指将交流电动机的定子电流作为矢量,经坐标变换分解为与直流电动机的励磁电流和电枢电流相对应的独立控制电流分量,以实现电动机转速/转矩控制的方式。

(6) 直接转矩控制。直接转矩控制是指采用空间矢量的分析方法,在定子坐标系下计算并控制交流电动机的转矩,采用定子磁场定向,借助离散的两点式调节产生脉宽调制信号,对逆变器的开关状态进行控制,以获得转矩的高动态性能的控制方式。

随着电动汽车和控制技术的发展,现代控制和智能控制在电动机控制中的应用已成为趋势。

3. 电动机控制器容量等级

电动机控制器必须与电动机匹配。电动机控制器容量等级有 5kV·A、10kV·A、15kV·A、35kV·A、50kV·A、60kV·A、100kV·A、150kV·A、200kV·A、270kV·A、300kV·A、360kV·A、420kV·A 等。

电动机额定功率与电动机控制器输出容量的匹配关系见表 4-2。

表 4-2 电动机额定功率与电动机控制器输出容量的匹配关系

电动机额定功率/kW	电动机控制器输出容量/(kV·A)	电动机额定功率/kW	电动机控制器输出容量/(kV·A)	电动机额定功率/kW	电动机控制器输出容量/(kV·A)
1	5	18.5	50	90	150
2.2	5	22	50	110	200
3.7	10	30	60	132	200
5.5	15	37	60	150	270
7.5	15	45	100	160	330
11	35	55	100	185	360
16	35	75	150	200	420

4. 电动机控制器实例

图 4.27 所示为 65kW 永磁同步电动机控制器，其输入电压为 250~450V DC，输入额定电压为 384V DC；输出额定电流为 200A，峰值电流为 450A；输出额定功率为 65kW，峰值功率为 120kW；输出频率为 0~600Hz；控制器效率不小于 95%；控制电源为 12V DC 或 24V DC；防护安全级别为 IP67；冷却方式为水冷；外形尺寸为 497mm×300mm×138mm；质量为 13kg。

图 4.27 65kW 永磁同步电动机控制器

65kW 永磁同步电动机控制器是一款系统集成度高、控制功能多样化、输出特性良好的产品，具有以下性能。

（1）控制功能。根据整车控制需求，电动机控制器接收整车控制器输出的转矩或转速信号，对驱动电动机进行转矩或转速控制，在基频以下，输出转矩最大可以达到电动机额定转矩的3倍。

（2）回馈制动功能。电动机控制器具备回馈制动管理能力，根据整车控制器发出的回馈请求进行制动操作，同时将能量回馈给动力蓄电池。

（3）控制器保护功能。电动机控制器具有短路、过流、直流过压、直流欠压、过热、电动机超速等保护功能，过载能力较强，免维护，使用寿命长。

（4）正反转功能。电动机控制器具备正、反转功能，正、反转安全转换控制功能，反转限速功能。

（5）故障自诊断及保护功能。电动机控制器及驱动电动机出现异常时，能诊断故障等级，根据故障等级采取不同的处理方式，防止故障扩大，且能够实时记录故障，存储故障代码，便于事后进行故障定位。

（6）电磁兼容。电动机控制器可以根据整车电器件布置采取有效措施，保证器件电磁兼容性能。

（7）通信功能。电动机控制器可以使用CAN总线进行程序下载、参数配置及与整车控制器通信。

（8）零速锁定。电动机控制器具备零速锁定控制、电动机零速锁定与转矩控制的平滑切换，具备良好的坡起性能。

4.9 电驱动系统

电驱动系统是指将电动机、电动机控制器和减速器等集成一体的系统，如图4.28所示。电驱动系统已成为纯电动汽车和混合动力电动汽车电驱动系统的主流。

图4.28 电驱动系统

1. 博世（BOSCH）公司的电驱动系统

博世公司的电驱动系统的产品系列按照设计可实现输出功率50～300kW、转矩1000～6000N·m的变形产品，以满足纯电动汽车和混合动力电动汽车对电驱动系统的不同需求；适用于小型乘用车、越野车、轻型商用车。

图 4.29 所示为博世公司的电驱动系统,由永磁同步电动机、电动机控制器和二级减速器组成。其输出功率为 150kW,减速器峰值转矩为 3800N·m,质量为 90kg,功率密度为 1.67kW/kg,适用于质量小于 7.5t 的车型。

图 4.29 博世公司的电驱动系统

电驱动系统将原来独立的电动机、电动机控制器和减速器集成到一个外壳中,成本更低、体积更小、效率更高,同时体积减小超过 20%。

博世公司的电驱动系统具有以下特点。

(1) 高度集成化。博世公司充分利用其完整的产品线进行高度整合,将电动机、电动机控制器和减速器集成一体,体积的大幅度减小更能支持新能源汽车紧凑的动力布局。

(2) 简化冷却管路和功率驱动线缆。高度集成可使电动机和电动机控制器的冷却管路整合,从而简化管线布置。模块内部集成大功率交流驱动母线进一步降低了线缆成本。

(3) 平台化设计灵活,适配不同车型。它可以用于多种车型,可以安装在纯电动汽车和混合动力电动汽车的前、后车轴上。

2. 吉凯恩(GKN)公司的电驱动系统

吉凯恩公司将电动机、电动机控制器和减速器置于一个封装空间,如图 4.30 所示。

吉凯恩公司的电驱动系统采用轻量化设计,传动部件的传动比为 12.5,可适应更高的电动机转速。该系统可提供 2000N·m 的转矩和 70kW 的功率,足以使汽车在纯电动模式下达到 125km/h 的最高速度。此外,在全轮驱动模式下,纯电动模式比传统机械系统的加速能力强很多。整套装置的质量只有 20.2kg,且体积较小,长度、宽度、高度分别为 457mm、229mm、259mm,便于在有限空间内安装。

吉凯恩公司的电驱动系统采用机电驱动离合器,当不需要纯电动或混合动力驱动时,可以通过一个集成的切断装置将电动机从传动系统中断开;还优化了齿轮和轴承布置,

图 4.30 吉凯恩公司的电驱动系统

实现了更高的效率、更好的耐久性。

图4.31所示为吉凯恩公司的双速电驱动系统，其可以两挡两级减速，一挡传动比为17，二挡传动比为9.5；电动机峰值功率为120kW，减速器峰值转矩为3500N·m，每个后轮的转矩为2000N·m。

图4.32所示为吉凯恩公司的双离合器电驱动系统，其电动机峰值功率为60kW，电动机峰值转矩为240N·m，最高转速为13000r/min，传动比为10。

吉凯恩公司的电驱动系统可安装在纯电动汽车和混合动力电动汽车上。

图4.31 吉凯恩公司的双速电驱动系统

图4.32 吉凯恩公司的双离合器电驱动系统

3. 采埃孚（ZF）公司的电驱动系统

采埃孚公司的电驱动系统如图4.33所示，电动机、电动机控制器及减速器集成一体，适合前驱或后驱。电动机采用感应异步电动机，峰值功率为90kW，减速器峰值转矩为1700N·m，最高转速为21000r/min。

4. 麦格纳（Magna）公司的电驱动系统

图4.34所示为麦格纳公司的高集成电驱动系统（低），主要用于纯电动汽车和混合动力电动汽车，其峰值功率为76kW，最高转速为13500r/min，减速器峰值转矩为1600N·m，逆变器参数分别为360V和350A。

图4.33 采埃孚公司的电驱动系统

图4.34 麦格纳公司的高集成电驱动系统（低）

图 4.35 所示为麦格纳公司的高集成电驱动系统(中)，主要用于纯电动汽车和混合动力电动汽车，其峰值功率为 140kW，最高转速为 18000r/min，减速器峰值转矩为 3800N·m，逆变器参数分别为 450V 和 500A。

图 4.36 所示为麦格纳公司的高集成电驱动系统(高)，主要用于纯电动汽车和混合动力电动汽车，其峰值功率为 253kW，最高转速为 16500r/min，减速器峰值转矩为 5300N·m，逆变器参数分别为 460V 和 960A。

图 4.35　麦格纳公司的高集成电驱动系统（中）　　图 4.36　麦格纳公司的高集成电驱动系统（高）

图 4.37 所示为麦格纳公司的 1eDT200 单挡减速器，减速器峰值转矩为 2500N·m，最大输入转矩为 200N·m，质量(不带油液)为 20kg，长度、宽度、高度分别为 230mm、455mm、318mm，输入轴和输出轴中心距为 157.5mm，减速比为 8.61 或 9.89，适用电动机功率为 15～90kW，适用电压为 48～400V。

图 4.38 所示为麦格纳公司的 2eDT200 两挡变速器，减速器峰值转矩为 2500N·m，最大输入转矩为 200N·m，质量(不带油液)为 26kg，长度、宽度、高度分别为 245mm、462mm、300mm，输入轴和输出轴中心距为 188mm，减速比分别为 12.06 和 8.61，适用电动机功率为 55～90kW，适用电压为 300～400V。

图 4.37　麦格纳公司的 1eDT200 单挡减速器　　图 4.38　麦格纳公司的 2eDT200 两挡变速器

电驱动系统是行业公认的发展方向，其优点是不仅可以共享外壳耦合及冷却系统，而且可以共享电路及功率开关器件，能有效减小电驱动系统的体积和质量。由于体积减小，高集成化电驱动系统的应用范围会大幅度扩大，可以轻松地部署到更多车型上，实现更大规模的批量生产,降低零件的采购成本和制造成本。但并不是集成的部件越多越好,而是要看实际市场需求,而且各部件的技术成熟程度很关键。

图4.39所示为电动汽车前置前驱电驱动系统。

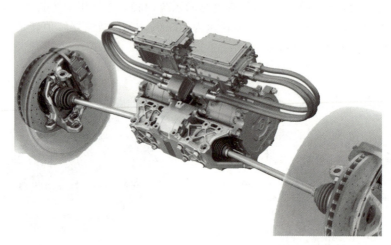

图4.39 电动汽车前置前驱电驱动系统

集成化电驱动系统具有以下发展趋势。

(1)电动机高速化。目前市场上电驱动系统的电动机最高转速一般为12000r/min,但是随着新技术、新材料的发展及应用,加上客户对驱动效率、加速体验的重视及追求,采用更高转速的驱动电动机成为集成电驱动系统发展的必然趋势。高转速电动机能够提高功率密度,同时减小体积、降低成本,对电动车动力性能来说优势尤为明显。现阶段有部分转速超过16000r/min的高速电动机,主要应用于中高端的纯电动汽车中。

(2)多挡变速器。目前全球主流集成化电驱系统多采用电动机匹配单挡减速器的架构,结构简单,成本较低,但在高转速情况下,效率和转矩急速衰减,电动汽车达到极速后没有提升的空间,因此,经济性不高。多挡化设计能够使电动机尽量工作在高效率的转速区间,同时兼顾动力性能和经济性,特别是在极速状态及低负荷条件下,挡位的切换能够确保驱动电动机多数情况处于高效率工作。随着技术的成熟和成本的降低,多挡变速器必然会成为更多集成化电驱动系统的选择。

(3)平台化设计。汽车产品平台化设计能够有效地降低研发成本,缩短上市周期。根据不同转矩、功率需求以及不同级别的车型,可以规划不同的系列化平台电驱动产品。平台化设计集成电驱动系统,可以降低各部件的采购成本,实现技术经验共享。纯电动汽车市场需要在短时间内产生规模效应,因此集成化电驱动系统向平台化设计发展是大势所趋。

高速化、多挡化、平台化的电驱动系统将是电动汽车产业重点研究的技术核心。

纯电驱动系统的发展目标如下:到2025年,纯电驱动系统的比功率达到2.0kW/kg,综合使用效率达到87%以上;到2030年,纯电驱动系统的比功率达到2.4kW/kg,综合使用效率达到88.5%以上;到2035年,纯电驱动系统的比功率达到3.0kW/kg,综合使用效率达到90%以上。

思考题

一、名词解释

1. 直流电动机
2. 感应异步电动机
3. 永磁同步电动机
4. 开关磁阻电动机
5. 电驱动系统

二、填空题

1. 电动汽车驱动电动机的类型主要有_____、_____、_____和_____。
2. 在电动乘用车领域,驱动电动机主要采用_____与_____。
3. 按照永磁体在转子上位置的不同,永磁同步电动机可分为_____和_____两大类。
4. 驱动电动机的运行特性要满足电动汽车的要求,在恒转矩区,要求低速运行时具有_____,以满足电动汽车的要求;在恒功率区,要求低转矩时具有_____,以满足电动汽车在平坦路面下能够_____的要求。
5. 纯电驱动系统的发展目标如下:到2025年,纯电驱动系统的比功率达到_____,综合使用效率达到_____以上;到2030年,纯电驱动系统的比功率达到_____,综合使用效率达到_____以上;到2035年,纯电驱动系统的比功率达到_____,综合使用效率达到_____以上。

三、选择题

1. 国内纯电动汽车使用最多的驱动电动机是( )。
   A. 直流电动机   B. 感应异步电动机
   C. 永磁同步电动机   D. 开关磁阻电动机
2. 电动机的性能指标包括( )。
   A. 峰值功率   B. 峰值转矩   C. 额定转速   D. 额定容量
3. 电动汽车对驱动电动机的要求有( )。
   A. 低速大转矩   B. 能够实现能量回馈
   C. 高可靠性与安全性   D. 电动机电压高
4. 永磁同步电动机的常用控制有( )。
   A. 矢量控制   B. 直接转矩控制   C. 角度位置控制   D. 电压控制

四、判断题

1. 异步电动机主要由静止的定子和旋转的转子两大部分组成,转子与定子之间没有任何连接和接触。( )
2. 异步电动机的转子没有永磁体,只有通电才能产生磁场;断电后,磁场消失。( )
3. 永磁同步电动机绕组分为集中式绕组和分布式绕组,都适用于纯电动汽车的驱动电动机。( )
4. 驱动电动机、电动机控制器和变速器集成的电驱动系统正逐渐成为纯电动汽车的

主流配置。（ ）

5. 目前全球主流集成化电驱系统多采用电动机匹配单挡减速器的架构，结构简单，成本较低，但在高转速情况下，效率和转矩急速衰减，电动汽车达到极速后没有提升的空间，因此，经济性不高。随着技术的成熟和成本的降低，多挡变速器必然会成为更多集成化电驱动系统的选择。（ ）

五、问答题

1. 电动汽车对驱动电动机有哪些要求？
2. 异步电动机有什么特点？
3. 永磁同步电动机有什么特点？
4. 为什么国内纯电动汽车驱动电动机以永磁同步电动机为主？
5. 电驱动系统有哪些发展趋势？

第 5 章
电动汽车电池管理系统与制动能量回收系统

教学目标

通过本章的学习，要求读者掌握电池管理系统的基本知识、电池管理系统的参数检测、动力蓄电池的 SOC 估计与 SOH 估计方法，了解动力蓄电池的均衡控制及电动汽车再生制动能量回收系统。

教学要求

知识要点	能力要求	参考学时
电池管理系统的基本知识	掌握电池管理系统的组成、功能、工作模式；了解电池管理系统的基本要求和技术要求	2
电池管理系统的参数检测	掌握电池管理系统的电压检测、电流检测和温度检测的方法	
动力蓄电池的 SOC 估计与 SOH 估计	掌握动力蓄电池的 SOC 估计和 SOH 估计方法	
动力蓄电池的均衡控制	了解动力蓄电池的不一致，动力蓄电池均衡控制的目的、方法和策略	2
电动汽车再生制动能量回收系统	了解什么是电动汽车再生制动能量回收系统，掌握再生制动能量回收的方法和类型，理解电动汽车的再生制动能量回收系统的组成和作用等	

> **导入案例**
>
> 特斯拉 Model S 电动汽车使用 7000 多节 18650 三元锂电池。将 7000 多节单体电池组成电池组,可大幅提高单体电池之间的不一致性,导致单体电池温度、电荷、电压不平衡,个别单体电池过充电、过放电并产生静电反应,缩短电池组的使用寿命,降低安全性。特斯拉 Model S 电动汽车的每个电池模块(共 16 个)都有独立的电池管理系统,位于电池模块侧面,如图 5.1 所示。
>
>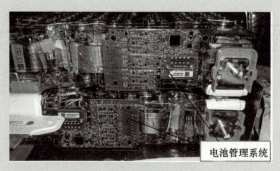
>
> 图 5.1 特斯拉 Model S 电动汽车的电池管理系统
>
> 电池管理系统究竟是一种什么技术?通过本章的学习,读者可以得到答案。

5.1 电池管理系统的基本知识

5.1.1 电池管理系统的定义

电池管理系统(Battery Management System,BMS)是指监视动力蓄电池的状态(电压、电流、温度、荷电状态等),为动力电池提供通信、安全、电芯均衡及管理控制,并提供与应用设备通信接口的系统。它是连接动力电池与整车控制器的重要纽带,其精准的控制和管理为动力电池的完美应用保驾护航。电池管理系统通过控制动力蓄电池的充、放电过程,实现对动力蓄电池的保护,提升动力蓄电池的综合性能。电池管理系统在电动汽车上的连接示意如图 5.2 所示。

电池管理系统和动力蓄电池组组成动力蓄电池包,与电池管理系统有通信关系的两个部件分别是整车控制器和充电机。电池管理系统向上通过 CAN(Controller Area Network,控制器局域网络)总线与电动汽车整车控制器通信,上报动力蓄电池包状态参数;接收整车控制器指令,配合整车需要,确定功率输出;向下监控整个动力蓄电池包的运行状态,使其不受过放电、过热等非正常运行状态的侵害;在充电过程中,与充电机交互,管理充电参数,监控充电过程。

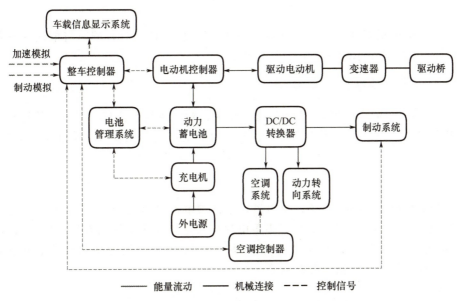

图 5.2　电池管理系统在电动汽车上的连接示意

5.1.2　电池管理系统的组成

电池管理系统主要由检测模块、均衡电源模块和控制模块三部分组成，如图 5.3 所示。

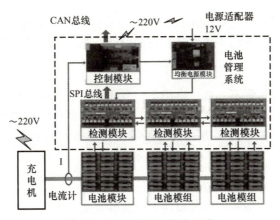

图 5.3　电池管理系统的组成

1. 检测模块

检测模块能够准确、实时地检测电池模组中单体蓄电池的电压、电流、温度等关键状态参数，并通过串行外设接口（Serial Peripheral Interface，SPI）总线上报给控制模块。

2. 均衡电源模块

均衡电源模块能够平衡单体蓄电池间的电压差异，解决蓄电池组的"短板效应"。

3. 控制模块

控制模块能够根据既定策略完成控制功能，实现 SOC 估计，同时将电池状态数据通过 CAN 总线发送给整车的其他电子控制单元。

5.1.3 电池管理系统的主要功能

电池管理系统的主要功能有蓄电池参数检测、蓄电池状态估计、蓄电池热管理、蓄电池均衡控制、充电控制、在线故障诊断、蓄电池安全控制与报警、网络通信、信息存储、电磁兼容等。

1. 蓄电池参数检测

蓄电池参数检测包括总电压，总电流，单体蓄电池电压检测（防止出现过充电、过放电甚至反极现象），温度检测（最好每串蓄电池、关键电缆接头等均有温度传感器），烟雾探测（检测电解液泄漏等），绝缘检测（检测漏电）等。其中，温度检测包括蓄电池温度检测、环境温度检测和电池箱温度检测等。

2. 蓄电池状态估计

蓄电池状态估计包括荷电状态（State of Charge，SOC）估计或放电深度（Depth of Discharge，DOD）估计、健康状态（State of Health，SOH）估计、功能状态（State of Function，SOF）估计、能量状态（State of Energy，SOE）估计、故障及安全状态（Safety of Status，SOS）估计等，其中较常见的是荷电状态估计和健康状态估计。

3. 蓄电池热管理

蓄电池热管理是指根据蓄电池组内的温度分布信息及充放电需求，决定主动加热/散热的强度，使得蓄电池尽可能工作在最合适的温度，充分发挥蓄电池的性能。

4. 蓄电池均衡控制

蓄电池不一致分为容量不一致、电阻不一致和电压不一致，其容量不一致性将使蓄电池组的容量小于组中最小单体蓄电池的容量。蓄电池均衡根据单体蓄电池的信息，采用主动或被动、耗散或非耗散等均衡方式，尽可能使蓄电池组的容量接近最小单体蓄电池的容量。

5. 充电控制

电池管理系统中有一个充电管理模块，它能够根据蓄电池的特性、温度及充电机的功率等级，控制充电机为蓄电池安全充电。

6. 在线故障诊断

在线故障诊断包括故障检测、故障类型判断、故障定位、故障信息输出等。故障检测是指通过采集的传感器信号，采用诊断算法诊断故障类型，并进行早期预警。蓄电池故障是指蓄电池组、高压电回路、热管理等子系统的传感器故障，执行器故障（如接触器、风扇、泵、加热器等），以及网络故障、控制器软硬件故障等。蓄电池组本身故障是指过压（过充电）、欠压（过放电）、过电流、超高温、内短路故障、接头松动、电解液泄漏、绝缘能力下降等。

7. 蓄电池安全控制与报警

蓄电池安全控制包括热系统控制和高压电安全控制。电池管理系统诊断到故障后,通过网络通知整车控制器,并要求整车控制器进行有效处理(超过一定阈值时,电池管理系统可以切断主回路电源),以防止高温、低温、过充电、过放电、过电流、漏电等对蓄电池和人身造成损害。

8. 网络通信

电池管理系统需要与整车控制器等网络节点通信;同时,电池管理系统拆卸不方便,需要在不拆壳的情况下进行在线标定、监控、自动代码生成和在线程序下载(程序更新且不拆卸产品)等,一般车载网络均采用CAN总线技术。

9. 信息存储

信息存储用于存储关键数据,如SOC、SOH、SOF、SOE、累积充放电安时数、故障码和一致性等。

10. 电磁兼容

由于电动汽车使用环境恶劣,因此电池管理系统应具有较好的抗电磁干扰能力,同时要求电池管理系统对外辐射小。

电池管理系统的具体组成和功能应取决于具体车型,实际上可能只具有上面提到的部分功能。

5.1.4　电池管理系统的工作模式

电池管理系统的主要工作模式有下电模式、待机模式、放电模式、充电模式和故障模式。

1. 下电模式

下电模式是指整个系统的低压部分与高压部分处于不工作状态的模式,属于省电模式。在下电模式下,电池管理系统控制的所有高压接触器均处于断开状态;低压控制电源处于不供电状态。

2. 待机模式

电池管理系统在待机模式下不处理任何数据,能耗极低,能快速启动,所有接触器均处于未吸合状态。电池管理系统可接收外界的点火锁、整车控制器、电动机控制器、充电插头开关等部件发出的硬线信号或受CAN报文控制的低压信号驱动各高压接触器,从而进入所需工作模式。

3. 放电模式

电池管理系统在待机模式下检测到放电唤醒信号后,接收并执行车辆控制器输出的动力蓄电池运行状态指令和接触器的动作指令,完成电池管理系统上电及预充电流程,进入放电模式。

4. 充电模式

当电池管理系统检测到充电唤醒信号时,进入充电模式。在充电模式下,主正继电器、主负继电器闭合,同时为保证低压控制,电源持续供电,DC/DC 转换器需处于工作状态。

5. 故障模式

电池管理系统在任何模式下检测到故障均进入故障模式,同时上报车辆控制器故障状态和相关故障代码。由于动力蓄电池的使用关系到用户的人身安全,因此系统总是对各种相应模式采取"安全第一"的原则。电池管理系统对故障的响应还需根据故障级别而定,当故障级别较低时,可采取报错或发出轻微报警信号的方式告知驾驶人;当故障级别较高甚至伴随危险时,可采取直接断开高压接触器的控制策略。

5.1.5　电池管理系统的基本要求

电动汽车对电池管理系统有以下基本要求。

(1) 电池管理系统应能检测或以其他方式获取蓄电池的相关数据,包括蓄电池系统总电压、单体蓄电池电压(或电芯组电压)、蓄电池组电压、蓄电池系统电流、蓄电池包内部温度等。

(2) 电池管理系统应具有故障诊断、故障信息记录及故障处理功能,如故障代码上报、实时警示和故障保护等。

(3) 电池管理系统应具有自检功能,初步筛查和识别电池管理系统的主要功能,对严重影响使用和安全的功能异常给出预警。

(4) 电池管理系统应具有与车辆的其他控制器进行信息交互的功能。

(5) 具有充电过程控制和管理功能的电池管理系统应能与车载充电机或者非车载充电机实时通信,与非车载充电机的通信协议应符合相关标准的要求。

(6) 具有绝缘电阻值检测功能的电池管理系统应实现对蓄电池系统绝缘电阻的监控。

(7) 具有充放电高压互锁监控功能的电池管理系统应实现对蓄电池系统充放电高压互锁的监控。

(8) 电池管理系统应具有防止蓄电池系统过充电、过放电、过电流、超高温的保护功能。

(9) 电池管理系统应具有 SOC 估计功能,宜具有 SOP 估计和均衡功能。

5.1.6　电池管理系统的技术要求

电池管理系统的技术要求包括状态参数检测精度、SOC 估计、电池故障诊断、绝缘性能、电气适应性能、环境适应性能和电磁兼容性能。

1. 状态参数检测精度

电池管理系统的状态参数检测精度包括总电压、总电流、单体(电芯组)电压、温度和绝缘电阻的检测精度。

(1) 总电压。总电压的检测精度应满足 ±1%FS(Full-Scale,满量程)。

(2) 总电流。锂离子动力蓄电池的总电流检测精度应满足 ±2%FS;镍氢动力蓄电池的总电流检测精度应满足 ±3%FS。

(3) 单体(电芯组)电压。锂离子动力蓄电池的单体(电芯组)电压检测精度应满足 ±0.5%FS,且最大误差的绝对值应不大于 10mV;镍氢动力蓄电池的单体(电芯组)电压或者模块电压检测精度应满足±1%FS。

（4）温度。对于锂离子动力蓄电池，在－20～65℃下的检测精度应满足±2℃，在－40～－20℃及65～125℃（或电池管理系统标定的最高测量温度）下的检测精度应满足±3℃；对于镍氢动力蓄电池，在－20～65℃下的检测精度应满足±3℃，在－40～－20℃及65～125℃（或电池管理系统标定的最高测量温度）下的检测精度应满足±5℃。

（5）绝缘电阻。具有绝缘电阻值检测功能的电池管理系统，电池总电压大于或等于400V，绝缘电阻检测相对误差应为－20%～＋20%；电池总电压小于400V，绝缘电阻检测相对误差应为－30%～＋30%。当绝缘电阻小于或等于50kΩ时，检测精度应满足±10kΩ。

2. SOC 估计

对于纯电动汽车和插电式混合动力电动汽车，电池管理系统 SOC 估计的累积误差应不大于5%；对于不可外接充电的混合动力电动汽车，锂离子动力蓄电池管理系统 SOC 估计的累积误差应不大于15%，镍氢动力蓄电池管理系统 SOC 估计的累积误差应不大于20%。

3. 电池故障诊断

蓄电池系统故障诊断的基本项目见表5-1。根据整车功能设计和蓄电池系统的具体需要，电池故障诊断内容可以不限于表5-1所列项目。电压、电流、温度的设定值由整车厂和制造商确定，并且不应超过电池制造商规定的最大工作限值；制造商可以自行规定故障项目的具体名称、故障等级划分及相关故障条件的设定值。

表5-1 蓄电池系统故障诊断的基本项目

序号	故障状态	电池管理系统的故障诊断项目
1	电池温度大于温度设定值1	电池温度高
2	单体（电芯组）电压大于电压设定值1	单体（电芯组）电压高
3	单体（电芯组）电压小于电压设定值2	单体（电芯组）电压低
4	单体（电芯组）一致性偏差大于设定条件	单体（电芯组）一致性偏差大
5	充电电流（功率）大于最大充电电流（功率）值	充电电流（功率）大
6	放电电流（功率）大于最大放电电流（功率）值	放电电流（功率）大

蓄电池系统可扩展的故障诊断项目见表5-2。根据整车功能设计和蓄电池系统的具体需要，电池故障诊断内容可以不限于表5-2所列项目。

表5-2 蓄电池系统可扩展的故障诊断项目

序号	故障状态	电池管理系统的故障诊断项目
1	绝缘电阻小于绝缘电阻设定值	绝缘薄弱
2	电池温度小于温度设定值2	电池温度低
3	SOC 值大于 SOC 设定值1	SOC 高

续表

序号	故障状态	电池管理系统的故障诊断项目
4	SOC 值小于 SOC 设定值 2	SOC 低
5	SOC 值发生不连续变化	SOC 跳变
6	总电压小于总电压设定值 1（与放电电流、温度等参数有关）	总电压低
7	总电压大于总电压设定值 2（与充电电流、温度等参数有关）	总电压高
8	外部通信异常	外部通信故障
9	内部通信异常	内部通信故障
10	蓄电池系统内部温度差大于温度差设定值	电池系统温差大
11	高压回路异常	高压互锁故障

4. 绝缘性能

绝缘性能包括绝缘电阻和耐电压。

（1）绝缘电阻。对电池管理系统进行绝缘电阻试验，电池管理系统不工作时与动力蓄电池相连的带电部件及其供电电源的端子之间的绝缘电阻值不小于 $10M\Omega$；电池管理系统工作时与动力蓄电池相连的带电部件及其供电电源的端子之间的绝缘电阻值应满足以下要求：在动力蓄电池最大工作电压下，直流电路绝缘电阻应不小于 $100\Omega/V$，交流电路应不小于 $500\Omega/V$。

（2）耐电压。对电池管理系统进行耐电压试验，漏电流限值由整车厂和制造商协商确定。在试验过程中，应无击穿或闪络等破坏性放电现象。

5. 电气适应性能

电气适应性能包括直流供电电压、过电压、叠加交流电压、供电电压缓降和缓升、供电电压瞬态变化、反向电压和短路保护。

（1）直流供电电压。电池管理系统按相关标准进行直流供电电压试验，功能状态应达到 A 级，即试验中和试验后，装置/系统的基本功能满足设计要求。

（2）过电压。电池管理系统按相关标准进行过电压试验，功能状态应达到 C 级，即试验中装置/系统的一个或多个功能不满足设计要求，但试验后基本功能能自动恢复。

（3）叠加交流电压。电池管理系统按相关标准进行叠加交流电压试验，标称电压为 12V，系统测试严酷等级为 2，24V 系统测试严酷等级为 3，功能状态应达到 A 级。

（4）供电电压缓降和缓升。电池管理系统按相关标准进行供电电压缓降和缓升试验，在供电电压范围内功能状态应达到 A 级；在供电电压范围外，功能状态至少应达到 C 级。

（5）供电电压瞬态变化。电池管理系统按相关标准进行供电电压瞬态变化试验，功能状态应达到 C 级。

（6）反向电压。电池管理系统按相关标准进行反向电压试验，功能状态应达到 C 级。

（7）短路保护。电池管理系统按相关标准进行短路保护试验，功能状态应达到 C 级。

6. 环境适应性能

环境适应性能包括正弦振动、随机振动、机械冲击、低温性能、高温性能、温度梯度、温度循环、耐盐雾和湿热循环。

（1）正弦振动。电池管理系统应能经受相关标准规定的正弦振动试验，试验后应能正常工作，且满足状态参数测量精度的要求，通过目检不应有零部件脱落。

（2）随机振动。电池管理系统应能经受相关标准规定的随机振动试验，试验后应能正常工作，且满足状态参数测量精度的要求，通过目检不应有零部件脱落。

（3）机械冲击。电池管理系统应能经受相关标准规定的机械冲击试验，试验后应能正常工作，且满足状态参数测量精度的要求，通过目检不应有零部件脱落。

（4）低温性能。电池管理系统按相关标准进行低温储存试验，功能状态应达到 C 级；电池管理系统按相关标准进行低温运行试验，功能状态应达到 A 级。

（5）高温性能。电池管理系统按相关标准进行高温储存试验，功能状态应达到 C 级；电池管理系统按相关标准进行高温运行试验，功能状态应达到 A 级。

（6）温度梯度。电池管理系统按相关标准进行温度梯度试验，以 5℃ 温度梯度从 20℃ 降到 −20℃，然后以 5℃ 温度梯度从 −20℃ 升到 65℃，在 −20～65℃ 的每个温度点，功能状态都应达到 A 级。

（7）温度循环。电池管理系统按相关标准进行规定变化率的温度循环试验，功能状态应达到 A 级。

（8）耐盐雾。电池管理系统按相关标准进行耐盐雾试验，不得有盐水进入壳体，功能状态应达到 A 级。

（9）湿热循环。电池管理系统按相关标准进行湿热循环试验，功能状态应达到 A 级。

7. 电磁兼容性能

电磁兼容性能包括传导骚扰、辐射骚扰、电源线瞬态传导抗扰度、信号线/控制线瞬态传导抗扰度、电快速瞬态脉冲群抗扰度、辐射抗扰度和静电放电。

（1）传导骚扰。电池管理系统按相关标准进行传导骚扰试验，如整车厂和制造商无特殊规定，则传导骚扰限值应符合 GB/T 18655—2018《车辆、船和内燃机 无线电骚扰特性 用于保护车载接收机的限值和测量方法》规定的等级 3 要求。

（2）辐射骚扰。电池管理系统按相关标准进行辐射骚扰试验，如整车厂和制造商无特殊规定，则传导骚扰限值应符合 GB/T 18655—2018《车辆、船和内燃机 无线电骚扰特性 用于保护车载接收机的限值和测量方法》规定的等级 3 要求。

（3）电源线瞬态传导抗扰度。电池管理系统按相关标准进行电源线瞬态传导抗扰度试验，如整车厂和制造商无特殊规定，则试验结果见表 5-3，B 级是指试验中装置/系统的基本功能能满足设计要求，但允许有一个或多个超出规定允差，试验后基本功能应自动恢复到规定限值；存储器功能应符合 A 级。

表 5-3 电池管理系统电源线瞬态传导抗扰度试验结果

试验脉冲	1	2a	2b	3a	3b	4
系统功能状态	C	B	C	A	A	B

(4) 信号线/控制线瞬态传导抗扰度。按相关标准进行信号线/控制线瞬态传导抗扰度试验,试验等级为Ⅲ级。

(5) 电快速瞬态脉冲群抗扰度。按相关标准进行电快速瞬态脉冲群抗扰度试验,试验等级为Ⅲ级,脉冲重复频率为5kHz。

(6) 辐射抗扰度。按相关标准进行辐射抗扰度试验,测试频率范围为400MHz～2GHz,测试场强等级为30V/m;按相关标准方法在电源线以及与外部连接的信号线进行大电流注入试验,测试频率范围为1MHz～400MHz,注入电流等级为60mA;按相关标准方法进行磁场抗扰度试验,测试频率范围为15Hz～150kHz,试验等级为Ⅲ级。

(7) 静电放电。按相关标准进行静电放电试验,放电电压等级见表5-4。

表5-4 放电电压等级

放电模式	直接接触放电	空气放电
放电电压(不通电)	±6kV	±15kV
放电电压(通电)	±7kV	±14kV

5.2 电池管理系统的参数检测

电池管理系统的参数检测主要包括电压检测、电流检测和温度检测。

5.2.1 电压检测

电压检测方式有单体蓄电池模拟/数字转换器(ADC)方式、共模检测方式、差模检测方式和专用芯片检测方法。

1. 单体蓄电池 ADC 方式

单体蓄电池 ADC 方式是指为每个单体蓄电池配置一个前端芯片,对单体蓄电池的电压进行 A/D 转换,并把转换后的数据信息通过总线发送给主芯片(BCU),如图 5.4 所示。这种方式存在两个缺点:一是为每个单体蓄电池配置专用电路板的成本过高;二是检测过于分散,难以保证数据的同步性。

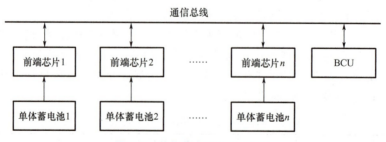

图 5.4 单体蓄电池 ADC 方式

2. 共模检测方式

共模检测方式是指相对同一个参考点，利用精密电阻分压衰减测量各点电压，然后依次相减得到各电池电压。随着串联电池的增加，共模电压成倍增大，因此这种方法常用于串联电池不多的场合。为保证分压后采样值均为 0~3V，需要为不同的分压回路选择不同的电阻值。基于精密电阻分压的共模检测方式如图 5.5 所示，图中有四个被检测的电池；R1~R8 为不同电阻值的电阻；AD1~AD4 为四个模拟/数字转换器；MCU 为主芯片。

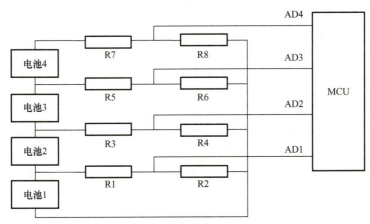

图 5.5　基于精密电阻分压的共模检测方式

共模检测方式实现起来成本较低，且同步性可控；但测量精度较低，而且由于分压回路电阻值不一致，因此每个电池电压检测精度都不一致。另外，分压回路在不同程度上不断消耗动力蓄电池的电量，将在一定程度上导致单体蓄电池的不均衡。

3. 差模检测方式

差模检测方式就是采用电子元件或电气元件消除电池两端的共模电压，完成对电池电压的采样。采用差模检测方式，当串联电池增加时，误差不会发生积累，测量精度比较高。常用差模检测方式是采样基于继电器及共享 A/D（数模转换）芯片的轮流检测方式，如图 5.6 所示。图中 B_1、B_2、B_{N-1}、B_N 为检测电池，每个电池配备两个继电器，分别连接到 ADC 的两端，由单片机控制每个继电器的闭合，在一次电压检测周期内，单片机依次控制每对继电器的闭合，从而使动力蓄电池的电压依次经 ADC 转换为数字信号，再输入 MCU 进行处理。

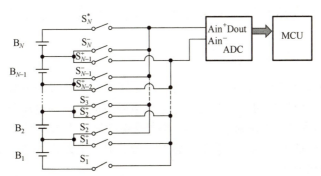

图 5.6　采样基于继电器及共享 A/D（数模转换）芯片的轮流检测方式

差模检测方式成本更加合理，精度较高，而且不会造成电池的额外消耗和不一致，但需要用到大量光继电器，体积大，使用时需要改进，减小光继电器的使用量。

4. 专用芯片检测方式

前面介绍的电压检测方式都是将采样得到的单体蓄电池或模块电池电压经 ADC 转换来测量的，测量精度和速度受到 ADC 芯片、采样电路的精度和速度的限制，因此，许多大型半导体器件生产企业面向电动汽车电池管理系统开发了专用芯片，用于检测电池电压、电流、温度、电量等。

专用芯片检测方式省去了大量光继电器，可以减小电路板的体积；但电压检测的成本和精度完全取决于专用芯片本身的能力。目前广泛采用的方式就是选用电池管理系统的专用芯片进行检测。

5.2.2 电流检测

由于串联电路中各处的电流均相等，因此没有必要像测量电压一样测量串联电池组中每个（块）电池的电流，只需测量串联后的总电流即可。

电流检测主要有基于串联电阻的电流检测和基于霍尔传感器的电流检测。

1. 基于串联电阻的电流检测

电压是直接被测量，由于一般 A/D 芯片都是针对电压信号的，因此电流检测时常需要把电流信号转换为电压信号，其中一种转换方法就是在电动汽车的主回路上串联一个分流器，如图 5.7 所示。分流器就是一个阻值很小的电阻，其精度较高且温度漂移小，当电流流过分流器时，可以通过测量其两端的压降计算出电流。

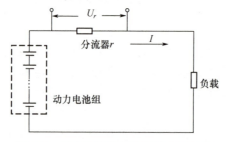

图 5.7 基于串联电阻的电流检测方式

分流器的优点是响应快、精度高、线性度高，小电流采集也能确保精度，与总电压的同步性较好；缺点是不隔离，对接口电路设计要求高，需要标定校准及考虑大电流温升带来的影响。

2. 基于霍尔传感器的电流检测

霍尔传感器是利用霍尔效应检测电流的一种电子元件，可以测量各种类型的电流。霍尔传感器利用电磁感应原理测量电流信号，通过电磁感应得到的电压信号通常较小，而一般 A/D 转换器对输入端的要求都是几伏，因此需要增加放大电路解决这个问题。为了方便用户使用以及提高抗干扰能力，霍尔传感器一般将放大电路嵌入传感器，使霍尔传感器输出的信号可以直接使用。

需要根据电动汽车的实际工况选择霍尔传感器的量程。例如，某电动汽车的电流检测范围为-400~400A，而 A/D 芯片的输入范围为 0~4V，当选择霍尔传感器以及进行电流检测电路设计时，应尽可能使最大工作电流对应最大电压输出值，即电流为 400A 时，输出电压为 4V；电流为-400A 时，输出电压为 0V，以便电流检测的分辨率最高。

霍尔传感器的优点是器件本身隔离，结构紧凑，体积小，功耗小，接口电路简单，无须校准；缺点是响应慢，精度低，线性度差，小电流范围内受零点漂移影响。

5.2.3 温度检测

在电池管理系统中，除了检测电池本身的温度外，还应检测环境温度、电池箱的温度，对电池剩余容量的评估、安全防护等有非常重要的意义。

温度检测主要有热敏电阻方式、温度传感器和专用一体化芯片。

1. 热敏电阻方式

热敏电阻是采集温度的常用方式，其阻值随着温度几乎呈线性变化，如果与另一个已知阻值的电阻串联，就可以通过检测两个电阻之间的电压差判断温度。

2. 温度传感器

可以采用专用的温度传感器测量温度，采用总线的方式能够使一个 MCU 同时连接多个传感器，从而节省了 MCU 的引脚，也降低了连线的复杂度。

3. 专用一体化芯片

有些专门针对电池管理系统设计的芯片集成了电压、电流、温度的采集功能，如 MAXIM 公司的 DS2782 专用芯片，其外壁的某个区域能够感知温度，并保存到芯片的寄存器中，等候上位机 MCU 读取。

5.3 动力蓄电池的 SOC 估计与 SOH 估计

5.3.1 动力蓄电池的 SOC 估计

动力蓄电池 SOC 不是一个可以直接测量的值，而是需要通过电压、电流、温度等状态量的实时测量值，通过设计的算法间接估计。

动力蓄电池 SOC 估计方法有开路电压法、内阻法、安时积分法、负载电压法、卡尔曼滤波法、模糊推理法和神经网络法等。

1. 开路电压法

开路电压(Open-Circuit Voltage，OCV)法是指在电池既不充电又不放电的状态(工作电流为零)下，通过测量动力电池的开路电压估计电池的 SOC。

使用开路电压法一般基于以下三个条件：① 认为 SOC 与电池的电动势有一一对应关系，即给出 0~100% 的任一个 SOC 值，存在唯一的电动势值与之对应；② 认为在工作电流为零的情况下，开路电压与电池电动势相等；③ 不考虑温度及电池老化等因素，即认为在不同温度条件下，不同老化程度的电池具有相同的 SOC-电动势曲线。图 5.8 所示为某动力蓄电池 SOC-开路电压曲线。

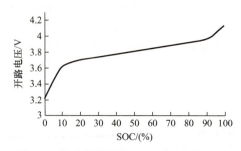

图 5.8　某动力蓄电池 SOC-开路电压曲线

开路电压法对 SOC 值的估计精度高，且简单易行；但只能准确估计电池静置 0.5～1.5h 后的 SOC 值，所以一般不在电池管理系统中单独应用，而常用来补充其他算法。

2. 内阻法

电池内阻和剩余电量之间存在一定的数学关系，在充电过程中，随着电池电量的增大，电池内阻也会增大；在放电过程中，电池内阻会随着电量减小而减小。通过观测电池内阻的值估计当前电池 SOC 值的方法就是内阻法。内阻法虽然没有电池只有静置一段时间后才能准确估计 SOC 值的限制，但是电池内部结构复杂，很难准确测量，所以电池内阻的应用受到限制。例如，在一些外界工作环境很复杂的情况下无法应用，在电动汽车的电池管理系统中一般也不使用内阻法。

3. 安时积分法

安时积分法是指用电流对时间进行积分，检测电池容量的改变，继而估计 SOC 值的一种方法。电流在时间上的积分实际上是充入或放出的电量，如果把电池看作一个封闭的系统，则只需累积计算进出电池的电量，再把计算结果与电池满电状态电量进行比较，就能够获得电池的剩余电量。因为大部分外界条件都不会对其造成影响，所以安时积分法易实现。

4. 负载电压法

当电池从静置状态转换为放电状态时，测量到的电池端电压会变为负载电压。当电池的放电电流恒定时，SOC 值与电池负载电压之间的数学关系很大程度上类似于 SOC 值与电池开路电压之间的数学关系。负载电压法的优点很多，如恒流放电时估计精度很高，克服了开路电压法只能静置测量的缺点，可以实时估计电池组的 SOC 值。但是由于电动汽车运行时工况复杂，电池不可能长期处于恒流放电的工况，因此在电动汽车上，一般不会把负载电压法作为主要算法。负载电压法通常用来判断是否结束对电池的充、放电。

5. 卡尔曼滤波法

卡尔曼滤波法解决了一个古老的问题——从不准确的数据中得到准确的信息，更确切地说是当输入的数据不准确时，选取最好的数据作为输入系统的最新状态量来更新系统数据。这种方法非常适合应用在电动汽车上，动力蓄电池的 SOC 受多种因素的影响，并且会随着驾驶模式的改变而发生变化。卡尔曼滤波的目的是从数据流中去除噪声干扰，通过预测新的状态及其不确定性,用新的测量值校准预测值来实现 SOC 估计。理论上,卡尔曼滤波法能够在估计过程中保持非常高的精度,而且可以有效地修正误差;但需要进行大量的运算和具备准确的电池数学模型来确保 SOC 估计的精确性。

6. 模糊推理法和神经网络法

模糊推理法和神经网络法是人工智能领域发展出来的两个分支。模糊推理法是从含糊、模棱两可或者不精确的信息中提炼出确切结论的方法,与神经网络法结合可以较准确地估计 SOC 值。神经网络是一种模拟人脑神经元系统的互联模式建模的计算机体系结构,它能模仿人脑信息处理、记忆和学习,产生一个具有自动识别能力的系统。使用神经网络法进行 SOC 估计实际上就是通过大量数据训练分析当前 SOC 值。由于很多因素都会对电池的剩余电量产生影响,导致对估计电池剩余电量建立的数学模型非常庞大、复杂,因此模糊推理法和神经网络法越来越受到重视。

5.3.2 动力蓄电池的 SOH 估计

电池 SOH 是电池的重要特性之一,实时、准确地估计电池 SOH 是电动汽车电池管理系统的基本要求。电池 SOH 不能通过工具或者仪器直接测量,只能通过其他参数间接获得。

1. 电池 SOH 的定义

电池 SOH 在不同的研究中有不同的描述,经常使用的名称有电池健康状态、电池老化程度、电池寿命状态、电池劣化程度等。对于新能源汽车,电池 SOH 有一个标准的定义:在规定的标准条件下,按照一定电流倍率将动力蓄电池从 100% 荷电状态放电至截止电压时释放的容量与额定容量的比值;也有从电池特征量(容量、剩余电量、内阻、功率、剩余充电次数等)的角度定义电池 SOH。

通过容量定义的电池 SOH 为

$$\text{SOH} = \frac{C_N}{C_M} \times 100\% \tag{5-1}$$

式中,C_N 为电池当前状态下的测试容量;C_M 为电池的额定容量。

通过剩余电量定义的电池 SOH 为

$$\text{SOH} = \frac{Q_{\text{now}}}{Q_{\text{new}}} \times 100\% \tag{5-2}$$

式中,Q_{now} 为电池当前状态下的最大可用电量;Q_{new} 为电池全新状态下的最大可用电量。

通过内阻定义的电池 SOH 为

$$\text{SOH} = \frac{R_{\text{end}} - R_{\text{now}}}{R_{\text{end}} - R_{\text{new}}} \times 100\% \tag{5-3}$$

式中,R_{end} 为电池老化至无法使用时的欧姆内阻,SOH=80%;R_{now} 为电池在使用过程中当前时刻的欧姆内阻;R_{new} 为电池出厂时标定的欧姆内阻。

通过启动功率定义的电池 SOH 为

$$\text{SOH} = \frac{W_{\text{now}} - W_{\text{min}}}{W_{\text{new}} - W_{\text{min}}} \times 100\% \tag{5-4}$$

式中,W_{min} 为电动汽车启动时电池输出的最小功率;W_{now} 为电动汽车启动时电池实时释放的启动功率；W_{new} 为电池 SOH 为 100% 时释放的启动功率。

通过剩余充电次数定义的电池 SOH 为

$$SOH = \frac{N_{age}}{N_{max}} \times 100\% \qquad (5-5)$$

式中，N_{age} 为电池当前状态下的剩余充电次数；N_{max} 为电池出厂时标定的额定最大充电次数。

2. 影响电池 SOH 的外部因素

影响电池 SOH 的外部因素有环境温度、充放电倍率、电池过充电/过放电和放电深度等。

(1) 环境温度。锂离子蓄电池的工作温度一般为 $-20 \sim 60$℃，温度过高或过低都会对电池性能产生影响，在室温 25℃下性能最好。一般在低压 0℃下性能会下降，温度过低会使电解液活性降低或者完全冻结，电池内部电化学反应缓慢，电池性能降低。温度升高虽然会增大电池内部电化学反应的速率，从而增大电池的容量，但是会使活性材料分解，电池材料结构变形，从而使得电池的健康状态恶化，使用寿命缩短。

(2) 充放电倍率。电池充放电电流过大会使电池温度过高，电池的极化效应加剧，同时会使电池内部 SEI 膜的厚度增大，并加速电池正负极材料的老化，使得电池系统偏离平衡状态，严重影响动力蓄电池的健康状态。尤其是低温时，大电流充电会使电池内部析出锂枝晶，严重影响电池的安全性。由于大电流充、放电会导致电池的健康状态恶化，使用寿命缩短，因此应避免大电流充、放电。

(3) 电池过充电/过放电。过充电、过放电都会使电池内部发生不可逆的电化学反应，长时间过充电会使电池内部产生大量气体、电池膨胀及发生热失控，过放电会使电池内部活性材料减少。这些问题都会使电池的健康状态恶化，使用寿命缩短，必须避免。

(4) 放电深度。放电深度是指电池释放的容量占电池额定容量的百分比，放电深度越大，释放的电量越多，对电池 SOH 的影响越大，电池使用寿命缩短。浅充浅放可使电池 SOH 处于 20%～80% 的高效工作区间，有助于电池的高效利用。

3. 电池 SOH 估计方法

电池 SOH 估计方法有实验法、模型法、数据驱动法和融合法等。

(1) 实验法。实验法是指利用特定测试设备，直接测试或分析电池性能，获得与电池老化状态相关的参数，分析电池的衰减老化机制及衰减程度，估计当前电池 SOH。实验法可以分为有损检测法和无损检测法。有损检测法主要是对电池进行拆解分析，分别对正极、负极、隔膜、电解液或产生的气体进行必要的测试，获得电池的老化情况或 SOH。有损检测法的方式主要有扫描电子显微镜、透射电子显微镜、X 射线光电子能谱、红外光谱和气相色谱分析等。无损检测法是在不破坏电池的前提下，采用一定的测试手段，分析电池的衰减程度，估计电池 SOH。无损检测法的方式主要有全充放电法、微分电压分析、微分容量分析、差热分析、脉冲阻抗法、电化学阻抗谱和混合脉冲功率测试等。

实验法可以分析电池发生老化的具体机制，估计精度较高，估计结果比较可靠，但也有一些弊端，如有损实验会破坏电池的结构，使电池无法继续使用；测试数据需具备较高精度，对测试环境的要求很高；两种测试都需要特定测试设备，研究过程长，成本高。因此，实验法适用于实验室研究及电池产品开发，实现在线估计功能的难度较大。

（2）模型法。模型法是指根据电池内部性能衰退机理，建立能够表示电池性能退化特性的物理模型，通过模型参数的辨识估计电池 SOH 的方法。电池内部微观作用机制极其复杂，而电池 SOH 作为内部性质的特征参数，无法直接测得。通过建立模型，仿真电池的充、放电过程或衰减趋势，分析电池模型与外特性参数之间的构效关系，结合参数辨识算法，建立电池模型特征参数与电池 SOH 之间的映射关系，是实现电池 SOH 估计的可行路线。

电池模型主要有电化学模型、等效电路模型和经验模型等。电化学模型研究电池内部微观反应机制，从机理层面描述电池的充、放电行为；等效电路模型是利用电学器件的不同组合来模拟电池的充、放电行为，属于半经验模型；经验模型是通过拟合大量电池实验数据，获得能够用于估计电池 SOH 的经验模型。采用模型法估计电池 SOH 具有可数值化、易嵌入电池管理系统、可实现电池 SOH 在线估计的功能，有很好的应用前景。

（3）数据驱动法。数据驱动法不需要考虑电池内部机理，将电池实验数据看成一组时间序列，通过智能学习算法挖掘数据序列的规律，从而估计电池 SOH。数据驱动法是以电池在运行过程中表现出的电压、电流、温度、SOC、容量、阻抗等数据为基础，结合智能学习算法，如粒子滤波、卡尔曼滤波、扩展卡尔曼滤波、无迹卡尔曼滤波、神经网络、贝叶斯估计、支持向量机和相关向量机等，估计电池 SOH 的方法。

数据驱动法充分发挥了电池数据的应用价值，以及智能学习算法的高效、实用等优点。由于电池的大规模应用将形成电池大数据库，因此数据驱动法是实现电池 SOH 估计及优化管理的重要方法。

（4）融合法。融合法的核心思想是联合、相关及融合多类数据、模型或算法，充分发挥各自优势，实现更精确、更可靠的电池 SOH 协同估计。这种联合估计方法能够弥补单一方法估计精度低、可靠性差或误判的缺点。

总之，大数据分析是电池储能领域发展的必然趋势，数据驱动法易满足大样本学习训练数据库的需求，融合法能够充分利用其他方法在不同方面具备的优势。数据驱动法和融合法是未来电池 SOH 估计的主要方向。

5.4 动力蓄电池的均衡控制

电动汽车的动力来源都是由成百上千的单体蓄电池组成的电池组提供的，电池组的最大可用容量取决于剩余容量最小的单体蓄电池。动力蓄电池的制造工艺比较复杂，不可避免地产生个体间的差异，使得电池存在不一致性。在使用过程中，电池间的不一致性会加剧，导致单体蓄电池可用容量发生不同程度的衰减，最终降低电池组的整体能量利用率，减小续驶里程，且极易引起电池的过充电、过放电，损坏电池。因此，必须对电池组进行能量均衡控制，改善不一致性，提高电池组的可用容量。

5.4.1 动力蓄电池的不一致性

当动力蓄电池作为电动汽车的动力电源时，由于对其有高功率、大容量的要求，单体锂离子蓄电池并不能满足要求，因此需要对锂离子蓄电池进行串联、并联组合使用。然而，单体蓄电池之间的不一致性常使蓄电池组在循环过程中出现容量衰减过快、使用寿命较短等问题。尽可能选择性能一致的单体蓄电池对锂离子蓄电池在动力蓄电池中的推广应用有重要意义。

1. 不一致性的定义

锂离子蓄电池组的不一致性是指同一规格型号的单体蓄电池组成蓄电池组后，其电压、电量、容量及其衰退率、内阻及其变化率、使用寿命、温度、自放电率等参数存在一定的差别。

单体蓄电池的初始性能本身存在一定差异，使用后，这些性能差异不断累积，同时各单体蓄电池在蓄电池组内的使用环境不完全相同，导致单体蓄电池的不一致性逐渐放大，加速蓄电池组性能衰减，使得蓄电池组过早失效。

2. 不一致性的分类

蓄电池不一致性主要分为容量不一致性、电压不一致性和内阻不一致性。

(1) 容量不一致性。容量不一致性主要包括初始容量不一致性和实际容量不一致性。

初始容量不一致性是指蓄电池组在出厂前的分选试验后，单体蓄电池的初始容量不一致。蓄电池初始容量与蓄电池衰减特性有关，受蓄电池储存温度、荷电状态等因素影响。尽管出厂前的分选试验可以较好地保证单体蓄电池的初始容量一致性，但是初始容量不一致并不是电动汽车蓄电池成组应用的主要矛盾，因为在使用过程中可以通过单体蓄电池单独充放电来调整单体蓄电池的初始容量。

实际容量不一致性是指蓄电池在放电过程中剩余电量不相等。蓄电池的实际容量不一致主要与蓄电池的初始容量、放电电流和单体蓄电池内阻等有关。蓄电池的实际容量还明显受到蓄电池循环次数的影响，越接近蓄电池使用寿命后期，实际容量不一致性就越明显。

(2) 电压不一致性。电压不一致性的主要影响在于并联组中蓄电池的互充电，当并联组中的一节蓄电池电压低时，其他蓄电池将给电压低的蓄电池充电。在这种连接方式下，低电压蓄电池的容量小幅增大，高电压蓄电池的容量急剧减小，能量损耗在互充电过程中达不到预期的对外输出。若低电压蓄电池和正常蓄电池一起使用，则成为蓄电池组的负载，影响其他蓄电池工作，进而影响整个蓄电池组的使用寿命。因此，在蓄电池组不一致性明显增强的深放电阶段，不能继续使用低电压蓄电池，否则会造成低容量蓄电池过放电，影响蓄电池的使用寿命。

(3) 内阻不一致性。内阻不一致性使得蓄电池组中的每个单体蓄电池在放电过程中热损失的能量都不相等，最终影响单体蓄电池的能量状态。

3. 产生不一致性的原因

电池产生不一致性主要是在电池的生产过程中，且电池的存储环境影响电池性能，尤其在后期的使用过程中会加剧。

(1) 电池制造工艺中的不一致性产生。锂离子蓄电池的主要生产工艺流程包括极片制造、电芯制作、电池装配、注液、化成、分选等工序。与其他电池相比，锂离子蓄电池制造过程对环境湿度的要求较高。锂离子蓄电池制造过程的水分控制与电池质量息息相关。水分控制不好，锂离子蓄电池的性能下降，鼓胀率大大提高。为了控制水分，制造过程要经多次干燥，如极片压光之前的干燥、成芯后入壳前的电芯干燥、入壳后注液前半成品的干燥。另外，不能忽视制造过程中的粉尘控制。一般来讲，粉尘是造成电池内部微短路的重要原因。车间的灰尘颗粒、极片上脱落的粉尘颗粒都要处理。车间内、制造过程中必要的除尘工序是工艺控制的一部分。因此，制造过程中的每个步骤、每个细节都可能引起电池间的性能差异，且在电池后期使用过程中逐步增大。

(2) 使用过程中的不一致性产生。动力蓄电池的不一致性在使用过程中会表现得越来越明显，因为汽车行驶过程中，不同的路况、环境、状态等使工况变得复杂，也会引起电池组内部温度的变化。电池组内、外环境的不稳定性会导致电池组性能的不一致性，随着行驶时间的增加，不一致性越来越大。在动力蓄电池的使用过程中，加剧性能差异的主要因素有温度、过充电/过放电、充放电倍率(C)及循环寿命等。

① 温度。电池性能和老化与温度密切相关。在极端温度下，副反应会占据主导地位。在低温条件下，离子扩散和迁移被抑制，产生有害的副反应。在高温条件下，引起腐蚀、产生气体等副反应。特别是作为高能量密度的装置，电池含有特定的化学物质，会因温度的快速升高而发生热失控，导致整个电池燃烧或爆炸。为保证电池在不同环境下的正常使用，可以对动力蓄电池进行环境温度的适应性检验，将电池充电后置于不同的温度环境中一段时间，然后取出来进行放电并检查电池状态，如检测其长时间在恒定湿热的环境中是否出现腐蚀、冒烟、爆炸等现象，以及置于极高、极低温度环境下是否出现变形、漏液、爆裂等现象。

② 过充电/过放电。在电动汽车的使用过程中，常会出现动力蓄电池的过充电和过放电现象。不正确的充电条件或方法容易损害电池，加剧电池的不一致性并缩短电池的使用寿命。动力蓄电池的充电方式是恒流恒压方式。为有效利用电池容量，需将动力蓄电池充电至最大电压，但是过压充电会损坏电池，如造成电池里面的电解物质加快反应而使电池的使用寿命缩短。作为高能量密度电池，动力蓄电池过充电还可能导致膨胀漏液甚至爆炸。因此，当充电结束时，充电机必须完全关闭或断开。在实际应用中，为了提高电池的一致性，常会在充电的过程中加入均衡充电策略，作为电池组充电技术的有效补充，以维护电池组性能。要对电压过低的电池进行预充电，充电器最好带有热保护和时间保护，为电池提供附加保护。锂离子蓄电池的主要放电方式为固定负荷的方式。虽然负荷不变，但电池的内阻会发生变化，随着放电的进行，电池电压下降，当下降至一定值时发生过放电，导致集电体溶解，产生不可逆反应。因此，一般会规定放电截止电压。当大电流放电时，因为电极极化较大，导致电池电压下降较快，所以放电截止电压通常定得较低，否则活性物质利用不充分。当小电流放电时，极化较小，锂离子蓄电池的电压在放电过程中下降较慢，活性物质利用充分，因而放电截止电压定得较高。在进行容量检验时，常采用恒电流放电方式。

③ 充放电倍率(C)。充放电倍率用来表示电池充放电速度，其值等于充放电电流与额定容量之比。若额定容量为 $1000mA \cdot h$ 的电池用 $200mA$ 电流放电，则放电倍率为 $0.2C$；若以 $1000mA$ 电流放电，则放电倍率为 $1C$。当大电流充放电时，极化较严重，SEI 膜在大倍率下容易破碎并连续生长，导致容量衰减较大。当大倍率充放电时，锂离子没有充分地脱嵌，容易在电极表面形成锂枝晶，锂枝晶会消耗电解液并导致电池内部出现锂沉积，锂沉积是不可逆的，会降低库仑率；同时会破坏隔膜，使得锂电池内部短路，引起热失控甚至爆炸。如果充放电时间足够，则应优先选择小倍率充放电，避免由大倍率充放电导致容量衰减，加剧电池组的不一致性。

④ 循环寿命。随着充放电次数的增加,锂离子蓄电池容量越来越小,直接表现是性能越来越差。电池满充、满放一次的过程称为一个使用循环。电池的循环寿命与化学体系、充放电循环温度、前期使用(如储存)和制造商有关。通常锂离子蓄电池的循环寿命最长,单体蓄电池在低倍率和室温下,循环寿命均超过 2000 次,甚至可达 3000 次。由于单体蓄电池间存在差异,因此在使用过程中不一致性累积,导致电池间循环寿命的差异增大,进而大大减少电池组整体的可循环次数。

(3) 储存过程中的不一致性产生。电池储存在实际应用中十分常见,电池产销周期中也可能出现长期搁置现象。锂离子蓄电池的储存性能主要与电池的荷电状态及储存环境温度有关。在储存过程中,电池会出现自放电和其他不可逆容量损失,其中由自放电引起的损失是主要的。电池间自放电率的不同是储存过程产生不一致性的重要因素。自放电的程度受正极材料、电池的制作工艺、电解液的性质、温度和时间等的影响。如果负极处于充足电的状态,而正极发生自放电,则电池正、负极容量平衡被破坏,导致永久性容量损失。自放电的氧化产物堵塞电极材料上的微孔,使锂离子的嵌入和脱出困难、内阻增大、放电效率降低,还会导致不可逆容量损失。由于自放电会引起容量衰减,因此电池间自放电率的不同会导致各单体蓄电池的容量衰减存在差异,引起电池组间容量的不一致性。

综上所述,引起电池不一致性的原因很多,在电池的生产、储存和使用过程中都会产生并加剧电池的不一致性,导致动力蓄电池组可用容量衰减,影响电动汽车的性能。

4. 提高蓄电池不一致性的途径

蓄电池组的一致性是相对的,不一致性是绝对的。提高蓄电池不一致性的主要途径如下。

(1) 控制生产过程。控制生产过程主要从原材料和生产工艺两方面进行,尽量选取同一批次的原材料,保证原材料颗粒尺寸、性能的一致性,要严格调控整个生产过程。例如保证浆料搅拌均匀、不长时间放置,控制涂布机的速度,保证涂布的厚度、均匀度,检查极片外观、称重分挡,控制注液量及化成、分容、储存条件等。

(2) 控制配组过程。控制配组过程主要是指对蓄电池进行分选,蓄电池组采用统一类型、统一规格、统一型号的蓄电池,并且测定蓄电池的电压、容量、内阻等,保证蓄电池初始性能的一致性。

(3) 控制使用和维护过程。对蓄电池进行实时监控,配组时对蓄电池进行一致性筛选,可保证蓄电池组在使用初期的一致性。在使用过程中对蓄电池进行实时监控,可以实时观察到使用过程中的一致性问题;也可以通过实时监控对极端参数蓄电池及时调整或者更换,保证蓄电池组的不一致性不会随时间扩大。

(4) 引入均衡管理系统。采用适当的均衡策略和均衡电路对蓄电池进行智能管理,常见的均衡策略包括基于电压的均衡策略、基于 SOC 的均衡策略和基于容量的均衡策略。均衡电路按能量消耗方式可以分为被动均衡和主动均衡,其中主动均衡能够实现蓄电池间的无损能量流动,是国内外研究的热点。主动均衡的常用方法有电池旁路法、开关电容法、开关电感法、DC/DC 转换法等。

(5) 对蓄电池进行热管理。对蓄电池进行热管理,除了尽量将蓄电池组的工作温度保持在最佳范围内,还要尽量保证各单体蓄电池之间温度条件的一致性,从而有效保证各单体蓄电池之间的性能一致性。

(6) 采用合理的控制策略。在输出功率允许的情况下，尽量减小蓄电池放电深度，同时避免蓄电池过充电，可延长蓄电池组的循环寿命。

(7) 加强对蓄电池组的维护。每隔一段时间对蓄电池组进行小电流维护性充电，还要注意清洁。

总之，提高蓄电池的一致性是一个系统的、全面的工程，需要考虑蓄电池的设计、生产、质量控制、应用、维护等方面。

5. 锂离子蓄电池的配组方法

锂离子蓄电池的配组方法有电压配组法、静态容量配组法、内阻配组法、多参数配组法和动态特性配组法。

(1) 电压配组法。电压配组法可分为静态电压配组法和动态电压配组法。静态电压配组法又称空载配组法，不带负载，只考虑蓄电池本身，测量被筛选单体蓄电池在静置数十天后满电荷状态储存的自放电率，以及满电荷状态下不同储存期内蓄电池的开路电压。此方法操作简单，但不准确。动态电压配组法考察蓄电池带负载时的电压情况，但不考虑负载变化等因素，也不准确。

(2) 静态容量配组法。静态容量配组法是指在设定的条件下对蓄电池进行充放电，由放电电流和放电时间计算容量，按容量对蓄电池进行配组的方法。这种方法简便、易行；但只能反映蓄电池在特定条件下容量相等，不能说明蓄电池的完整工作特性，有一定的局限性。

(3) 内阻配组法。内阻配组法主要考虑单体蓄电池的内阻，能够实现快速测量；但是因为蓄电池的内阻会随放电过程的进行而改变，所以准确测定内阻有一定的难度。

(4) 多参数配组法。多参数配组法是指同时考虑容量、内阻、电压、自放电率等外部条件综合评定蓄电池，分选出一致性较好的蓄电池组的方法。这种方法的特点是单参数分选时准确，耗时过长。

(5) 动态特性配组法。动态特性配组法是指利用蓄电池的充放电特性曲线分选蓄电池进行配组的方法。充放电曲线能够体现蓄电池的大部分特性，利用动态特性配组法能够保证蓄电池各种性能指标的一致性；但蓄电池的配组利用率较低，不利于蓄电池组成本的降低，标准曲线或基准曲线的确定也是实施过程中的难点。

5.4.2 动力蓄电池均衡控制的目的

假设动力蓄电池组由 n 个单体蓄电池串联而成，如图 5.9 所示。

图 5.9 由 n 个单体蓄电池串联的动力蓄电池组

设动力蓄电池组中单体蓄电池的容量分别为 C_1，C_2，…，C_n，剩余电量为 S_1，S_2，…，S_n，则动力蓄电池组可用图形化的方式表示，如图 5.10 所示。可以把单体蓄电池看成一个水桶，水桶的容量是 C_1，C_2，…，C_n，水桶里面的水量是 S_1，S_2，…，S_n。在某个时刻，动力蓄电池组内每个单体蓄电池的容量和剩余电量可能不一致，动力蓄电池组的最大可用容量由剩余容量最小的单体蓄电池决定,整个动力蓄电池组的容量利用率降低,这就是动力蓄电池组的"木桶效应"。因此,需要对动力蓄电池组进行均衡管理。

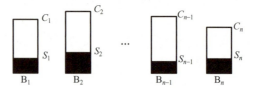

图 5.10　动力蓄电池组的容量与剩余电量

由于动力蓄电池组中的各单体蓄电池之间存在不一致性,因此可加入均衡控制的动力蓄电池组,以提高整体性能。

1. 均衡控制有助于提高动力蓄电池组的整体容量

如果不对动力蓄电池组进行均衡控制,电池管理系统的保护机制就会在动力蓄电池组中的某个单体蓄电池充满电时对整个蓄电池组截止充电,当剩余电量最小的电池放电完时对整个蓄电池组截止放电,导致动力蓄电池组的容量不能有效发挥。

假设动力蓄电池组由四个单体蓄电池组成,各单体蓄电池的容量一致,即 $C_1=C_2=C_3=C_4=C_{max}$,但因为电池自放电系数不一致等,所以某次充电前电池的初始容量(剩余电量)不一致,假设单体蓄电池 B_2 的初始容量最大,单体蓄电池 B_3 的初始容量最小,如图 5.11 所示,对动力蓄电池组进行充电。由于动力蓄电池组通常采用串联的方式充电,因此四个单体蓄电池的剩余电量同时均匀上升。经过一段时间后,单体蓄电池 B_2 的电压首先达到保护上限,而其他三个单体蓄电池的电压没有达到保护上限,如图 5.12 所示。如果没有均衡控制,则在安全管理机制的作用下,不允许继续对电池进行充电,否则单体蓄电池 B_2 将过充电,从而引起不必要的安全事故。

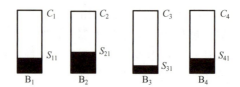

图 5.11　充电前电池的初始容量(剩余电量)不一致

虽然单体蓄电池 B_1、B_3、B_4 未充满,但由于不能继续充电,因此只能认为动力蓄电池组充电结束。动力蓄电池组开始工作,进入放电状态。由于动力蓄电池组是通过串联方式连接的,因此动力蓄电池组的剩余容量均匀减小,经过一段时间后,单体蓄电池 B_3 放电完成,如图 5.13 所示。

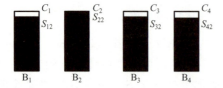

图 5.12　动力蓄电池组的充电状态

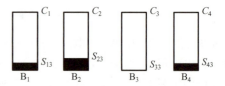

图 5.13　动力蓄电池组的放电状态

虽然动力蓄电池组中的其他单体蓄电池还有剩余容量,但动力蓄电池组不能继续放电,否则将因为单体蓄电池 B_3 的过放电而发生安全事故或损坏电池。由此可见,动力蓄电池组有效释放的容量为 $C_2-S_{23}=C_{max}-S_{23}$(或 S_{32})。

如果在动力蓄电池组中加入均衡控制,则图 5.12 所示的单体蓄电池都可以充满电,在动力蓄电池组工作过程中,各单体蓄电池能够同时放完电,动力蓄电池组有效释放的容量为 C_{max},提高了动力蓄电池组的整体容量。

2. 均衡控制有助于控制动力蓄电池的充放电深度

如果把电池从完全放空到完全充满的整个过程中 SOC 的变化记为 0%~100%,则在实际应用中,最好每个电池的工作区间都为 5%~95%。如果 SOC 大于 95%或者小于5%,则电池容易过充电或过放电,也容易发生一些不可逆的化学反应,影响电池的使用寿命。理论分析和实验数据表明,对动力蓄电池组进行均衡控制,减小动力蓄电池组的充放电深度,对提高电池的安全性、延长使用寿命、提高衰老一致性有重要意义。

5.4.3 动力蓄电池均衡控制的方法

动力蓄电池均衡控制的方法很多,而且新方法层出不穷,没有统一的分类方法。目前使用较多的方法大致可分为能量损耗型均衡控制和非能量损耗型均衡控制,也可称为被动式均衡控制和主动式均衡控制。

1. 能量损耗型均衡控制

能量损耗型均衡控制是指利用并联电阻等方式,将动力蓄电池组中荷电状态较多的电池能量消耗掉,直到与组内其他电池达到均衡。能量损耗型均衡控制电路如图 5.14 所示,通过控制各电池开关 S_i 的状态,将能量较高的电池以电阻放热消耗的形式释放能量,使各电池趋于均衡。这种控制方式的优点是均衡控制结构相对简单且容易实现,成本较低;缺点是电池放电过程中会消耗许多能量,并产生大量热量,且效率比较低。

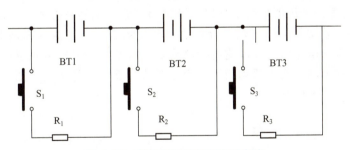

图 5.14 能量损耗型均衡控制电路

2. 非能量损耗型均衡控制

非能量损耗型均衡控制是指利用中间储能元件和一系列开关元件,将动力蓄电池组中荷电状态较高的电池的能量转移到荷电状态较低的电池中,以达到均衡的目的。中间储能元件主要有电容、电感、变压器等。

(1)电容均衡。电容具有储存能量的特性,电容均衡正是利用了这个特性,使得各电池之间的能量可以交换传输,此时可以将电容看成一个能量转换枢纽器。电容均衡电路如

图 5.15 所示，通过切换不同电池的电容开关状态保证能量在不同电池之间转换，电容先将电压高的电池中的能量储存起来，再将其能量转移到电压低的电池中，保证各电池的电压趋于一致。

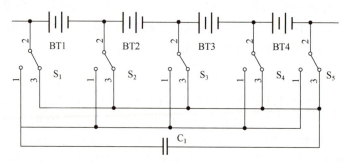

图 5.15　电容均衡电路

（2）电感均衡。电感均衡的原理与电容均衡的原理相似，不同的是将储能元件换成电感。电感均衡电路主要是以 Buck、Boost、Buck-Boost 等变换器电路为基础构建成的电路，以电感作为能量传递或转移的媒介。电感均衡具有结构简单、控制方便、使用成本低等优点；但是对电池较多的动力蓄电池组进行均衡时，均衡效率较低。图 5.16 所示为 Buck-Boost 电感均衡电路，在相邻两个电池之间跨接一个电感，通过控制各电池模块的 MOSFET（Metal-Oxide-Semiconductor Field-Effect Transistor，金属-氧化物-半导体场效应晶体管）的导通与关断，将能量从能量高的电池传输到能量低的电池，保证各电池的能量趋于相对平衡。

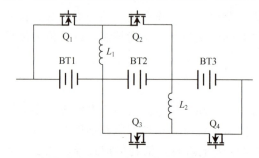

图 5.16　Buck-Boost 电感均衡电路

（3）变压器均衡。变压器均衡是指以变压器为能量传输转移介质，在电池间进行能量交换与利用，均衡效率较高，比较适合电池串联的场合。变压器内部是由许多线圈绕成的，其体积比电容、电感大，在搭建均衡电路时，需要综合考虑体积及用料成本等问题。根据变压器结构的不同，变压器均衡可分为正激式、反激式等形式。图 5.17 所示为单磁芯型反激式变压器均衡电路。

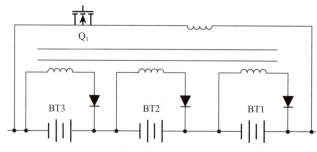

图 5.17　单磁芯型反激式变压器均衡电路

在实际应用中，动力蓄电池均衡控制都是以上述基本控制为基础进行改进的。

5.4.4 动力蓄电池均衡控制的策略

动力蓄电池均衡控制的策略是指在特定均衡电路的基础上,由电池管理系统均衡算法控制,针对动力蓄电池的均衡状态采用的均衡方法。按均衡指标划分,均衡策略可以分为基于电压的均衡策略、基于 SOC 的均衡策略、基于容量的均衡策略。

1. 基于电压的均衡策略

电压是直观、直接的电池指标,容易测量。此处电压是指电池的端电压,电池的端电压与开路电压的关系为

$$V = OCV + RI \tag{5-6}$$

式中,V 为电池的端电压;OCV 为电池的开路电压;R 为电池内阻;I 为充放电电流,放电为正。

电池 SOC 可以由静置后电池的开路电压体现,两者具有单调的相关关系。因而,可以利用电池的开路电压估算电池 SOC。电池管理系统直接测量的是电池的端电压,在电池长期静置的情况下,电池的端电压和开路电压具有一致性,能够较好地反映电池的能量状态。但在电池充放电的情况下,由于电池内阻存在差异,因此端电压一致不能代表开路电压一致。此外,由于存在电池静置效应,因此单纯的电压指标对电池能量状态的反应有较大误差,易造成过均衡问题。过均衡是指由电池内阻差异及电池静置效应导致实际均衡的电池能量超过所需能量。因而,单纯的电压均衡有一定的缺陷。

2. 基于 SOC 的均衡策略

基于 SOC 的均衡策略是以电池 SOC 一致为动力蓄电池的均衡指标。电池 SOC 作为均衡变量,能够实时判断电池的不一致情况,较好地反映电池容量状态,实现在线均衡。电池均衡的目标是保证各电池可用容量一致,通过分析、比较,选择电池 SOC 作为均衡变量。电池 SOC 是电池电压、内阻、温度等参数的综合表征,以电池 SOC 作为均衡变量可以减小各电池在使用过程中由放电深度不同引起的老化速度不同,因而基于电池 SOC 的均衡能够从本质上改善电池不一致性,实现电池能量的优化配置,提高电池组的安全性。

3. 基于容量的均衡策略

基于容量的均衡策略是以电池容量为动力蓄电池的均衡指标。在电池使用过程中,由于存在老化等一系列问题,因此电池的能量逐渐衰减,最终小于额定容量。由于各电池的特性及所处环境温度不同,因此容量衰减速度不同。基于容量的均衡策略是在电池组的充放电末端时期进行的,以实现各电池同时充满、同时放空,从而实现电池组能量利用效率最大化。以容量作为均衡变量,可以满足对容量进行判断和均衡的要求,但容量不能直接在线测量,只适合离线状态的均衡。

5.5 电动汽车再生制动能量回收系统

再生制动是指电动汽车减速制动(或者下坡)时,将汽车的部分动能转换为电能,转换的电能储存在储存装置(如蓄电池、超级电容器和超高速飞轮)中,增大电动汽车的续驶里

程。如果储能器已经完全充满，再生制动就不能实现，所需的制动力只能由常规的制动系统提供。

图 5.18 所示为电动汽车的再生制动/液压制动系统的基本结构。驾驶人踩下制动踏板后，电动泵使制动液压力增大，产生所需的制动力，制动控制与电动机控制协同工作，确定电动汽车上的再生制动力矩和前、后轮上的液压制动力。再生制动时，再生制动控制回收再生制动能量，并且反充到动力蓄电池中。与内燃机汽车相同，电动汽车上的防抱死制动系统（Anti-lock Braking System，ABS）及其控制阀的作用是产生最大制动力。

电动汽车快速充电和慢速充电

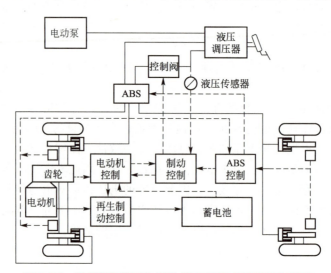

图 5.18 电动汽车的再生制动/液压制动系统的基本结构

5.5.1 再生制动能量回收的方法和类型

再生制动能量回收的基本原理是将汽车制动或减速时的一部分机械能（动能）经再生系统转换（或转移）为其他形式的能量（旋转动能、液压能、化学能等），并储存在储能器中，同时产生一定的负荷阻力，使汽车减速制动；当汽车再次起动或加速时，再生系统将储存在储能器中的能量转换为汽车行驶所需的动能（驱动力）。

1. 再生制动能量回收的方法

根据储能机理的不同，电动汽车再生制动能量回收的方法可分为飞轮储能、液压储能和电化学储能三种。

（1）**飞轮储能**。

飞轮储能是利用高速旋转的飞轮储存和释放能量的。飞轮储能式再生制动能量回收系统的工作原理如图 5.19 所示。当汽车制动或减速时，将制动或减速过程中的动能转换为飞轮高速旋转的动能；当汽车再次起动或加速时，高速旋转的飞轮将储存的动能通过传动装置转换为汽车行驶的驱动力。

飞轮储能式再生制动能量回收系统示意如图 5.20 所示，主要由发动机、高速储能飞轮、增速齿轮、主离合器、飞轮离合器和驱动桥等组成。其中，发动机用来提供驱动汽车的主要动力；高速储能飞轮用来回收再生制动能量及作为负荷平衡装置，为发动机提供辅助功率，以满足峰值功率的要求。

图 5.19　飞轮储能式再生制动能量回收系统的工作原理

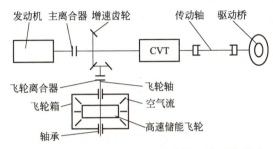

图 5.20　飞轮储能式再生制动能量回收系统示意

(2) **液压储能**。

液压储能式再生制动能量回收系统的工作原理如图 5.21 所示,先将汽车在制动或减速过程中的动能转换为液压能,并储存在储能器中;当汽车再次起动或加速时,将储能器中的液压能以机械能的形式反作用于汽车,以增大汽车的驱动力。

图 5.21　液压储能式再生制动能量回收系统的工作原理

液压储能式再生制动能量回收系统示意如图 5.22 所示,主要由发动机、液压泵/电动机、储能器、联动变速器、驱动桥、液控离合器和液压控制系统组成。汽车起动、加速或爬坡时,液控离合器接合,储能器与联动变速器连接,储能器中的液压能通过液压泵/电动机转换为驱动汽车的动能,辅助发动机满足驱动汽车所需的峰值功率。汽车减速时,电控元件发出信号,使系统处于储能状态,将动能转换为压力能并储存在储能器内,此时汽车行驶阻力增大,车速降低直至停车。当紧急制动或初始车速较高时,该系统不工作,不影响原车制动系统正常工作。

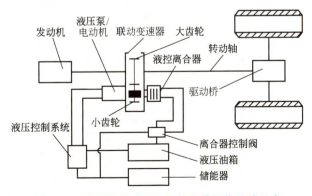

图 5.22　液压储能式再生制动能量回收系统示意

(3) 电化学储能。

电化学储能式再生制动能量回收系统的工作原理如图 5.23 所示，先将汽车在制动或减速过程中的动能通过发电机转换为电能，并以化学能的形式储存在储能器中；当汽车再次起动或加速时，将储能器中的化学能通过电动机转换为汽车行驶的动能。储能器可采用蓄电池或超级电容器，由发电机/电动机实现机械能与电能之间的转换。该系统还包括一个控制单元，用来控制蓄电池或超级电容器的充放电状态，并保证蓄电池的剩余电量在规定的范围内。

图 5.23 电化学储能式再生制动能量回收系统的工作原理

前轮驱动汽车的电化学储能式再生制动能量回收系统示意如图 5.24 所示。当汽车以恒定速度或加速度行驶时，电磁离合器脱开；当汽车制动时，行车制动系统工作，汽车减速制动，电磁离合器接合，接通驱动轴和变速器的输出轴，汽车的动能由输出轴、离合器、驱动轴、驱动轮和从动轮传递到发动机和飞轮。制动时的机械能由电动机转换为电能，并存入蓄电池。当离合器再分离时，传递到飞轮上的制动能驱动发电机产生电能，并存入蓄电池。在发电机和飞轮回收能量的同时，产生负载作用，作为前轮驱动的制动力。当汽车再次起动时，蓄电池的化学能转换为机械能，以使汽车加速。

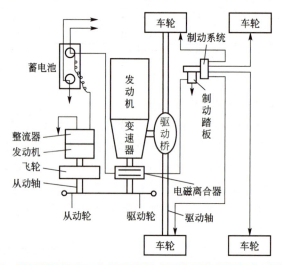

图 5.24 前轮驱动汽车的电化学储能式再生制动能量回收系统示意

电动汽车一般采用制动或减速时将驱动电动机转换为发电机实现再生制动能量回收。三种储能方法的比较见表 5-5。

表 5-5 三种储能方法的比较

项 目	储能方法		
	飞轮储能	液压储能	电化学储能
能量密度	+	-	++
功率密度	++	++	-

续表

项　目	储能方法		
	飞轮储能	液压储能	电化学储能
储能效率(短时间)	＋	＋	＋＋
储能效率(长时间)	－－	＋	0
能量转换效率	＋	－	－
使用寿命	＋＋	＋＋	－－
过负荷容量	＋	＋	－
可靠性	＋	＋	－
维护性	＋	＋	－－
噪声	＋	－	＋＋
成本	＋	－	－－

注：表中符号"＋＋"表示优秀，"＋"表示良好，"0"表示中等，"－"表示差，"－－"表示较差。

2. 再生制动能量回收系统的类型

再生制动能量回收系统的类型因储能方法的不同而不同，主要有电能式、动能式和液压式。电能式主要由发电机、电动机和蓄电池或超级电容器组成，一般在电动汽车上使用。动能式主要由飞轮和无级变速器构成，一般在公共汽车上使用。液压式主要由液压泵/电动机、储能器组成，一般在工程机械或大型车辆上使用。

5.5.2　电动汽车的再生制动能量回收系统

再生制动能量回收问题对提高电动汽车的能量利用率有重要意义。在汽车制动过程中，汽车的动能通过摩擦转换为热能耗散掉，浪费了大量能量。有关研究数据表明，在几种常见城市工况下，大量驱动能量转换为制动能量消耗掉。从平均数值看，制动能量约占总驱动能量的50%。

在电动汽车上采取再生制动能量回收有如下作用。

(1) 在目前电动汽车的储能元件没有大的突破与发展的实际情况下，再生制动能量回收装置可以提高电动汽车的能量利用率，增大电动汽车的续驶里程。

(2) 电制动与传统制动结合，可以减轻传统制动器的磨损，延长循环寿命，达到降低成本的目的。

(3) 可以减少汽车制动器在制动(尤其是缓速下长坡及滑行)过程中产生的热量，降低汽车制动器的热衰退，提高汽车的安全性和可靠性。

再生制动系统由驱动轮、主减速器、变速器、电动机、AC/DC转换器、DC/DC转换器、能量储存系统及再生制动控制器组成，如图5.25所示。

在汽车制动或滑行过程中，根据驾驶人的制动意图，由再生制动控制器计算出汽车需要的总制动力，再根据一定的制动力分配控制策略得到电动机应该提供的再生制动力，电动机控制器计算需要的电动机电枢中的制动电流，通过一定的控制方法使电动机跟踪需要

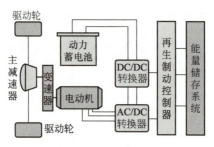

图 5.25 再生制动系统的组成

的制动电流,从而较准确地提供再生制动力矩。在电动机的电枢中产生的电流经 AC/DC 转换器整流,再经 DC/DC 转换器反充到储能装置中保存起来。

在城市循环工况下,汽车的平均车速较低,负荷率起伏变化大,需要频繁起动和制动。相关研究显示,汽车制动过程中,以热能方式耗散到空气中的能量约占驱动总能量的 50%,如果可以回收利用该部分损失的能量,汽车的续驶里程将会得到很大提高。有关资料显示,安装有再生制动能量回收系统的电动汽车,一次充电续驶里程可以提高 10%～30%。

下面介绍几种电动汽车再生制动能量回收系统。

1. Eco-Vehicle 的制动控制系统

Eco-Vehicle 是日本开发的一款电动汽车,其制动系统使用了传统制动系统不具有的压力控制阀单元。压力控制阀单元安装在制动主缸和前、后制动控制器之间的液压回路中,压力控制阀包括主缸压力传感器和两个由制动控制器控制的电磁调节器,如图 5.26 所示。

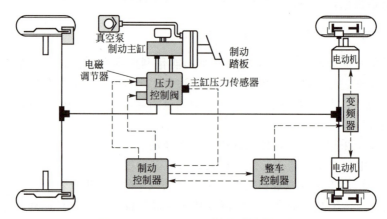

图 5.26 Eco-Vehicle 的制动控制系统

压力控制阀包含两个阀体,每个阀体都能够独立地作用在前、后轮制动器上,且都有一个电磁调节器。利用电磁调节器控制输出的压力不会直接输送到轮缸,汽车上的制动控制器控制输出液压制动力。Eco-Vehicle 的制动控制系统使用压力控制阀减小液压制动力所占比率。压力控制阀中还有一种补偿制动液损失的机械装置,能够在压力起伏波动时减小踏板的振动。制动控制器根据接收的主缸压力信号作出判断,计算出施加的再生制动力,并将结果以电信号的形式发送给整车控制器,整车控制器参与到再生制动过程中,同时将结果反馈给制动控制器。制动控制器根据反馈信号决定压力控制阀的调节器的位置，从而控制制动压力。

2. 本田 EV Plus 的制动控制系统

本田 EV Plus 的制动控制系统与传统的液压(气压)制动系统不同，它使用电动真空泵为制动助力器提供动力源，制动过程中将回收能量传递到动力电池。

本田 EV Plus 的制动控制系统如图 5.27 所示。当驾驶人踩下制动踏板一定时间后，电动机以发电机方式工作。制动回收的动能经过能量控制单元进入动力电池，转换为电能并储存起来。在制动过程中，制动主缸产生的液压制动力矩经过补偿阀，补偿阀根据能量回收制动力矩对液压制动力矩进行相应的调节控制。

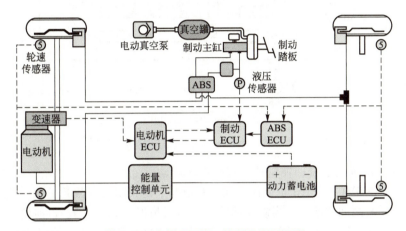

图 5.27 本田 EV Plus 的制动控制系统

3. 丰田普锐斯的制动控制系统

丰田普锐斯是一款混合动力电动汽车，它的制动系统包括能量回收制动和液压制动。能量回收制动由整车电子控制单元(Electronic Control Unit，ECU)控制，液压制动由制动控制器控制。丰田普锐斯的制动控制系统如图 5.28 所示，包括常规制动系统，并且加装踏板行程模拟装置、压力传感器、压力控制部分。丰田普锐斯具有 ABS 压力调节功能，四个压力传感器分别用于检测两个制动力矩及两个轮缸压力。丰田普锐斯的制动过程如下。

(1) 当制动开始时，制动控制器根据主缸的压力计算出驾驶人所需的制动力矩，并发送给整车控制器，整车控制器通过计算得到当前能够施加的能量回收制动力矩，并发送给制动控制器。

(2) 制动控制器根据能量回收制动力矩计算目标液压制动力矩，并根据目标液压制动力矩确定电磁阀 SLA 的通电电流，通过 SLA 控制液压制动力矩。

(3) 当 ABS 不起作用时，可以通过减压电磁阀 SLR 和储液器的配合起到减压的作用。

(4) SS 为沟通前后轮缸回路的电磁阀，当前轮的制动力完全可以由能量回收制动力矩提供时，SS 关闭；当能量回收制动力矩不能够满足前轮制动需要时，SS 打开，前轮也进行液压制动。

(5) 踏板行程模拟装置主要用来模拟踏板行程，吸收多余制动液，使得在确保制动安

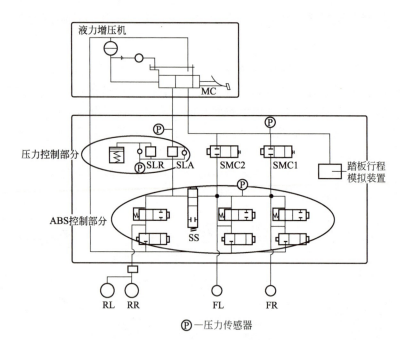

图 5.28　丰田普锐斯的制动控制系统

全的前提下尽可能采用能量回馈制动，减少液压制动。

（6）SMC1 和 SMC2 为两个电磁阀，在正常情况下是关闭的，截断了两个前轮的轮缸制动回路和制动主缸之间的连接。当制动回路出现异常情况（如 SS 失效），前轮无法获取液压制动力矩时，SMC1 和 SMC2 打开，连通前轮的制动轮缸和制动主缸，确保前轮制动。

（7）电磁阀 SLA 和 SLR 都是相关的机械开启装置（在一定的开启压力下可以打开），防止由电信号失效导致制动轮缸的压力增减失效。当 ABS 起作用时，SLA 全开，此后的制动过程由 ABS 控制。

（8）当 ABS 不再起作用时，压力控制部分工作，通过 SLA 控制液压制动力矩。

（9）压力控制部分主要用于控制液压制动力矩，包括液压调节阀和制动主缸，同时实现 ABS 功能。当 ABS 起作用时，该车不进行能量回收制动，完全由液压制动系统完成制动过程。

4. 再生-液压混合制动系统

图 5.29 所示为再生-液压混合制动系统。该制动系统只在前轮进行再生制动能量回收，前轮上的总制动力矩等于电动机产生的再生制动力矩与机械制动系统产生的摩擦制动力矩的和。踩下制动踏板后，电动泵使制动液压增大，产生所需的制动力，制动控制器与电动机控制器协同工作，确定再生制动力矩和前后轮上的液压制动力矩。在电动机再生制动过程中，再生制动控制器回收再生制动能量并输送到电池中，电动汽车上的 ABS 及其控制阀的作用都是产生尽可能大的制动力。

再生制动能量回收系统已广泛应用于混合动力电动汽车及纯电动汽车。作为汽车新能源技术的伴生技术，再生制动能量回收系统进一步提高了能源的利用率，将混合动力电动汽车和纯电动汽车的节能环保性能发挥至极致。随着混合动力技术及电动技术的发展，再生制动能量回收系统有望成为高效环保的主流标配。

电动汽车电池管理系统与制动能量回收系统 第5章

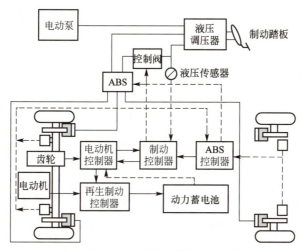

图 5.29　再生-液压混合制动系统

再生制动能量回收系统不仅可应用于新能源汽车上，而且可应用于高级内燃机汽车上。马自达汽车株式会社（以下简称马自达）开发出世界首款面向乘用车、充放电时采用"电容器"的再生制动能量回收系统——i-ELOOP，如图 5.30 所示。其独特之处在于使用了"电容器"，它具有能够快速充放大量电力、长期反复使用不易老化的特点。i-ELOOP 可以将汽车减速时产生的动能转换为电力，以供空调、音响及其他车载电器设备使用，在频繁进行加速、制动的实际行驶过程中，可以降低约 10% 的油耗。

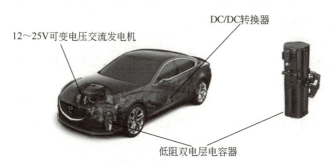

图 5.30　马自达的再生制动能量回收系统 i-ELOOP

为了在单次制动周期中实现良好的电能回收效果，马自达采用了 12～25V 可变电压交流发电机、低阻双电层电容器、DC/DC 转换器。从行驶过程中驾驶人松开加速踏板，汽车减速开始，动能已迅速回收，并利用交流发电机发电，提供最大值为 25V 的电压，为低阻双电层电容器充电，只需几秒即可完成充电。然后通过 DC/DC 转换器将电容器蓄积的电力减压至 12V，除直接分配给空调和音响等电子装置使用外，还可根据需要对蓄电池充电。由于汽车每次制动时都重复这个过程，大大节省了传统发动机发电消耗的燃料，因此，在频繁加减速的场合，可达到降低 10% 的油耗的理想效果。

思考题

一、名词解释

1. 电池管理系统
2. SOC 估计
3. SOH 估计
4. 多参数配组法
5. 再生制动

二、填空题

1. 电池管理系统主要由_____、_____和_____三部分组成。
2. 电池管理系统的工作模式有_____、_____、_____、_____和_____。
3. 电池管理系统的技术要求包括_____、_____、_____、_____、_____、_____。
4. 动力蓄电池的 SOC 估计方法有_____、_____、_____、_____、_____等。
5. 蓄电池不一致性主要分为_____、_____和_____。

三、选择题

1. 下列不属于动力电池系统的是( )。
   A. 电芯　　　B. 电池管理系统　　　C. 电池冷却系统　　　D. 启动蓄电池
2. 下列不属于电池管理系统功能的是( )。
   A. 蓄电池参数检测　　　　　　　B. 充电控制
   C. 续驶里程检测　　　　　　　　D. 蓄电池安全控制与报警
3. 总电压检测精度应满足( )。
   A. ±1%FS　　B. ±2%FS　　C. ±3%FS　　D. ±4%FS
4. 对于纯电动汽车和插电式混合动力电动汽车,电池管理系统 SOC 估计的累积误差应不大于( )。
   A. 5%　　　B. 10%　　　C. 15%　　　D. 20%
5. 电池管理系统的参数检测不包括( )。
   A. 电压检测　　B. 电流检测　　C. 电阻检测　　D. 温度检测

四、判断题

1. 电池管理系统应具有故障诊断、故障信息记录及故障处理功能,如故障代码上报、实时警示和故障保护等。( )
2. 电池管理系统的电压检测方式有单体蓄电池模拟/数字转换器(ADC)方式、共模检测方式和差模检测方式。( )
3. 提高蓄电池不一致性的主要途径有控制生产过程、控制配组过程、控制使用和维护过程。( )
4. 动力蓄电池 SOC 不是一个可以直接测量的值,而是需要由电压、电流、温度等实时测量的值,可通过设计的算法间接估计。( )

5. 动力蓄电池均衡控制的策略有基于电压的均衡策略、基于电流的均衡控制、基于温度的均衡控制、基于 SOC 的均衡策略和基于容量的均衡策略。　　　　　（　　）

五、问答题

1. 电池管理系统的主要功能有哪些？
2. 电池 SOC 估计方法有哪些？
3. 电池 SOH 估计方法有哪些？
4. 锂离子蓄电池配组方法有哪些？
5. 再生制动能量回收有哪些方法和类型？

第 6 章 电动汽车充电技术

 教学目标

通过本章的学习，要求读者了解电动汽车对充电设备的要求，掌握电动汽车充电设备的类型、充电方法和充电方式，熟悉电动汽车车载充电机和非车载充电机的组成、技术参数、充电接口和充电过程，了解电动汽车光伏充电站的结构与工作原理。

 教学要求

知识要点	能力要求	参考学时
概述	了解电动汽车对充电设备的要求，掌握电动汽车充电设备的类型、充电方法和充电方式	2
电动汽车车载充电机	熟悉电动汽车车载充电机的组成、技术参数、充电接口和充电过程	
电动汽车非车载充电机	熟悉电动汽车非车载充电机的组成、技术参数、充电接口和充电过程	
电动汽车光伏充电站	了解电动汽车光伏充电站的结构与工作原理	

导入案例

电动汽车充电站是电动汽车的重要基础支撑系统,也是电动汽车商业化、产业化过程中的重要环节。随着电动汽车产业的快速发展,为避免充电标准不统一引发电动汽车无序发展的问题,国家相关部门正在积极推动电动汽车充电标准建设相关工作。图6.1所示为某电动汽车充电站。

图 6.1 某电动汽车充电站

电动汽车有哪些充电设备?如何为电动汽车充电?通过本章的学习,读者可以得到答案。

电动汽车产业快速发展的关键因素之一是充电技术。智能、快速的充电方式是电动汽车充电技术的发展趋势。

6.1 概　　述

6.1.1 电动汽车对充电设备的要求

电动汽车充电设备是指与电动汽车或动力蓄电池连接,并为其提供电能的设备,是电动汽车充电站的主要设备。

电动汽车对充电设备的要求如下。

(1) 安全。电动汽车充电时,要确保人员的人身安全和蓄电池组的安全。

(2) 使用方便。充电设备应具有较高的智能性,不需要操作人员过多干预充电过程。

(3) 成本低。成本低的充电设备有助于降低电动汽车的整体成本,提高运行效益,促进电动汽车的商业化推广。

(4) 效率高。效率高是对现代充电设备的重要要求,充电设备的效率对电动汽车的整体能量效率有重要影响。

(5) 对供电电网及其他用电设备污染小。采用电力电子技术的充电设备是一种高度非线性设备,会对供电电网及其他用电设备产生有害的谐波污染,而且由于充电设备功率因数小,因此充电系统负载增大时对供电网的影响不容忽视。

6.1.2 电动汽车充电设备的类型

电动汽车充电设备的类型很多,一般分为非车载充电机、车载充电机、交流充电桩、直流充电桩和交直流充电桩等。

1. 非车载充电机

非车载充电机是指安装在电动汽车车体外,将电网的交流电能转换为直流电能,采用传导方式为电动汽车动力蓄电池充电的专用装置。图6.2所示为电动汽车非车载充电机。

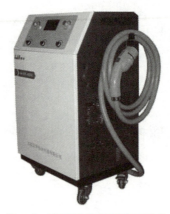

图6.2 电动汽车非车载充电机

非车载充电机一般由高频开关电源模块、监控单元、人机操作界面、与电动汽车连接的电气接口、计量系统和通信接口等组成。

2. 车载充电机

车载充电机是指固定安装在电动汽车上,将电网的交流电能转换为直流电能,采用传导方式为电动汽车动力蓄电池充电的专用装置。图6.3所示为电动汽车车载充电机。

图6.3 电动汽车车载充电机

车载充电机由交流输入接口、功率单元、控制单元、直流输出接口等组成。在充电过程中,宜由车载充电机为电池管理系统、充电接触器、仪表板、冷却系统等提供低压电源。

3. 交流充电桩

交流充电桩是指固定在电动汽车车体外,与交流电网连接,采用传导方式为具有车载充电装置的电动汽车提供交流电源的专用供电装置。交流充电桩只提供电力输出,不具有充电功能,需连接车载充电机为电动汽车充电。图6.4所示为电动汽车交流充电桩。

图 6.4 电动汽车交流充电桩

交流充电桩由桩体、电气模块和计量模块组成。桩体包括外壳和人机交互界面；电气模块包括充电插座、供电电缆、电源转接端子排、安全防护装置等；计量模块包括电能表、计费管理系统、非接触式读/写装置等。

4. 直流充电桩

直流充电桩是指固定在电动汽车车体外，与交流电网连接，可以为非车载电动汽车动力蓄电池提供小功率直流电源的供电装置。直流充电桩的输入电压采用三相四线 AC 380V（1‰±15％），频率为 50Hz，输出可调直流电，直接为电动汽车的动力蓄电池充电。图 6.5 所示为电动汽车直流充电桩。

电动汽车充电桩

图 6.5 电动汽车直流充电桩

直流充电桩主要由监控器、电度计量表、读卡器、人机交互界面、通信模块及充电接口、执行机构和户外柜体等组成。

5. 交直流充电桩

交直流充电桩采用交直流一体的结构，既可实现直流充电，又可实现交流充电。当白天充电业务多时，使用直流方式进行快速充电；当夜间充电站用户少时，可用交流方式进行慢速充电。图 6.6 所示为电动汽车交直流充电桩。

图 6.6　电动汽车交直流充电桩

6.1.3　电动汽车的充电方法

电动汽车的充电方法主要有恒流充电、恒压充电和恒流限压充电。现代智能型蓄电池充电机可设置不同的充电方法。

1. 恒流充电

恒流充电是指在充电过程中保持充电电流不变的方法。恒流充电的优点是具有较强的适应性，容易为蓄电池充满电，利于延长蓄电池的使用寿命；缺点是在充电过程中需要根据逐渐升高的蓄电池电动势调节充电电压，以保持电流不变，因此充电时间较长。

恒流充电是一种标准的充电方法，有如下四种。

（1）涓流充电，是指维持蓄电池的满充电状态，恰好能抵消蓄电池自放电的一种充电方法。其充电率对满充电的蓄电池长期充电无害，但对完全放电的蓄电池充电时电流太小。

（2）最小电流充电，是指在能使深度放电的蓄电池有效恢复蓄电池容量的前提下，把充电电流值尽可能调整到最小的方法。

（3）标准充电，是指采用标准速率充电，充电时间为 14h。

（4）高速率（快速）充电，是指在 3h 内为蓄电池充满电的方法。这种充电方法需要自动控制电路保护蓄电池不损坏。

2. 恒压充电

恒压充电是指在充电过程中保持充电电压不变的充电方法。恒压充电时，充电电流随蓄电池电动势的升高而减小。合理的充电电压，应在蓄电池即将充满电时使充电电流趋于零。电压过高会造成充电初期充电电流过大和过充电，电压过低会使蓄电池充电不足。在充电初期，若充电电流过大，则应适当调低充电电压，待蓄电池电动势升高后将充电电压调整到规定值。

恒压充电的优点是充电时间短，充电过程无须调整电压，较适合补充充电；缺点是不易将蓄电池充满电，充电初期大电流会对极板有不利影响。

3. 恒流限压充电

恒流限压充电是指先以恒流方式充电，当蓄电池组端电压上升到限压值时，充电机自动转换为恒压充电，直到充电完毕。

6.1.4 电动汽车的充电方式

电动汽车的充电方式主要有常规充电方式、快速充电方式、更换蓄电池充电方式、无线充电方式和移动式充电方式。

1. 常规充电方式

常规充电方式是采用恒压、恒流的传统充电方式对电动汽车进行充电，充电器的工作成本和安装成本比较低。电动汽车家用充电设施（车载充电机）和小型充电站多采用这种充电方式。车载充电机是电动汽车的一种基本充电设备，如图 6.7 所示。车载充电机作为标准配置固定在汽车上或放在行李舱里。由于只需将车载充电机的插头插到停车场或家中的电源插座上即可充电，因此充电过程一般由用户独立完成。这种充电方式对电网没有特殊要求，只要满足照明要求的供电质量就可以使用，充电功率较小，常由 220V/16A 规格的标准电网电源供电。车载充电机的充电时间为 8～10h（SOC＞95％）。由于在家中充电通常是晚上或者用电低谷期，有利于电能的有效利用，因此电力部门一般会给予电动汽车用户一些优惠，如用电低谷期充电打折。

电动汽车快速充电和慢速充电

小型充电站是电动汽车的一种重要充电设备，如图 6.8 所示。小型充电站设置在街边、超市停车场、办公楼停车场等，采用常规充电电流充电。电动汽车用户需将汽车停靠在充电站指定的位置，接上电线充电即可。计费方式是投币或刷卡，充电功率一般为 5～10kW，采用三相四线制 380V 供电或单相 220V 供电。

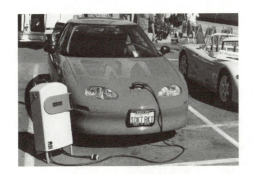

图 6.7　车载充电机

图 6.8　小型充电站

常规充电方式的主要优点如下：充电技术成熟，技术门槛低，使用方便，容易推广普及；充电设施配置简单，占地面积较小，投资少；蓄电池充电过程缓和，蓄电池能够深度充满，续航能力更强；充电时蓄电池发热温和，不易发生高温短路或爆炸危险，安全性较强；接口和相关标准较低；充电功率较低，对配电网要求较低，基础设施配套需求小；一般选择夜间充电，享受用电低谷期电价优惠，节能效果较好。这种充电方式用于有慢速充电需求的停车场所，如住宅小区停车场、社会公共停车场等。

常规充电方式的主要缺点如下：充电时间长，续驶里程有限，使用受到限制。

2. 快速充电方式

快速充电方式以 150～400A 的充电电流在短时间内为蓄电池充电，与常规充电方式相比，安装成本较高。快速充电也称迅速充电或应急充电，其目的是在短时间内给电动汽车

图 6.9　大型充电站(机)

充满电。大型充电站(机)多采用快速充电方式(图 6.9)。

大型充电站(机)的快速充电方式主要用于长距离旅行或需要进行快速补充电能的场合，充电机功率很大，一般大于 30kW，采用三相四线制 380V 供电，典型的充电时间是 10～30min。这种充电方式对蓄电池使用寿命有一定的影响，特别是普通蓄电池不能进行快速充电，因为在短时间内接受大量的电能会导致蓄电池过热。快速充电站的关键是非车载快速充电组件，它能够输出 35kW 甚至更高的功率。由于功率和电流的额定值都很高，因此这种充电方式对配电网有较高要求，一般应靠近 10kV 变电站附近或在监测站和服务中心使用。

快速充电方式的主要优点如下：技术较成熟，接口标准要求较低；充电速度快，增大电动汽车长途续驶里程，是一种有效的补充方案。

快速充电方式的主要缺点如下：充电功率较大，对接口和用电安全性提出更高要求，蓄电池散热成为重要因素；蓄电池不能深度充电，一般为蓄电池容量的 80%，容易损害蓄电池使用寿命，需要承担更多折旧成本；短时用电消耗大，对配电网要求较高，基础设施配套需求巨大；一般在城市电力负荷高峰时段充电，对城市电网的安全性是一种威胁，而且不享受夜间电价优惠。

3. 更换蓄电池充电方式

更换蓄电池充电方式采用更换动力蓄电池的方法迅速补充电能，可在 10min 内完成，理论上无限增大了续驶里程。

图 6.10 所示为利用换电机器人为电动汽车更换蓄电池。

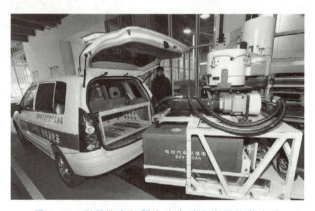

图 6.10　利用换电机器人为电动汽车更换蓄电池

更换蓄电池充电方式的主要优点如下：更换蓄电池类似于在加油站加油，减少等待时间；用户只需购买裸车并租赁蓄电池即可，大幅降低了汽车价格；采用合适的充电方式保证蓄电池的健康及蓄电池效能的发挥；蓄电池集中管理便于回收和维护，减少环境污染；选择夜间用电低谷期慢速充电，降低服务机构运行成本，对电网起到削峰填谷作用。

更换蓄电池充电方式的主要缺点如下：基础设施建设成本较高，占用场地面积大，电网配套要求高；需解决电动汽车更换蓄电池的方便性问题，如蓄电池设计安装位置、蓄电池拆卸难易程度等；需要电动汽车行业众多标准的严格统一，包括蓄电池本身外形和各项参数的标准化，蓄电池和电动汽车接口的标准化，蓄电池和外置充电设备接口的标准化等；更换蓄电池容易导致蓄电池接口接触不良等问题，对蓄电池及电动汽车接口的可靠性要求提高；蓄电池租赁带来资产管理、物流配送、计价收费等问题，运作复杂性和成本提高。

4. 无线充电方式

无线充电方式是利用无线电能传输技术对蓄电池充电，主要有感应式无线电能传输、谐振式无线电能传输和微波无线电能传输三种形式。感应式无线电能传输是松散耦合结构，相当于可分离变压器。谐振式无线电能传输利用近场电磁共振耦合，实现电能的中距离有效传输。微波无线电能传输是一种远场辐射型能量传输方式，由于传输效率很低，而且容易对人体产生危害，因此不宜用于电动汽车无线充电。

与电动汽车的有线充电相比，无线充电具有使用方便、安全、可靠，没有电火花和触电的危险，无积尘和接触损耗，无机械磨损，没有相应的维护问题，可以适应雨雪等恶劣天气的优点。采用无线充电技术可以降低人力成本、节省空间、不影响交通视线等。如果可以实现电动汽车的动态无线充电，则可以大幅度减小电动汽车配备的动力蓄电池容量，从而减轻整车质量，降低电动汽车的运行成本。

有了无线充电技术，电动汽车或双能源汽车可通过安装在电线杆或其他高层建筑上的发射器快速补充电能，电费可从汽车上安装的预付卡中扣除。

电动汽车无线充电示意如图 6.11 所示。

图 6.11 电动汽车无线充电示意

5. 移动充电方式

对电动汽车蓄电池而言，最理想的情况是电动汽车在路上巡航时充电，即所谓的移动充电。这种充电方式不必寻找充电站、停放汽车、消耗时间充电。移动充电系统埋设在一段路面之下（充电区），不需要额外空间。

移动充电方式包括接触式和感应式两种。接触式移动充电方式需要在车体的底部装一个接触拱，接触拱与嵌在路面上的充电元件接触，便可获得瞬时大电流。当电动汽车巡航通过移动充电区时,其充电过程为脉冲充电。对于感应式移动充电方式,接触拱被感应线圈取代,嵌在路面上的充电元件被可产生强磁场的大电流绕组取代。

很明显,受机械损耗和接触拱的安装位置等因素的影响,接触式移动充电方式对人们的吸引力不大。感应式移动充电方式是研究重点,因为它不需要机械接触,也不会产生大的位置误差。当然,这种充电方式的投资巨大,现在仍处于实验阶段。

6.1.5 电动汽车充电技术的发展趋势

1. 充电通用化

在多种类型蓄电池、多种电压等级共存的市场背景下,公共场所的充电装置必须具有适应多种类型蓄电池系统和各种电压等级的能力,即具有充电广泛性,具备多种类型蓄电池的充电控制算法,可与各类电动汽车上的不同蓄电池系统实现充电特性匹配,从而为不同的蓄电池充电。因此,在电动汽车商业化的早期应该制定相关政策措施,规范公共场所用充电装置与电动汽车的充电接口、充电规范和接口协议等。

2. 实现智能充电控制

电动汽车充电行为具有随机性和间歇性,会对电网造成诸多不利影响。如果能在提供方便、安全的电动汽车充电服务的基础上,通过现代化的技术手段和管理方法,对电动汽车充电设施进行统一监控,实现充电网络一体化、自动化与智能化的充电设施管理与控制,则可大幅度削弱电动汽车充电给电力系统带来的不利影响,甚至可将电动汽车充电设施作为电力系统的"友好负荷",参与电力系统削峰填谷,提高电力系统的运行效率和安全性。

3. 与新能源发电配合

新能源发电可利用资源丰富、污染较小甚至是零污染,在一定程度上缓解电力供应的紧张情况和环保压力。如果能将充电设施与新能源发电集成接入电力系统,则可在一定程度上削弱新能源接入对电力系统造成的不利影响,降低充电设施带来的负荷增量,提高可再生能源的利用率。在郊区建立电动汽车充电站,在市区提供蓄电池组更换服务,通过双向运输等方式促进电动汽车和新能源发电的发展。

4. 作为系统储能的组成部分

由于太阳能和风能均具有随机性、波动性和不可控性,因此在含光伏发电、风力发电的微电网或配电网中,需配置一定容量的储能设备。若储能配置偏少,则可能无法满足系统发电与用电之间的实时动态平衡;若储能配置过于充裕,则显著增加系统总投资费用,可能造成经济性变差。从电动汽车的特性可知,蓄电池只有在荷电状态比较充裕时才可使用,因此电动汽车因电量不足不能行驶时,蓄电池仍有一定的电量储存,可用于参与含分布式电源的微电网或配电网功率实时动态平衡。此外,一般电动汽车行驶时间较短,可在大量空置时间参与电网运行,作为储能单元参与系统削峰填谷,减少系统静态储能设备的配置,提高系统的经济性。

5. 成为智能电网的重要组成部分

电动汽车是发展新能源汽车的重要方向,支持电动汽车发展的电网技术是智能电网的重要组成部分。为充电设施安装智能电表、充电站双向通信设施等都是电动汽车充电技术的主要研究方向。智能电网的实现依赖对电网中各环节重要运行参数的在线监测和实时信息掌控,物联网可作为"智能信息感知末梢",使管理更加集中化、统一化和智能化。将物联网应用于电动汽车充电有助于电动汽车实现自动识别、自动报警和自动管理等功能,是推动智能电网发展的重要技术手段。

6.2 电动汽车车载充电机

车载充电机具有保障电动汽车动力蓄电池安全且自动充满电的能力,其依据电池管理系统提供的数据,动态调节充电电流或电压参数,执行相应的动作,完成充电过程。

6.2.1 电动汽车车载充电机的组成

车载充电机由输入端口、功率单元、控制单元、低压辅助单元、输出端口等组成。车载充电机连接示意如图 6.12 所示。

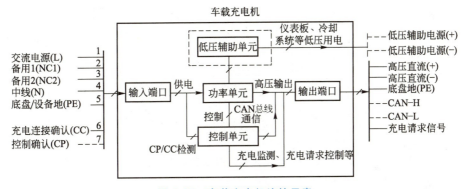

图 6.12 车载充电机连接示意

输入端口是车载充电机与地面供电设备的连接装置。当使用车载充电机对电动汽车充电时,推荐使用图 6.13 所示的车载充电机输入控制引导电路作为充电接口连接状态及车载充电机输出的判断装置。

功率单元作为充电能量的传递通道,主要包括 EMI(Electromagnetic Interference,电磁干扰)抑制模块、整流模块、PFC(Power Factor Correction,功率因数校正)模块、滤波模块、全桥变换模块、直流输出模块,其作用是在控制单元的配合下,把电网的交流电转换成蓄电池需要的高压直流电。

控制单元主要包括原边监测及保护模块、过电流监测及保护模块、过电压/欠电压监测及保护模块、DSP(Digital Signal Processing,数字信号处理)主控模块,其作用是通过电力电子开关器件控制功率单元的转换过程,通过闭环控制方式精确完成转换功能,并提供保护功能。

低压辅助单元主要包括 CAN 总线通信模块、辅助电源模块、人机交互模块,其作用是为控制单元的电力电子器件低压供电及实现系统与外界的联系。

输出端口是车载充电机与蓄电池之间的连接装置。

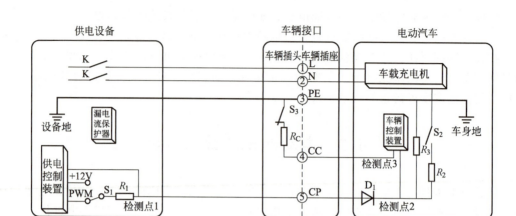

图 6.13 车载充电机输入控制引导电路

车载充电机输出控制引导电路如图 6.14 所示。

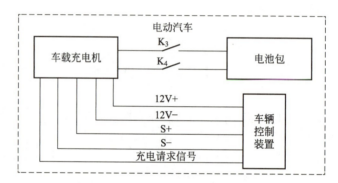

图 6.14 车载充电机输出控制引导电路

6.2.2 电动汽车车载充电机的技术参数

电动汽车车载充电机输入技术参数的推荐值见表 6-1。

表 6-1 电动汽车车载充电机输入技术参数的推荐值

序号	额定输入电压/V	额定输入电流/A	额定输入功率/kW	额定频率/Hz
1	单相 220	10	2.2	
2	单相 220	16	3.5	
3	单相 220	32	7.0	50
4	三相 380	16	10.5	
5	三相 380	32	21.0	
6	三相 380	63	41.0	

电动汽车车载充电机输出技术参数的推荐值见表 6-2。

表 6-2　电动汽车车载充电机输出技术参数的推荐值

输出电压等级	输出电压/V	标称输出电压推荐值/V
1	24~65	48
2	55~120	72
3	100~250	144
4	200~420	336
5	300~570	384、480
6	400~750	640

输出电流可根据各制造厂蓄电池组电压情况设定。车载充电机在额定输入电压、额定负载的状态下，效率应不低于90%，功率因数应不低于0.92。

车载充电机的技术参数误差要求如下：输入电压波动范围为额定电压的±15%；输入频率波动范围为额定频率的±2%；车载充电机在恒压输出状态下运行时，其输出电压与设定电压值的误差应为±1%；车载充电机在恒流输出状态下运行时，其输出电流与设定电流值的误差应为±5%；车载充电机在允许的输出电流范围内，输出电流的周期和随机偏差不能大于设定电流值的10%；车载充电机在稳流区间工作时，其稳流精度应小于1%，在稳压区间工作时，其稳压精度应小于0.5%。

6.2.3　电动汽车车载充电机的充电接口

电动汽车车载充电机属于交流充电，其接口应满足交流充电接口的要求。

车载充电机车辆供电插头的触头布置方式如图6.15所示。车载充电机车辆充电插座的触头布置方式如图6.16所示。车载充电机车辆供电插头和充电插座如图6.17所示。

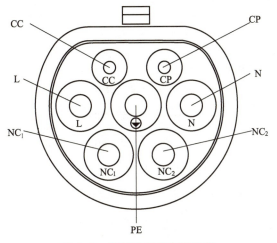

图 6.15　车载充电机车辆供电插头的触头布置方式

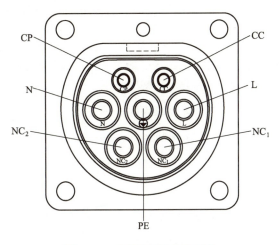

图 6.16　车载充电机车辆充电插座的触头布置方式

图 6.17　车载充电机车辆供电插头和充电插座

在充电连接过程中，先接通保护接地触头，再接通控制导引触头与充电连接确认触头；断开过程相反。车辆接口的电气连接界面如图 6.18 所示。供电接口的电气连接界面如图 6.19 所示。

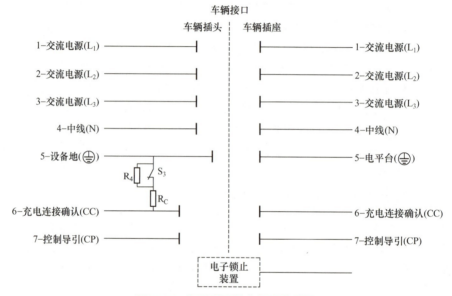

图 6.18　车辆接口的电气连接界面

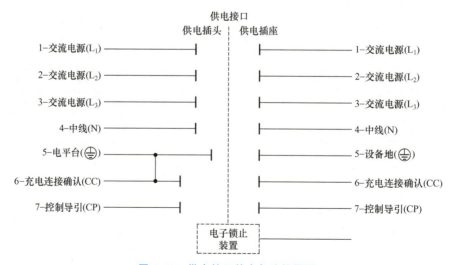

图 6.19　供电接口的电气连接界面

6.2.4　电动汽车车载充电机的充电过程

电动汽车车载充电机的充电过程如下。

（1）将车辆插头与车辆插座插合后，车辆的总体设计方案可以自动启动某种触发条件，通过互锁或者其他控制措施使车辆处于不可行驶状态。

（2）电动汽车车辆控制装置通过测量图 6.13 中检测点 3 与 PE 之间的电阻值，判断车辆插头与车辆插座是否完全连接。

（3）操作人员对供电设备完成充电启动设置后，如供电设备无故障，并且供电接口完全连接，则闭合 S_1，供电控制装置发出 PWM 信号。电动汽车车辆控制装置通过测量图 6.13 中检测点 2 的 PWM 信号，判断充电连接装置是否完全连接。

（4）电动汽车和供电设备建立电气连接及车载充电机完成自检后，通过测量图 6.13 中检测点 2 的 PWM 信号确认充电额定电流值；车载充电机向车辆控制装置发送充电感应请求信号，同时或延时后给车辆控制装置供电；根据充电协议确认信息，若需充电，则车辆控制装置发送需充电报文并控制充电接触器闭合，车载充电机按所需功率输出。

（5）车辆控制装置通过判断图 6.13 中检测点 2 的 PWM 信号的占空比，确认供电设备当前能提供的最大充电电流；车辆控制装置对供电设备、充电连接装置及车载充电机的额定输入电流进行比较，将最小值设定为车载充电机当前最大允许输入电流；判断充电连接装置完全连接，并完成车载充电机最大允许输入电流设置后，车辆控制装置控制图 6.14 中的 K_3、K_4 闭合，车载充电机开始对电动汽车进行充电。

（6）在充电过程中，车辆控制装置可以对图 6.13 中检测点 3 的电压值及 PWM 信号占空比进行监测，供电控制装置可以对图 6.13 中检测点 1 的电压值进行监测。

（7）在充电过程中，当充电完成或者因为其他原因不满足充电条件时，车辆控制装置向车载充电机发出充电停止信号，车载充电机停止直流输出、CAN 总线通信和低压辅助电源输出。

6.3　电动汽车非车载充电机

电动汽车充电站的建设尤为重要，没有充电站就相当于内燃机汽车没有加油站。电动汽车充电站的建设对电动汽车远程旅行及提高续驶里程有非常重要的作用。而作为充电站的核心，非车载充电机是必不可少的。

6.3.1　电动汽车非车载充电机的组成

非车载充电机主要由充电机主体和充电终端两个部分组成，如图 6.20 所示。充电机主体通过三相输入接触器与电网相连，将交流电转换为输出电压和输出电流可调的直流电。直流输出经过充电终端的充电线缆接口与电动汽车的蓄电池相连。充电终端面向用户，有一个单独的控制系统管理整个终端。充电终端包括 IC 卡计费系统、信息打印系统、人机交互面板显示系统、电能测量系统，并与整流柜控制系统、电池管理系统、充电站监控系统等通信。非车载充电机充电终端的组成如图 6.21 所示。

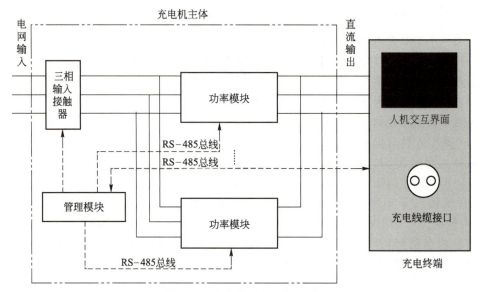

图 6.20 非车载充电机的组成

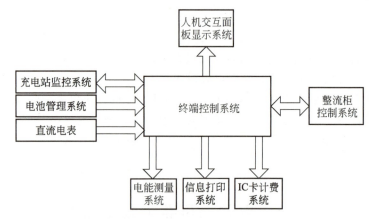

图 6.21 非车载充电机充电终端的组成

功率模块是非车载充电机中实现能量传递的主体,是关键部件。单个功率模块难以实现充电机的大功率输出,必须选择分布式系统(多个相同的功率模块并联)。

人机交互面板显示系统不但要提供充电时客户关心的信息,而且要为充电站维护人员提供一些必要信息,如电池类型、充电电压、充电电流、电能量计量信息,单体电池最高/最低电压、故障及报警信息等。充电完成后,充电机需要打印输出交易信息,如用电能数、交易金额及充电时间等。

管理模块和充电终端与各功率模块进行数据交互,通过 RS-485 总线向各功率模块下达正确的充电控制命令和参数设置命令。功率模块作为充电的具体执行模块,按照管理模块下达的命令,上传自身参数或者接收管理模块的命令,设置相关参数,完成充电过程。管理模块和功率模块协同工作,实现充电功能。

6.3.2 电动汽车非车载充电机的技术参数

电动汽车非车载充电机的输入技术参数见表 6-3。

表 6-3 电动汽车非车载充电机的输入技术参数

输入方式	输入电压额定值/V	输入电流额定值/A	频率/Hz
1	单相 220	$I_N \leqslant 16$	50
2	单相 220/三相 380	$16 < I_N \leqslant 32$	
3	三相 380	$I_N > 32$	

根据蓄电池组电压等级的范围，非车载充电机输出电压一般分为三级：150～350V、300～500V、450～700V。

非车载充电机的额定输出电流宜采用 10A、20A、50A、100A、160A、200A、315A、400A、500A。

当非车载充电机的输出功率为额定功率的 50%～100% 时，效率不应小于 90%，功率因数不应小于 0.9。

非车载充电机的技术参数误差要求如下：当交流电源电压在标称值的±15%范围内变化，输出直流电压在规定的相应调节范围内变化时，输出直流电流为额定值的 20%～100% 并保持稳定，充电机输出电流精度不应超过±1%；当交流电源电压在标称值的±15%内变化，输出直流电流在额定值的 0%～100% 内变化时，输出直流电压应在规定的相应调节范围内任一数值上保持稳定，充电机输出电压精度不应超过±0.5%。

6.3.3 电动汽车非车载充电机的充电接口

非车载充电机车辆供电插头的触头布置方式如图 6.22 所示，非车载充电机车辆充电插座的触头布置方式如图 6.23 所示。非车载充电机车辆供电插头和充电插座如图 6.24 所示。

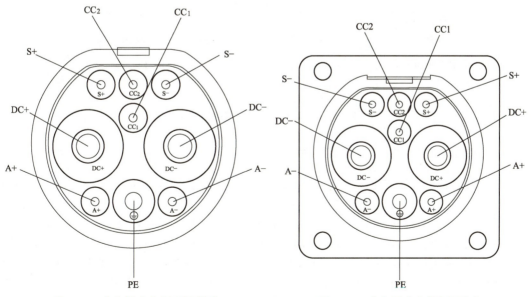

图 6.22 非车载充电机车辆供电插头的触头布置方式

图 6.23 非车载充电机车辆充电插座的触头布置方式

(a) 供电插头　　　　　　(b) 充电插座

图 6.24　非车载充电机车辆供电插头和充电插座

车辆供电插头和充电插座在连接过程中触头耦合的顺序为保护接地，直流电源正、直流电源负连接，车辆端连接确认，低压辅助电源正与低压辅助电源负连接，充电通信与供电端连接确认；脱开过程的顺序相反。非车载充电机直流充电接口的连接界面如图 6.25 所示。

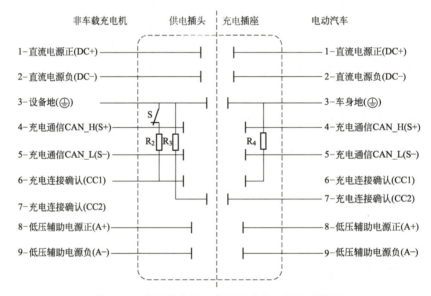

图 6.25　非车载充电机直流充电接口的连接界面

6.3.4　电动汽车非车载充电机的充电过程

非车载充电机直流充电安全保护系统的基本方案包括非车载充电机控制装置，电阻 $R_1 \sim R_5$，开关 S，直流供电回路接触器 K_1 和 K_2（可以仅设置 1 个），低压辅助供电回路接触器 K_3 和 K_4（可以仅设置 K_3），充电回路接触器 K_5 和 K_6（可以仅设置 1 个），电子锁及车辆控制装置，其中车辆控制装置可以集成在电池管理系统中，如图 6.26 所示。电阻 R_2 和 R_3 安装在供电插头上，电阻 R_4 安装在充电插座上。开关 S 为车辆插头的内部常闭开关，车辆插头和车辆插座完全连接后，开关 S 闭合。在整个充电过程中，非车载充电机控制装置应能监测接触器 K_1、K_2、K_3、K_4 及电子锁状态，并控制其接通及关断；电动汽车车辆控制装置应能监测接触器 K_5 和 K_6 的状态并控制其接通及关断。

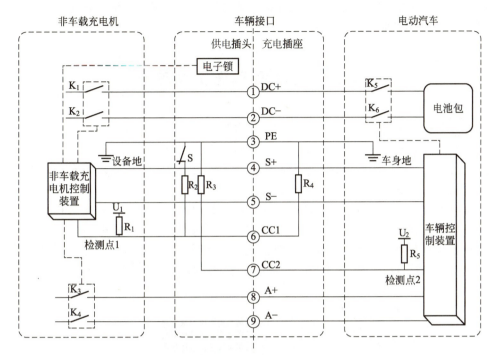

图 6.26　非车载充电机直流充电安全保护系统的基本方案

电动汽车非车载充电机的充电过程如下。

（1）将车辆供电插头和充电插座插合后，车辆的总体设计方案可以自动启动某种触发条件，通过互锁或者其他控制措施使车辆处于不可行驶状态。

（2）操作人员对非车载充电机进行充电设置后，非车载充电机控制装置通过测量检测点 1 的电压值，判断车辆供电插头与充电插座是否完全连接，如检测点 1 的电压值为 4V，则判断车辆接口完全连接，非车载充电机控制电子锁锁止。

（3）车辆接口完全连接后，如非车载充电机完成自检，则闭合低压辅助供电回路接触器 K_3 和 K_4，使低压辅助供电回路导通，同时开始周期发送充电机辨识报文；得到非车载充电机提供的低压辅助电源供电后，车辆控制装置通过测量检测点 2 的电压值判断车辆接口是否完全连接，如检测点 2 的电压值为 6V，则车辆控制装置开始周期发送车辆控制装置（或电池管理系统）辨识报文，该信号也可以作为车辆处于不可行驶状态的触发条件。

（4）车辆控制装置与非车载充电机控制装置通过通信完成握手和配置后，车辆控制装置闭合充电回路接触器 K_5 和 K_6，使充电回路导通，非车载充电机控制装置闭合直流供电回路接触器 K_1 和 K_2，使直流供电回路导通。

（5）在整个充电阶段，车辆控制装置通过向非车载充电机控制装置实时发送充电级别需求来控制整个充电过程，非车载充电机控制装置根据电池充电级别需求调整充电电压和充电电流，以确保充电正常进行。此外，车辆控制装置和非车载充电机控制装置还相互发送各自状态信息。

（6）车辆控制装置根据电池系统是否达到满充状态或是否接收到充电机中止充电报文来判断是否结束充电。当满足以上充电结束条件时，车辆控制装置开始周期发送车辆控制装置（或电池管理系统）中止充电报文，在一段时间后断开充电回路接触器 K_5 和 K_6；非车载充电机控制装置开始周期发送充电机中止充电报文,并控制充电机停止充电,之后断开接触器 K_1、K_2、K_3 和 K_4,解锁电子锁。

6.4 电动汽车光伏充电站

电动汽车充电站主要利用电网供电,如果电动汽车得到大量推广应用,必将额外消耗大量不可再生资源来发电。煤、石油等化石燃料在燃烧发电过程中造成环境污染,加重了传统能源消耗和环境问题。因此,开发利用清洁的可再生能源为电动汽车充电站供电势在必行,光伏充电站是电动汽车未来的理想充电站。

电动汽车光伏充电站可以分为两类,即离网运行的电动汽车光伏充电站和并网运行的电动汽车光伏充电站,其中应用较多的是并网运行的电动汽车光伏充电站。

并网运行的电动汽车光伏充电站主要由光伏电池阵列、储能电池组、多组 DC/DC 转换器、DC/AC 转换器、交流配电网、中央控制器等组成,如图 6.27 所示。

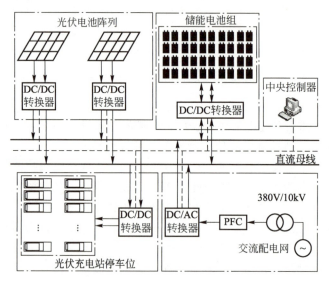

图 6.27 并网运行的电动汽车光伏充电站的组成

光伏电池阵列由太阳电池板串联或并联组成,它吸收太阳能并发出直流电,经 DC/DC 转换器接入充电系统,是站内电动汽车充电的主要电源。

储能电池组在系统中起能量储存和调节的作用,当光伏发电量过剩时,储存多余电能;当光伏不足时,由储能或与交流配网一起为电动汽车充电。

多组 DC/DC 转换器作为光伏电池阵列、储能电池组和电动汽车充电系统的变流单元,其中,光伏发电系统和电动汽车充电系统使用能量单向流动的 DC/DC 转换器,储能电池组使用能量双向流动的转换器模块。

DC/AC 转换器作为交流配电网与光伏充电系统的连接单元,根据站内充电的需要,将配电网输入的交流电转换为直流电接入充电系统。

中央控制器协调系统内各组成单元正常运行,实现能量的监测与控制。

电动汽车光伏充电站的工作原理是利用高储能电池储存太阳能释放的电量,并及时提供给电动汽车充电使用或为其他系统供应电力;当太阳能释放的电量不足以满足充电站使用时,可以从电网向充电站输送电量并储存,以便及时为汽车供电。

电动汽车光伏充电站的主要特点如下。第一,光伏充电站不需要建设专门的电站或电网,也不需要增大电网的电容量。因为光伏发电系统有自身的发电功能,在遇到供不应求的情况下,其在电网低谷时段选择从国家电网购买电量并储存到电容器里,不仅使充电站的电量满足快速供给电动汽车充电而不影响电网的使用,而且有效利用了国家电网低谷时段的电力。当国家电网到高峰时段用电压力较大时,可以利用充电站储电优势向电网反供电。第二,因为光伏充电站是由多个储能电池组合成的,所以在遇到供不应求的情况下,不需要重新建造容量更大的充电站,其扩大能量的方法非常简单,只需按需求增加电池组即可,在很大程度上降低了充电站的建设成本,也给充电站的长远发展提供了更多的可能性。

特斯拉在北京建设的首个光伏超级充电站如图 6.28 所示。它由一个充电机和两个充电桩组成,采用电网电能和太阳能联合的供电方式,并备有电池组储电。所谓超级,是指具有高压大电流,可实现快速充电,交流输入电压为 380V,电流为 192A;直流输出功率为 125kW,给电动汽车充电。以电力用尽的特斯拉 Model S85 为例,20min 可充电 50%,40min 可充电 80%,80min 可充满电。

图 6.28 特斯拉在北京建设的首个光伏超级充电站

宝马电动汽车光伏充电站如图 6.29 所示,其外形类似于一个拱形的鸟翼,以太阳能板作为顶棚,内部基于 LED 的照明系统,可以与用户进行交互。当用户走近充电站时,LED 的颜色和亮度会发生改变。LED 照明系统还可以告诉人们该充电站是处于占用状态还是处于空闲状态。该充电站的集成触摸显示屏可显示车辆的相关信息,如当前电池续驶里程、启动之前的安全信息及收费方式;电动汽车电池的使用时间,到达目的地之前的充电时间和充电地点。该充电站靠收集太阳能为电动汽车充电,同时将平日不用的能量重新输送回电网。

图 6.29　宝马电动汽车光伏充电站

一、名词解释

1. 电动汽车充电设备
2. 非车载充电机
3. 车载充电机
4. 交流充电桩
5. 直流充电桩

二、填空题

1. 电动汽车充电设备是指与_____或_____连接，并为其提供电能的设备。
2. 交流慢充方式是用充电接口，把_____输入电动汽车的，经过汽车内部的_____把_____转换成_____后输入，完成充电。
3. 直流快充是用充电接口，把_____转换成_____，输送到电动汽车的_____，电能直接进入充电。
4. 电动汽车无线充电方式主要有_____、_____、_____。
5. 电动汽车移动充电方式主要有_____、_____。

三、选择题

1. 下列不具备直接给电动汽车蓄电池充电功能的是（　　）。
 A. 非车载充电机　　　　　　　　B. 车载充电机
 C. 直流充电桩　　　　　　　　　D. 交流充电桩
2. 电动汽车充电站一般采用（　　）充电，可以使用 220V 或 380V 的电压。
 A. 慢速　　　B. 快速　　　C. 交流　　　D. 直流
3. 车载充电机的主要作用有（　　）。
 A. 将交流电转换成高压直流电　　B. 将交流电转换成低压直流电
 C. 将低压直流电转换成高压直流电　D. 改变交流电电流
4. 非车载充电机的主要作用有（　　）。
 A. 将交流电转换成高压直流电　　B. 将交流电转换成低压直流电
 C. 将低压直流电转换成高压直流电　D. 改变交流电电流

5. 当电动汽车仪表盘上的 SOC 值显示（　　）时，需要充电。
A. 5%　　　　　　B. 10%　　　　　　C. 20%　　　　　　D. 30%

四、判断题

1. 充电桩可以根据不同的电压等级为各种型号的电动汽车充电，其输入端与交流电网直接连接，输出端装有充电插头，可为电动汽车充电，一般分为常规充电和快速充电两种方式。　　　　　　　　　　　　　　　　　　　　　　　　　　　　　　　（　　）
2. 电动汽车动力蓄电池的充电过程由蓄电池管理系统控制和保护。　　　　（　　）
3. 电动汽车的充电接口都是相同的。　　　　　　　　　　　　　　　　（　　）
4. 交直流充电桩可以同时对电动汽车进行交流充电和直流充电。　　　　（　　）
5. 车载充电机的充电接口（慢充口）有七个孔，中间三个大圆孔分别接中线（火线）、地线、交流电源（零线），用来传导交流电。　　　　　　　　　　　　　　　（　　）

五、问答题

1. 电动汽车的充电设备有哪些？
2. 电动汽车充电方法有哪些？
3. 电动汽车充电方式有哪些？
4. 交流慢充电有哪些优缺点？
5. 直流快充电有哪些优缺点？

第 7 章 新技术应用

教学目标

通过本章的学习,要求读者了解新能源汽车向智能网联汽车及无人驾驶汽车发展过程中涉及的新技术,包括汽车轻量化技术、智能网联汽车和无人驾驶汽车、汽车网络技术、汽车环境感知技术、汽车先进驾驶辅助系统等。

教学要求

知识要点	能力要求	参考学时
汽车轻量化技术	了解汽车轻量化材料——铝合金、镁合金、钛合金、碳纤维,汽车轻量化设计概念,汽车轻量化制造方法	2
智能网联汽车和无人驾驶汽车	了解智能网联汽车的定义、构成和关键技术,无人驾驶汽车的定义、构成和关键技术	
汽车网络技术	了解车载网络的类型,车载自组织网络的定义、结构和应用场景,车载移动互联网的定义和组成	2
汽车环境感知技术	了解道路识别、车辆识别、行人识别、交通标志识别、交通信号灯识别的目的和方法	
汽车先进驾驶辅助系统	了解自适应巡航控制系统、车道偏离预警系统、车道保持辅助系统、并线辅助系统、自动制动辅助系统、自适应前照灯系统、夜视辅助系统、平视显示系统、自动泊车辅助系统、疲劳驾驶监测系统	2

新技术应用 第7章

导入案例

克罗地亚的Rimac公司发布了一款无人驾驶电动跑车,如图7.1所示,其搭载了1404kW的发动机,加速能力惊人,能够在1.85s内实现0~100km/h的加速,最高车速为420km/h。这款跑车的续驶里程达到640km,几乎是其他电动汽车的两倍,同时配备了8台摄像机、1~2个激光雷达、6个普通雷达和12个超声扫描器。

图7.1 无人驾驶电动跑车

汽车行业正在经历电动化、智能化、网联化、共享化的全面转型,以实现无人驾驶。

新能源汽车向智能网联汽车、无人驾驶汽车发展的过程中涉及哪些新技术?通过本章的学习,读者可以得到答案。

新能源汽车的发展趋势是轻量化、智能化、网联化,最终实现无人驾驶。

7.1 汽车轻量化技术

汽车轻量化是指在保持原有的行驶安全性、耐撞性、抗振性及舒适性等性能不降低且本身造价合理的前提下,有目标地减轻汽车自身的质量。汽车轻量化是设计、材料和先进的加工制造技术的优势集成,其中材料的创新是基础和核心。汽车轻量化实际上是汽车性能提高、质量减轻、结构优化、价格合理四方面结合的系统工程。

试验表明,汽车质量每减轻10%,油耗下降6%~8%;同时汽车轻量化能直接提高汽车的比功率,从而提高汽车的动力性能。因此,汽车轻量化技术是有效降低油耗、减少排放和提升安全性的重要技术措施之一,已经成为汽车发展的潮流。

汽车轻量化的实现需要材料技术、轻量化结构优化设计技术、轻量化绿色制造技术三方面的进步。

7.1.1 汽车轻量化材料

奥迪汽车轻量化技术

应用新材料是实现汽车轻量化的关键。为了实现汽车轻量化，各汽车制造厂和材料制造厂致力于轻量化材料的研发，轻量化材料用量已经成为衡量汽车生产技术和新材料开发水平的重要标准。用于汽车轻量化的主要材料有低密度的轻质材料和高强度材料，前者包括以铝合金、镁合金、钛合金为代表的金属材料和塑料、纤维等高分子材料，后者主要是指高强度钢。

1. 铝合金

铝合金是以铝为基，加入其他元素的合金。铝合金的密度为 $2.7g/cm^3$，约是钢密度的 1/3。铝合金具有密度小、比强度和比刚度高、循环利用性强、导热和导电性能好等优势，大量用于气缸体、壳体、转向盘骨架等零部件，是汽车轻量化的重要材料。另外，铝合金加工技术不断发展成熟，通过对铝合金进行适当的加工与处理，铝合金的强度可以大幅度提升。铝合金的应用范围已经逐渐从车轮等零部件扩展到车身、车门和车盖。

随着铝合金技术的发展及汽车节能减排的需要，铝合金在汽车上的应用快速发展，汽车的铝化界限达到 30%～50%。图 7.2 所示为铝合金在汽车上的应用实例。

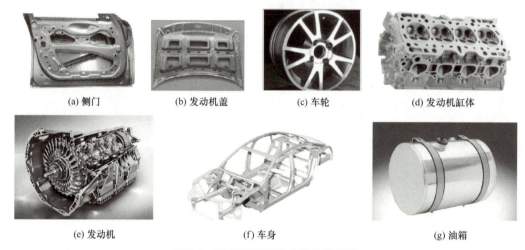

(a) 侧门　　(b) 发动机盖　　(c) 车轮　　(d) 发动机缸体

(e) 发动机　　(f) 车身　　(g) 油箱

图 7.2　铝合金在汽车上的应用实例

福特公司使用全铝车身，悬架系统、车门、发动机罩、保险杠等部件使用铝合金的 F-150 车型与前款车型相比，减重 340kg，燃油经济性提升 20%。

2. 镁合金

镁合金是以镁为基，加入其他元素的合金。钛合金的是密度小，约为铝合金的 2/3，比强度高，弹性模量大，抗振性好，承受冲击载荷的能力比铝合金强，耐有机物和碱的腐蚀性能好。

大多镁合金以压铸件的形式应用于汽车上，镁合金压铸件的生产效率比铝合金压铸件高 30%～50%。无孔压铸法可生产出没有气孔且可热处理的镁合金压铸件。镁合金压铸件最先应用于车轮轮辋，后来还应用于离合器壳体、离合器踏板、制动踏板固定支架、仪表板骨架、座椅、转向柱部件、转向盘轮芯、变速器壳体、发动机悬架和气缸盖等。图 7.3 所示为镁合金在汽车上的应用实例。

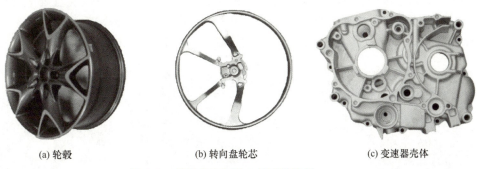

(a) 轮毂　　　　　　　(b) 转向盘轮芯　　　　　　(c) 变速器壳体

图 7.3　镁合金在汽车上的应用实例

镁合金凭借显著的减重效果、良好的铸造稳定性和尺寸稳定性、优良的抗振性及可回收再生等特性，成为汽车制造业较具潜力的材料。在大力提倡和发展低碳经济的今天，镁合金是汽车轻量化中取代钢铁及部分铝合金的首选材料，各国把单车镁合金用量作为汽车先进性的标志之一。

3. 钛合金

钛合金是以钛为基，加入其他元素的合金。钛合金的密度为 $4.5g/cm^3$，钛合金具有比强度高、高温强度高和耐腐蚀等优点。由于钛合金的价格高，因此只在赛车和个别豪华车型上少量应用。但对钛合金在汽车上应用的试验研究很多，例如，用 $α+β$ 系钛合金制造的发动机连杆的强度相当于 45 钢调质的水平，而质量可以减轻 30%；$β$ 系钛合金经强冷加工和时效处理，强度可达 2000MPa，可用来制造悬架弹簧、气门弹簧和气门等，与拉伸强度为 2100MPa 的高强度钢相比，钛合金弹簧可减重 20%。图 7.4 所示为钛合金在汽车上的应用实例。

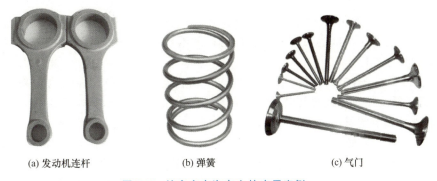

(a) 发动机连杆　　　　　　(b) 弹簧　　　　　　(c) 气门

图 7.4　钛合金在汽车上的应用实例

4. 碳纤维

碳纤维是一种纤维状复合材料，含碳量超过 90%，具有碳材料的固有特征，兼具纺织纤维的柔软可加工性，是新一代增强纤维。它的强度比钢大，密度比铝小，具有极好的电学性能、热学性能和力学性能。碳纤维和碳纤维增强复合材料具有强度高、质量轻、耐腐蚀等优点，最先应用于赛车领域，后来逐步应用到民用汽车领域，特别是在新能源汽车上，碳纤维有着广泛的应用前景。

碳纤维增强复合材料具有足够的强度和刚度，是制造汽车车身和底盘等主要结构件的最佳材料。预计碳纤维增强复合材料的应用可使汽车车身和底盘减重40%～60%，相当于钢结构质量的1/3～1/6。图7.5所示为碳纤维在汽车上的应用实例。

(a) 发动机盖　　　　　　　　(b) 车身　　　　　　　　(c) 轮毂

图 7.5　碳纤维在汽车上的应用实例

虽然对于汽车来说，碳纤维增强复合材料具有安全性强、轻量化等优点，但是现阶段仅应用于高档轿车，因为碳纤维的价格较高。

7.1.2　汽车轻量化设计

宝马汽车轻量化技术

汽车轻量化设计就是结构优化设计，即采用先进的优化设计方法和技术手段，在满足结构强度、刚度、模态、碰撞安全性、疲劳寿命、生产成本和NVH(Noise、Vibration、Harshness，噪声、振动与声振粗糙度)等方面的性能要求，以及相关法律、法规、标准的前提下优化结构参数，提高材料的利用率，去除零部件冗余部分，同时使部件薄壁化、中空化、小型化、复合化以减轻质量，实现轻量化。

汽车轻量化设计主要包括以下内容。

（1）通过CAD优化设计汽车结构，减小结构质量和材料厚度，使部件薄壁化、中空化、小型化、复合化，以达到轻量化的目的；采用CAE技术计算汽车的强度和刚度，确保减重后的整车性能。

（2）开发设计车体和部件更合理化的中空结构，主要途径是在结构上采用"以空代实"，即对于承受以弯曲或扭转载荷为主的构件，以空心结构取代实心结构，同时优化结构布局，既可以节约材料、减轻质量，又可以充分利用材料的强度和刚度。

（3）在轻量化与材料特性、工艺性、生产批量、成本及其他制约因素中找到一个平衡点，实现多材料组合的轻量化结构，强调合适的材料用于合适的部位，借助CAD/CAE技术，使结构轻量化设计融入开发前期，缩短开发周期，降低成本，确保汽车轻量化的效率和质量。

图7.6所示为汽车轻量化设计实例，某汽车结构件采用以塑代钢和轻量化技术，实现单车减重61.1kg。

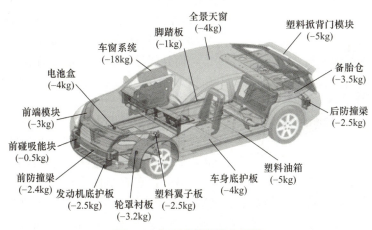

图 7.6 汽车轻量化设计实例

7.1.3 汽车轻量化制造

当材料一定时，减重的主要方法是设计和制造出合理的轻体结构。先进成型制造技术包括热冲压成型技术、液压成型技术、激光拼焊成型技术、辊压成型技术等。

热冲压成型技术广泛应用于汽车上强度为 1500MPa 的汽车前/后保险杠、保安件和碰撞件的加强件，为汽车轻量化和提高安全性作出了突出贡献。

液压成型技术主要用来加工管件，使之成型为具有异型截面的构件，代替实心构件，在不提高材料成本的前提下，既可减轻质量，又可充分利用材料的强度和刚度。目前应用液压成型技术的主要汽车零部件有发动机系统零件，如进气支管、排气支管、发动机托架、涡轮增压系统元件等；悬吊系统零件，如发动机支承架、传动轴元件等；车身结构件，如底盘、车顶支架、侧门横梁等；其他零件，如座椅框架、散热器支架等。图 7.7 所示为液压成型的典型汽车零部件。

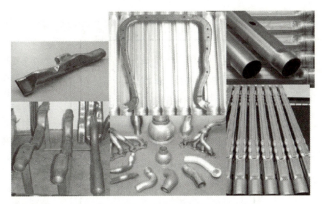

图 7.7 液压成型的典型汽车零部件

激光拼焊成型技术是将不同厚度或不同材质及不同表面状态的板材剪裁成一定尺寸和形状，用激光拼焊成一块整体板，经冲压制造后，与其他零件一起装配成汽车。据统计，汽车制造中采用激光拼焊板材后，零件质量减轻 24%，零件减少 19%，生产效率提高

21%。图 7.8 所示为激光拼焊成型的前围板,它由厚度为 0.8mm 的 270MPa 钢板(上部分)与厚度为 1.2mm 的 590MPa 高强度钢板(下部分)激光拼焊而成,不仅能减轻质量、降低制造成本,而且能抑制发动机舱部件侵入乘员舱,减小 A 柱形变的压力,在关键时刻最大限度地保护乘员。

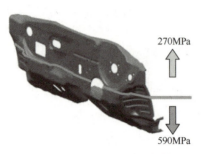

图 7.8 激光拼焊成型的前围板

辊压成型技术主要靠材料的塑性移动滚压加工成形状复杂的轴杆、阀门芯和特殊紧固件等产品,如保险杠、防撞杆、门槛件、座椅滑轨等。

另外,还有半固态成型技术、高真空压铸成型技术、等温挤压成型技术、等温锻造成型技术等,每种成型制造技术都通过计算机仿真设计极大地改善了轻合金的精确度、高效成型性能,可实现高精度、高效率的精确成型制造,获得预期的材料组织性能与成型质量。

7.1.4 汽车轻量化技术路线

1. 总体思路

(1) 近期重点发展超高强度钢和先进高强度钢技术,实现高强度钢在汽车上的应用比率大于 50%。

(2) 中期重点发展第三代汽车钢和铝合金技术,实现铝合金覆盖件和铝合金零部件的批量生产及产业化应用。

(3) 远期重点发展镁合金和碳纤维增强复合材料技术,实现碳纤维增强复合材料混合车身及碳纤维零部件的大范围应用。

2. 技术路线

汽车轻量化技术路线如图 7.9 所示。

发展目标	技术路径	发展重点
到2030年 • 高强度钢应用比率大幅增大 • 单车用铝量超过350kg • 单车用镁合金量为45kg • 碳纤维使用量占车重的5% 整车比2020年减重 　2025年　2030年 　10%　　25%	➤ 轻质材料的应用 ➤ 新的制造技术和工艺 ➤ 先进的结构优化或设计方法 ➤ 大力推进高强度钢、铝合金、镁合金、工程塑料、复合材料等在汽车上的应用	✓ 汽车车身的轻量化 ✓ 汽车动力传动的轻量化 ✓ 底盘轻量化技术 ✓ 高强度钢的材料与工艺提升 ✓ 轻质材料的部件制作工艺研究 ✓ 轻质材料典型部件的标准化、系列化研究 ✓ 复合材料工艺及高效制备 ✓ 轻质材料部件的设计与工艺模拟技术

图 7.9 汽车轻量化技术路线

7.2 智能网联汽车和无人驾驶汽车

7.2.1 智能网联汽车

智能网联汽车（图 7.10）是新一轮科技革命背景下的新兴产业，可显著改善交通安全、实现节能减排、减缓交通拥堵、提高交通效率，并拉动汽车、电子、通信、服务、社会管理等协同发展，对促进汽车产业转型升级有重大战略意义。

图 7.10 智能网联汽车

1. 智能网联汽车的定义

智能网联汽车是一个跨技术、跨产业领域的新兴体系。各国对智能网联汽车的定义不同，名称也不尽相同，但终极目标相同，即可以让安全行驶的无人驾驶汽车上路。

智能网联汽车

从狭义上讲，**智能网联汽车是搭载先进的车载传感器、控制器、执行器等装置，融合现代通信与网络技术，实现车与 X（车、道路、行人及后台等）智能信息交换共享，具备复杂的环境感知、智能决策、协同控制和执行等功能，可实现安全、舒适、节能、高效行驶，并最终替代人类操作的新一代汽车。**

从广义上讲，智能网联汽车是以车辆为主体和主要节点，融合现代通信和网络技术，使车辆与外部节点实现信息共享和协同控制，以达到车辆安全、有序、高效、节能行驶的新一代多车辆系统。

2. 智能网联汽车的系统构成

（1）智能网联汽车以汽车为主体，利用环境感知技术实现多车辆有序安全行驶，通过无线通信网络等为用户提供多样化信息服务。智能网联汽车由环境感知层、智能决策层、控制和执行层组成，如图 7.11 所示。

① 环境感知层。环境感知层的主要功能是通过车载环境感知技术、卫星定位技术、4G/5G 技术及车用无线通信技术（Vehicle to Everything，V2X）等，提取和搜集车辆自身属性和车辆外在属性（如道路、车辆和行人等）静态信息及动态信息，并向智能决策层传送。

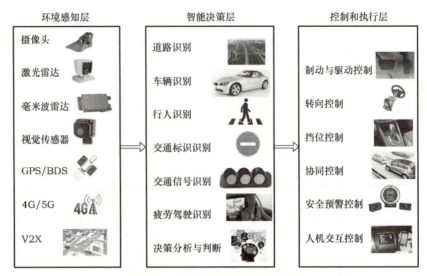

图 7.11 智能网联汽车的结构层次

② 智能决策层。智能决策层的主要功能是接收环境感知层的信息并进行融合，识别道路、车辆、行人、交通标识和交通信号等，决策分析与判断车辆驾驶模式和将要执行的操作，并向控制和执行层传送指令。

③ 控制和执行层。控制和执行层的主要功能是按照智能决策层的指令，对车辆进行操作和协同控制，并为联网汽车提供道路交通信息、安全信息、娱乐信息、救援信息及商务办公、网上消费等，保证汽车安全行驶、舒适驾驶。

(2) 从功能角度上讲，智能网联汽车与一般汽车相比，主要增加了环境感知与定位系统、无线通信系统、车载自组织网络系统和先进驾驶辅助系统等。

① 环境感知与定位系统。环境感知与定位系统的主要功能是通过各种传感技术和定位技术感知车辆本身状况和周围状况。传感器主要包括车轮转速传感器、加速度传感器、微机械陀螺仪、转向盘转角传感器、超声波传感器、激光雷达、毫米波雷达、视觉传感器等。这些传感器可感知车辆行驶速度、行驶方向、运动姿态、道路交通情况等。定位技术主要使用全球定位系统（Global Positioning System，GPS）。北斗卫星导航系统（BeiDou Navigation Satellite System，BDS）发展很快，是我国大力推广的位置定位系统。

② 无线通信系统。无线通信系统分为短距离无线通信技术和长距离无线通信技术，其主要功能是传输各种数据和信息。短距离无线通信技术为车辆安全系统提供实时响应的保障，并为基于位置信息的服务提供有效支持。用于智能网联汽车的短距离无线通信技术处于起步阶段，还没有统一标准，但在其他领域应用比较广泛，如蓝牙技术、ZigBee 技术、Wi-Fi 技术、UWB 技术、60GHz 毫米波通信技术、IrDA 技术、RFID 技术、NFC 技术、专用短程通信技术等。长距离无线通信技术用于提供即时的互联网接入，主要有移动通信技术、微波通信技术、卫星通信技术等，在智能网联汽车上的主要应用是 4G/5G 技术。

③ 车载自组织网络系统。车载自组织网络依靠短距离无线通信技术实现 V2X，在一定通信范围内可以实现 V2V（车辆对车辆）、V2I（车辆对基础设施）、V2P（车辆对行人）交换信息，并自动连接建立起一个移动网络。其典型应用包括车辆行驶安全预警、辅助驾驶、分布式交通信息发布及基于通信的纵向车辆行驶控制等。

④ 先进驾驶辅助系统。先进驾驶辅助系统的主要功能是提前感知车辆及其周围情况，发现危险及时预警，保障车辆安全行驶，是预防交通事故的一种技术。先进驾驶辅助系统是智能网联汽车的重要组成部分，是无人驾驶汽车的关键技术。

3. 智能网联汽车的关键技术

智能网联汽车的关键技术包含环境感知技术、无线通信技术、智能互联技术、车载网络技术、先进驾驶辅助技术、信息融合技术、信息安全与隐私保护技术、人机交互技术等。

（1）环境感知技术。

环境感知包括车辆本身状态感知、道路感知、行人感知、交通信号感知、交通标识感知、交通状况感知、周围车辆感知等。车辆本身状态感知包括行驶速度、行驶方向、行驶状态、车辆位置等；道路感知包括道路类型检测、道路标线识别、道路状况判断、是否偏离行驶轨迹等；行人感知主要判断车辆行驶前方是否有行人，包括白天行人识别、夜晚行人识别、被障碍物遮挡的行人识别等；交通信号感知用于自动识别交叉路口的信号灯、如何高效通过交叉路口等；交通标识感知主要识别道路两侧的各种交通标识（如限速、弯道等），及时提醒驾驶人注意；交通状况感知主要检测道路交通拥堵情况、是否发生交通事故等，以便车辆选择通畅的路线行驶；周围车辆感知主要检测车辆前方、后方、侧方的车辆及交叉路口被障碍物遮挡的车辆情况，避免发生碰撞。在复杂路况的交通环境下，单一传感器无法完成全部环境感知，必须整合各种类型的传感器，利用传感器融合技术，为智能网联汽车提供更加真实、可靠的路况环境信息。

（2）无线通信技术。

无线通信技术分为长距离无线通信技术和短距离无线通信技术。长距离无线通信技术提供即时的互联网接入，主要采用 4G/5G 技术，特别是 5G 技术有望成为车载长距离无线通信专用技术。短距离无线通信技术包括专用短距离通信技术、蓝牙、Wi-Fi 等，其中专用短距离通信技术可以实现在特定区域内对高速运动下移动目标的识别和双向通信（如 V2V、V2I 双向通信），实时传输图像、语音和数据信息等。

（3）智能互联技术。

当两辆汽车距离较大或中间被障碍物遮挡，无法完成直接通信时，可以通过路侧单元传递信息，构成一个无中心、完全自组织的车载自组织网络。车载自组织网络依靠短距离无线通信技术实现 V2V 通信和 V2I 通信，使在一定通信范围内的车辆可以交换各自的车速、位置等信息和车载传感器感知的数据，并自动连接建立起一个移动网络。智能互联技术的典型应用包括行驶安全预警、交叉路口协助驾驶、交通信息发布及基于通信的纵向车辆控制等。

（4）车载网络技术。

在汽车上广泛应用的网络有 CAN 总线、LIN 总线和 MOST 总线等，它们的特点是传输速率小、带宽小。随着越来越多的高清视频应用嵌入汽车系统，如高级驾驶辅助系统（Advanced Driving Assistance System，ADAS）、360°全景泊车系统和蓝光 DVD 播放系统等，它们的传输速率和带宽无法满足需要。以太网最有可能进入智能网联汽车环境工作，它采用星型连接架构，每个设备或每条链路都可以专享 100Mbit/s 带宽，而且传输速率达到万兆级。同时，以太网可以顺应未来汽车行业的发展趋势，具有开放性和兼容性，可以很容易地将现有的应用嵌入新的系统。

(5) **先进驾驶辅助技术**。

先进驾驶辅助技术通过车辆环境感知技术和自组织网络技术对道路、车辆、行人、交通标识、交通信号等进行检测和识别,对识别的信号进行分析处理并传输给执行机构,保障车辆安全行驶。先进驾驶辅助技术是智能网联汽车重点发展的技术,其成熟程度和使用程度代表了智能网联汽车的技术水平,是其他关键技术的具体应用体现。

(6) **信息融合技术**。

信息融合技术是指在一定准则下,利用计算机技术对多源信息进行分析和综合,以实现不同应用的分类任务的处理过程。该技术主要用于对多源信息进行采集、传输、分析和综合,依据某种准则将不同数据源在时间和空间上的冗余信息或互补信息组合,整合出完整、准确、及时、有效的综合信息。智能网联汽车采集和传输的信息种类多、数量大,只有采用信息融合技术才能保障实时性和准确性。

(7) **信息安全与隐私保护技术**。

智能网联汽车接入网络的同时带来了信息安全的问题,在实际应用中,每辆汽车及其车主的信息都将随时随地传输到网络中被感知。这种暴露在网络中的信息很容易被窃取、干扰甚至修改,从而直接影响智能网联汽车体系的安全性。因此,必须重视智能网联汽车信息安全与隐私保护技术的研究。

(8) **人机交互技术**。

人机交互技术,尤其是语音控制、手势识别和触摸屏技术将在汽车市场上大量采用。全球领先的汽车制造商,如奥迪、宝马、奔驰、福特及菲亚特等都在研究人机交互技术。不同国家汽车人机交互技术的发展重点不同,美国和日本侧重于远程控制,主要通过呼叫中心实现;德国把精力放在车主对车辆的中央控制系统,如奥迪的MMI(Multi-Media Interface,多媒体交互)系统、宝马的i-Drive(intelligent-Drive,智能驾驶控制)系统、奔驰的COMMAND系统。智能网联汽车人机交互设计的最终目的是为用户提供良好的驾驶体验,增强用户的驾驶乐趣或驾驶过程中的操作体验。人机交互技术更加注重驾驶的安全性,这样使得人机交互的设计必须在良好的用户体验和安全之间做平衡,很大程度上安全始终是第一位的。智能网联汽车的人机交互界面应集成车辆控制、功能设定、信息娱乐、导航系统、车载电话等多项功能,方便驾驶人快捷地从中查询、设置、切换车辆系统的各种信息,从而使车辆达到理想的运行和操纵状态。未来车载信息显示系统和智能手机将无缝连接,人机交互界面提供的输入方式将会有多种选择,通过使用不同的技术允许消费者能够根据不同的操作、不同的功能进行自由切换。

无人驾驶汽车

7.2.2　无人驾驶汽车

无人驾驶汽车是现代汽车的最终发展形势,将给社会很多行业带来颠覆性的改变,促进许多新兴行业兴起,受到国内外政府机构、科研单位和相关企业的广泛关注,目前正在向产业化方向发展。

1. 无人驾驶汽车的定义

无人驾驶汽车是通过车载传感系统感知道路环境、自动规划行车路线并控制车辆到达预定目的地的智能汽车。它利用车载传感器感知车辆周围环境，并根据感知获得的道路、车辆位置和障碍物等信息，控制车辆的转向和速度，使车辆能够安全可靠地在道路上行驶。无人驾驶汽车技术是集传感器、计算机、人工智能、通信、导航定位、模式识别、机器视觉、智能控制等多学科的综合技术。

2. 无人驾驶汽车的构成

无人驾驶汽车的体系结构一般分为环境感知层、决策控制层和操作执行层，如图 7.12 所示。

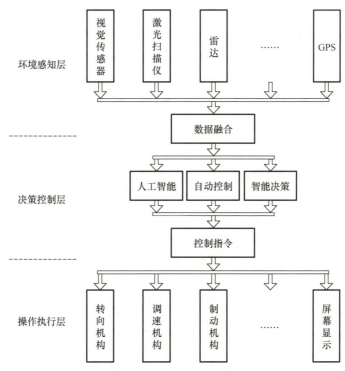

图 7.12　无人驾驶汽车的体系结构

环境感知层是指为决策控制层提供车辆所在道路及周围信息的各种传感器。为了提高环境感知的可靠性，一般采用多传感器信息的数据融合技术。决策控制层利用人工智能、自动控制等理论对环境感知层获得的信息作出决策，并向执行机构发出控制命令，包括转向、制动或加速等。操作执行层主要包括转向机构、调速机构、制动机构等。

图 7.13 所示为某公司无人驾驶汽车的构成。激光测距仪能够及时、准确地绘制车辆周边 200m 之内的三维地形图，并上传至车载中央系统，以便在自动驾驶过程中躲避障碍物和遵循交通法规。视频摄像头用于发现障碍物，识别道路标识和交通信号灯。微型传感器用于检测车辆行驶信号，判断车辆是否偏离 GPS 导航仪指定的路线。GPS 导航仪结合其他传感器信息，提供更准确的位置信息。车载雷达用于探测车辆周围环境及较远处的路障。计算机资料库储存每条道路的限速标准和出入口位置，供车辆收集和分析。在车辆行驶过程中，在 GPS 导航仪中输入路线，当车辆进入未知区域或者需要更新地图时，以无线方式与数据中心通信，并使用传感器不断收集地图数据，存储于车载中央系统，车辆行驶里程越大，智能化水平就越高。

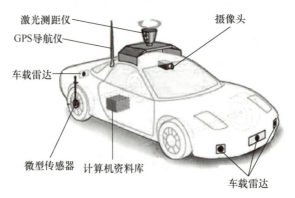

图 7.13　某公司无人驾驶汽车的构成

3. 无人驾驶汽车的关键技术

按照无人驾驶汽车的职能模块,无人驾驶汽车的关键技术包括环境感知、导航定位、路径规划、决策控制等。

(1) **环境感知**。

环境感知相当于无人驾驶汽车的眼睛和耳朵,无人驾驶汽车通过环境感知技术辨别周围的环境信息,为其行为决策提供信息支持。环境感知包括无人驾驶汽车自身位姿感知和周围环境感知两部分。无人驾驶汽车自身位姿信息主要包括车辆自身的速度、加速度、倾角、位置等信息,主要用电子罗盘、倾角传感器、微机械陀螺仪等进行测量,测量方便。无人驾驶汽车周围环境感知以雷达等主动式测距传感器为主,以被动式测距传感器为辅,采用信息融合的方法实现。因为激光、雷达、超声波等主动式测距传感器结合更能满足复杂、恶劣条件下执行任务的需要,且处理数据量小,实时性好。当进行路径规划时,可以直接利用激光返回的数据进行计算,无须知道障碍物的具体信息。视觉传感器作为环境感知的重要手段,虽然在恶劣环境感知中存在一定问题,但是在目标识别、道路跟踪、地图创建等方面具有其他传感器无法取代的重要性;在野外环境中的植物分类、水域和泥泞检测等方面,视觉传感器也是必不可少的手段。

(2) **导航定位**。

导航定位用于确定自身的地理位置,是无人驾驶汽车路径规划和任务规划的支撑。导航可分为自主导航和网络导航两种。自主导航是指除了定位辅助之外,不需要外界的协助,可独立完成导航任务。自主导航在本地存储地理空间数据,在终端完成所有的计算,在任何情况下均可实现定位,但是自主导航设备的计算资源有限,计算能力差,有时不能提供准确、实时的导航服务。

网络导航能随时随地通过无线通信网络及交通信息中心进行信息交互。移动设备通过移动通信网与直接连接于 Internet 的 Web GIS 应用服务器连接,在服务器执行地图存储和复杂计算等工作,用户可以从服务器端下载地图数据。网络导航的优点是不存在存储容量的限制,计算能力强,能够存储任意精度的地图,而且地图数据始终是最新的。

(3) 路径规划。

路径规划是无人驾驶汽车信息感知和智能控制的桥梁,是实现自主驾驶的基础。路径规划的任务是在有障碍物的环境下按照一定的评价标准,寻找一条从起始状态(包括位置和姿态)到目标状态(包括位置和姿态)的无碰路径。路径规划可分为全局路径规划和局部路径规划两种。全局路径规划是在已知地图的情况下,利用已知局部信息(如障碍物位置和道路边界)确定可行路径和最优路径,把优化和反馈机制很好地结合起来。局部路径规划是在全局路径规划生成的可行驶区域指导下,依据传感器感知的局部环境信息确定无人驾驶汽车当前前方路段所要行驶的轨迹。全局路径规划适用于周围环境已知的情况,局部路径规划适用于周围环境未知的情况。

(4) 决策控制。

决策控制是无人驾驶汽车的核心,其主要功能是依据感知系统获取的信息进行决策,进而对下一步的行为进行决策,并控制车辆。决策控制主要包括模糊推理、强化学习、神经网络和贝叶斯网络等技术。决策控制系统的行为分为反应式控制、反射式控制和综合式控制三种。反应式控制是一个反馈控制的过程,根据车辆当前位姿与期望路径的偏差,不断地调节转向盘的转角和车速,直到到达目的地。反射式控制是一种低级行为,用于对行驶过程中发生的突发事件作出判断,并迅速作出反应。综合式控制是在反应层中加入机器学习模块,将部分决策层的行为转换为基于传感器的反应层行为,从而提高系统的反应速度。

7.3 汽车网络技术

智能网联汽车主要包括三种网络:①以车内总线通信为基础的车内网络,一般称为车载网络;②以短距离无线通信为基础的车载自组织网络;③以长距离无线通信为基础的车载移动互联网。因此,智能网联汽车是融合车载网络、车载移动互联网和车载自组织网络的一体化网络系统,如图 7.14 所示。

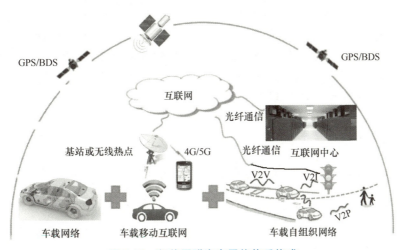

图 7.14 智能网联汽车网络体系构成

7.3.1 车载网络

车载网络是基于 CAN、LIN、FlexRay、MOST、以太网等总线技术建立的标准化整车网络，可实现车内各电器、电子单元间的状态信息和控制信号在车内网上的传输，使车辆具有状态感知、故障诊断和智能控制等功能。

1. CAN 总线

CAN 总线是德国博世公司在 1985 年为了解决汽车上众多测试仪器与控制单元之间的数据传输而开发的一种支持分布式控制的串行数据通信总线。国际标准化组织在 1993 年提出了 CAN 总线的国际标准 ISO 11898，使得 CAN 总线的应用更标准化、更规范化。CAN 总线是应用广泛的网络总线，它的最高数据传输速率为 1Mbit/s，属于中速网络，通信距离（无须中继）可达 10km，可能成为世界标准的汽车局域网。

2. LIN 总线

LIN 总线（局域互联网络）是专门为汽车开发的一种低成本串行通信网络，用于实现汽车中的分布式电子系统控制。LIN 总线的数据传输速率为 20kb/s，属于低速网络，媒体访问方式为"单主多从"，是一种辅助总线，辅助 CAN 总线工作。在不需要 CAN 总线的带宽和多功能的场合，使用 LIN 总线可大大降低成本。

3. FlexRay 总线

FlexRay 总线是一种用于汽车的高速可确定性的、具备故障容错的总线系统。汽车中的控制器件、传感器和执行器之间的数据交换主要通过 CAN 总线进行。X-By-Wire（电子线控）的出现，使得车辆系统对信息传送速度尤其是故障容错与时间确定性的需求不断增加。FlexRay 总线在确定的时间槽中传输信息，以及在两个通道上传输故障容错和冗余信息，可以满足以上需求。

4. MOST 总线

MOST 总线是以光纤或双绞线为传输介质的环型网络，可以同时传输音频/视频流数据、异步数据和控制数据，数据传输速率高达 150Mb/s。MOST 总线标准已经发展到第三代。第一代 MOST 总线标准 MOST 25 的数据传输速率为 24.6Mb/s，以塑料光纤为传输介质；第二代 MOST 总线标准 MOST 50 的数据传输速率是 MOST 25 的两倍，除了可以塑料光纤为传输介质，还可以非屏蔽双绞线为传输介质；第三代 MOST 总线标准 MOST 150 不仅支持最高 147.5Mb/s 的传输速率，而且解决了与以太网的连接等问题。

5. 以太网

以太网是由美国施乐公司创建，并由施乐公司、英特尔公司和 DEC 公司联合开发的基带局域网规范，是当今现有局域网采用的通用的通信协议标准。以太网包括标准以太网（10Mb/s）、快速以太网（100Mb/s）、千兆以太网（1000Mb/s）和万兆以太网（10Gb/s）。

随着先进传感器、高分辨率显示器、车载摄像头、先进驾驶辅助系统及其数据传输和控件的加入，汽车电子产品更加复杂。采用标准的以太网协议将这些设备连接起来，可以简化布线，节约成本，减小线束质量并增大续驶里程。

7.3.2 车载自组织网络

1. 车载自组织网络的定义

车载自组织网络是指在交通环境中,以车辆、路侧单元及行人为节点构成的开放式移动自组织网络,可以进行 V2V、V2I、V2P 的信息传输,以实现事故预警、辅助驾驶、道路交通信息查询、车间通信和互联网接入服务等应用。它是智能交通系统未来发展的通信基础,也是智能网联汽车安全行驶的保障。

2. 车载自组织网络的结构

车载自组织网络主要分为三部分:V2V 通信、V2I 通信、V2P 通信,如图 7.15 所示。V2V 通信是通过 GPS 辅助建立无线多跳连接,进行暂时的数据通信,提供行车信息、行车安全等服务。V2I 通信能够通过接入互联网获得更丰富的信息与服务。V2P 通信主要是指通过智能手机中的特种芯片提供行人和交通状况,以后会有更多通信方式。

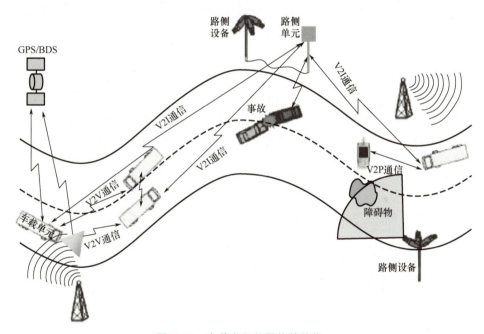

图 7.15 车载自组织网络的结构

根据节点间通信是否需要借助路侧单元,车载自组织网络的结构可分为车间自组织型、无线局域网/蜂窝网络型和混合型。

(1) 车间自组织型。

车间自组织型通信模式也称 V2V 通信模式,是传统移动自组织网络的通信模式。在这种通信模式下,车辆之间形成自组织网络,不需要借助路侧单元。

(2) 无线局域网/蜂窝网络型。

在无线局域网/蜂窝网络型通信模式下,车辆节点间不能直接通信,必须通过接入路侧单元进行通信。这种通信模式也称 V2I 通信模式,与车间自组织型相比,路侧单元建设成本较高。

(3) 混合型。

混合型是前两种通信模式的混合模式，车辆可以根据实际情况选择不同的通信方式。

3. 车载自组织网络的应用场景

(1) 碰撞预警。

图 7.16 所示为协作转发碰撞预警应用场景，车辆 0 与车辆 4 碰撞，车辆 0 发送一条协作转发碰撞预警信息。车辆 1 能够通过直接连接接收碰撞预警信息，从而及时制动，避免碰撞。但是，如果没有间接连接，即不能多跳转发信息，则车辆 2 和车辆 3 与其前面车辆的距离小于安全距离，不可避免地要发生碰撞。如果有间接连接，则车辆 2 和车辆 3 能收到碰撞预警信息，可以避免碰撞。

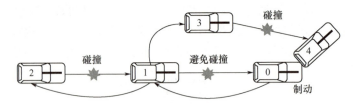

图 7.16　协作转发碰撞预警应用场景

(2) 避免交通拥堵。

图 7.17 所示为避免交通拥堵应用场景，车辆 1 接收到车辆 0 发送节点发送出的前方交通拥堵消息并储存，当车辆 2 至车辆 5 能够与车辆 1 通信时，车辆 1 将消息转发给车辆 2 至车辆 5，车辆 2 至车辆 5 便知道前方拥堵的情况，可以选择辅助道路行驶，避免交通堵塞，节省时间。

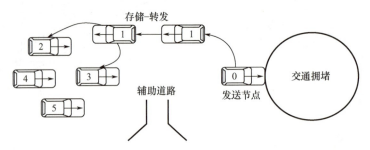

图 7.17　避免交通拥堵应用场景

(3) 紧急制动警告。

图 7.18 所示为紧急制动警告应用场景，当前方车辆紧急制动时，紧急制动警告系统提醒驾驶人。当制动车辆被其他车辆遮挡而不能被本车辆察觉时，紧急制动警告系统派上用场。通过该系统开启车辆的后制动灯，利用车载自组织网络系统的非视距特点防止追尾事故。

(4) 并线警告。

图 7.19 所示为并线警告应用场景，当车辆换道可能存在危险时，并线警告系统提醒有意换道的驾驶人。并线警告系统使用 V2V 通信和周边车辆的路径预测，利用链路的通信范围预测驾驶人可能因换道产生的碰撞。路径预测用于确定 3~5s 内，驾驶人要到达的

车道区域是否被占用,如果被占用,则并线警告系统提醒驾驶人潜在的危险。

图 7.18 紧急制动警告应用场景

图 7.19 并线警告应用场景

(5) 交叉路口违规警告。

图 7.20 所示为交叉路口违规警告应用场景,当驾驶人即将闯红灯时,交叉路口违规警告系统发出警告。交叉路口违规警告系统使用 V2I 通信方式对车辆进行预测,其通信链路的主要优势是获取动态信息,如红绿灯阶段和红绿灯时间。部署了交通信号灯控制器的路侧单元会广播交通信号灯信息,包括位置、红绿灯阶段、红绿灯时间、交叉路口几何形状等。靠近交叉路口的车辆将车辆的预期路径与交通信号灯信息进行比较,确定是否会发生交通信号违规。如果车辆将发生违规行为,则交叉路口违规警告系统提醒驾驶人,同时发送消息至红绿灯和周围车辆,以表明警告已经发出。

图 7.20　交叉路口违规警告应用场景

随着车载自组织网络技术的发展,其应用范围越来越广,主要涉及安全、驾驶、公共服务、商用、娱乐等。

7.3.3　车载移动互联网

车载移动互联网是基于长距离无线通信技术构建的车辆与互联网连接的网络,实现车辆信息与各种服务信息在车载移动互联网上的传输,方便智能网联汽车用户开展商务办公、获得信息服务及娱乐服务等。

1. 移动互联网的定义

移动互联网是以移动网络作为接入网络的互联网及服务,包括三个要素:移动终端、移动网络和应用服务。移动网络是移动互联网的基础,应用服务是移动互联网的核心。

移动互联网包含如下两方面含义:①移动互联网是移动通信网络与互联网的融合,用户以移动终端接入无线移动通信网络(4G 网络、5G 网络、WLAN、WiMAX 等)的方式访问互联网;②移动互联网产生大量新应用,与终端的可移动、可定位和随身携带等特性结合,为用户提供个性化、位置相关的服务。

2. 车载移动互联网的组成

车载移动互联网是以车为移动终端,通过长距离无线通信技术构建的汽车与互联网之间的网络,实现汽车与服务信息在车载移动互联网上的传输。

车载移动互联网的组成如图 7.21 所示。车载移动互联网先通过短距离通信技术在车内建立无线个域网或无线局域网,再通过 4G/5G 技术与互联网连接。

智能网联汽车可以通过车载移动互联网实现导航及位置服务、实时交通信息服务、网络信息服务、汽车使用服务、汽车出行服务、商务办公等。

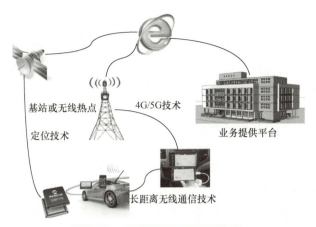

图 7.21　车载移动互联网的组成

7.4　汽车环境感知技术

环境感知技术是智能网联汽车和无人驾驶汽车的关键技术，是通过安装在汽车上的传感器或自组织网络，检测和识别道路、车辆、行人、交通标识、交通信号灯等的技术，主要用于先进驾驶辅助系统，如自适应巡航控制系统、车道偏离预警系统、道路保持辅助系统、并线辅助系统、自动制动辅助系统等，保障智能网联汽车安全、准确地到达目的地。

1. 汽车环境感知系统的组成

汽车环境感知系统由信息采集单元、信息处理单元和信息传输单元组成，如图7.22所示。

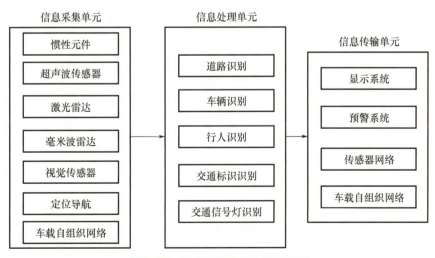

图 7.22　汽车环境感知系统的组成

(1) **信息采集单元**。

对环境的感知及判断是智能网联汽车工作的前提和基础。环境感知系统获取周围环境和车辆信息的实时性和稳定性，直接关系到后续检测和识别的准确性及执行的有效性。信息采集单元主要包括惯性元件、超声波传感器、激光雷达、毫米波雷达、视觉传感器、定位导航、车载自组织网络等。

(2) **信息处理单元**。

信息处理单元主要针对信息采集单元传输的信号，通过一定的算法识别道路、车辆、行人、交通标识、交通信号灯等。

(3) **信息传输单元**。

信息处理单元分析环境感知信号后，将信息传输至信息传输单元，信息传输单元根据具体情况执行不同的操作，如分析后确定前方有障碍物，并且本车与障碍物之间的距离小于安全距离，则将这些信息传输至控制执行模块，控制执行模块结合本车速度、加速度、转向角等自动调整智能网联汽车的车速和方向，实现自动避障，在紧急情况下可以自动制动。信息传输单元可以把信息传输到传感器网络，实行车辆内部资源共享；也可以把处理信息通过车载自组织网络传输给周围其他车辆，实现车辆与车辆之间的信息共享。

2. 道路识别技术

道路识别技术主要用于车道偏离预警系统和车道保持辅助系统等，实现方法主要分为基于雷达成像原理的雷达传感器和基于机器视觉图像的视觉传感器两类。

道路识别的任务是提取车道的几何结构，如车道的宽度、车道线的曲率等；确定车辆在车道中的位置、方向；提取车辆可行驶的区域。

道路识别算法的理论框架如图7.23所示。道路识别算法大体可以分为基于区域分割的识别算法、基于道路特征的识别算法和基于道路模型的识别算法。基于区域分割的识别算法把道路图像的像素分为道路和非道路两类，分割依据一般是颜色特征或纹理特征。基于道路特征的识别算法主要结合道路图像的一些特征（如色彩、梯度、纹理等），从获取的图像中识别出道路边界或车道标识线，适用于有明显边界特征的道路。基于道路模型的识别算法基于不同的(2D或3D)道路图像模型，采用不同的检测技术（Hough变换、模板匹配技术、神经网络技术等）识别道路边界或车道线。

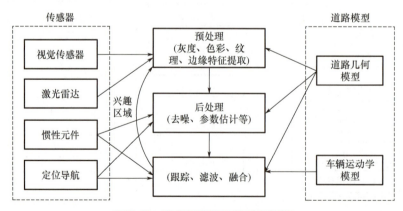

图7.23　道路识别算法的理论框架

3. 车辆识别技术

前方车辆检测是判断安全车距的前提。车辆检测的准确性不仅决定了测距的准确性，而且决定了发现潜在交通事故的及时性。识别算法用于确定图像序列中是否存在车辆，并获得车辆基本信息，如尺寸、位置等。摄像机跟随车辆在道路上运动时，获取的道路图像中车辆的尺寸、位置和亮度等不断变化。

车辆识别方法主要有基于特征的识别方法、基于机器学习的识别方法、基于光流场的识别方法和基于模型的识别方法等。基于特征的识别方法是在车辆识别中常用的方法，对于前方行驶的车辆，其颜色、轮廓、对称性等特征都可以用来区分车辆与周围背景。因此，基于特征的识别方法就是以车辆的外形特征为基础，从图像中识别前方行驶车辆。基于机器学习的识别方法一般需要首先从正样本集和负样本集中提取目标特征，然后训练出识别车辆区域与非车辆区域的决策边界，最后使用分类器判断。基于光流场的识别方法是通过分析光流可以检测目标数量、目标运动速度、目标相对距离及目标表面结构等。基于模型的识别方法是根据前方行驶车辆的参数建立二维模型或三维模型，利用指定的搜索算法匹配查找前方行驶车辆。

4. 行人识别技术

行人识别技术是智能网联汽车和无人驾驶汽车先进驾驶辅助系统的重要组成部分。行人是道路交通的主体和主要参与者，由于其行为具有非常大的随意性，加上驾驶人在车内视野变窄及长时间驾驶导致的视觉疲劳，因此行人在交通事故中容易受到伤害。行人识别技术能够及时、准确地识别出车辆前方的行人，并根据不同危险级别提供不同的预警提示（如距离车辆越近的行人危险级别越高，提示音越急促），以保证驾驶人有足够的反应时间，极大减少甚至避免撞人事故的发生。

行人识别方法主要有基于特征分类的行人识别方法、基于模型的行人识别方法、基于运动特性的行人识别方法、基于形状模型的行人识别方法、基于模板匹配的行人识别方法及基于统计分类的行人识别方法等。基于特征分类的行人识别方法注重提取行人特征，通过特征匹配识别行人，是较主流的行人识别方法。基于模型的行人识别方法通过建立背景模型识别行人。基于运动特性的行人识别方法利用人体运动的周期性特性识别图像中的行人。基于形状模型的行人识别方法主要依靠形状特征识别行人。基于模板匹配的行人识别方法通过定义行人形状模型，在图像的各部位匹配该模型以找到目标。基于统计分类的行人识别方法是从样本中训练得到行人分类器，利用该分类器遍历图像各窗口进行识别。

5. 交通标识识别技术

交通标识作为重要的道路交通安全附属设施，可向驾驶人提供各种引导和约束信息。驾驶人实时、正确地获取交通标识信息，可保障行车安全。

在智能网联汽车和无人驾驶汽车中，交通标识识别是通过图像识别系统实现的。交通标识识别系统如图 7.24 所示。首先使用车载摄像机获取目标图像，然后进行图像分割和特征提取，最后通过与交通标识标准特征库比较识别交通标识，识别结果可以与其他智能网联汽车共享。

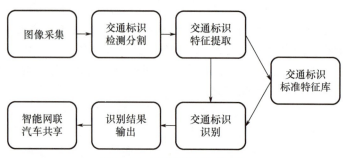

图 7.24　交通标识识别系统

交通标识识别主要包括基于颜色信息的交通标识识别、基于形状特征的交通标识识别、基于显著性的交通标识识别、基于特征提取和机器学习的交通标识识别等。

6. 交通信号灯识别技术

交通信号灯识别系统包括检测和识别两个基本环节，首先定位交通信号灯，通过摄像机从复杂的城市道路交通环境中获取图像，根据交通信号灯的颜色、几何特征等信息准确定位，获取候选区域；然后识别交通信号灯，检测算法中已经获取交通信号灯的候选区域，进行分析及特征提取，运用分类算法实现分类识别。

交通信号灯有各种识别系统。图 7.25 所示为某交通信号灯识别系统的组成，主要有图像采集模块、图像预处理模块、检测模块、识别模块、跟踪模块和通信模块。

图 7.25　某交通信号灯识别系统的组成

交通信号灯识别主要包括基于颜色特征的识别和基于形状特征的识别。基于颜色特征的识别主要选取某个色彩空间描述交通信号灯的红色、黄色、绿色三种颜色。基于形状特征的识别主要利用交通信号灯及其相关支撑物之间的几何信息。

汽车先进驾驶辅助系统

7.5　汽车先进驾驶辅助系统

汽车先进驾驶辅助系统是利用环境感知技术采集汽车、驾驶人和周围环境的动态数据并进行分析处理，通过提醒驾驶人或执行器介入汽车操纵，以实现驾驶安全性和舒适性的一系列技术的总称，如图 7.26 所示。

汽车先进驾驶辅助系统是智能网联汽车的重要组成部分，除了能帮助持续改进驾驶过程中的安全性和舒适性，还能不断实现驾驶行为的最优化，如经济驾驶和智能化车流控制。随着汽车先进驾驶辅助系统技术的快速发展，汽车先进驾驶辅助系统将帮助车辆逐步实现自动化驾驶，并最终达到无人驾驶的目标。

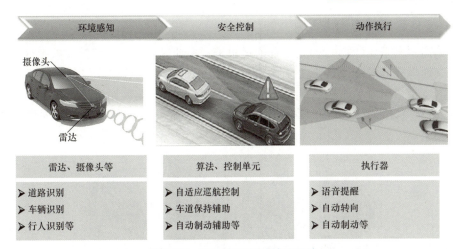

图 7.26 汽车先进驾驶辅助系统

汽车先进驾驶辅助系统的类型如图 7.27 所示。

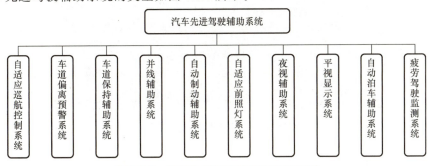

图 7.27 汽车先进驾驶辅助系统的类型

1. 自适应巡航控制系统

自适应巡航控制系统(图 7.28)是在定速巡航控制系统的基础上发展起来的汽车先进驾驶辅助系统,它将汽车定速巡航控制系统和车辆前向撞击报警系统有机结合起来,既具有定速巡航控制系统的全部功能,又可以通过车载雷达等传感器监测汽车前方的道路交通环境,一旦发现当前行驶车道的前方有其他前行车辆,就根据本车与前车的相对距离及相对速度等信息,对车辆进行纵向速度控制,使本车与前车保持安全距离,避免发生追尾事故。

自适应巡航控制系统

图 7.28 自适应巡航控制系统

2. 车道偏离预警系统

车道偏离预警系统（图 7.29）是一种通过报警、振动等方式辅助驾驶人减少汽车因车道偏离发生交通事故的系统。它通过摄像头检测前方车道线，计算出车身与车道线之间的距离，判断汽车是否偏离车道；当驾驶人无意识（未打转向灯）偏离原车道时，它能在偏离车道 0.5s 之前发出警告或振动转向盘，提示驾驶人驶回原车道，降低由汽车偏离车道引发的危险。

图 7.29　车道偏离预警系统

3. 车道保持辅助系统

车道保持辅助系统（图 7.30）是在车道偏离预警系统的基础上，对转向和制动系统进行协调控制，使汽车保持在预定车道上行驶，减轻驾驶人负担，防止驾驶失误的系统。

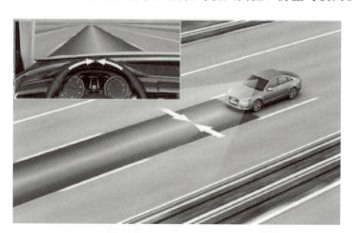

图 7.30　车道保持辅助系统

车道保持辅助系统能够暂时接管并控制汽车主动驶回原车道，如果对汽车控制介入程度更高，还可以根据需要进行主动制动减速等一系列复杂动作。车道保持辅助系统的自动化程度越高，功能越多，系统越复杂。

4. 并线辅助系统

并线辅助系统(图7.31)也称盲区监测系统,通过车载传感器检测后方来车,在左、右两个后视镜内或者其他地方提醒驾驶人后方安全范围内有无来车,从而消除视线盲区,提高行车安全性。

图7.31　并线辅助系统

并线辅助系统除了可以检测汽车,还可以检测城市道路上汽车盲区内的行人、骑行者,检测与识别高速公路弯道等。

5. 自动制动辅助系统

自动制动辅助系统(图7.32)可以预知潜在的碰撞危险并及时通知驾驶人,在必要的情况下自动控制制动踏板完成制动操作,以避免或减轻碰撞伤害。

图7.32　自动制动辅助系统

主流的汽车制造厂都有自己的预碰撞安全系统,但名称各不相同,功能的实现效果及技术细节也有所不同,如大众Front Assist预碰撞安全系统、沃尔沃CWAB系统、奔驰PRE-SAFE系统、斯巴鲁EyeSight系统等。

6. 自适应前照灯系统

自适应前照灯系统是一种照明装置，能够根据天气情况、外部光线、道路状况及行驶信息自动改变工作模式，调整照射光线的光形，消除由夜间或者能见度低时转弯或者其他特殊行驶条件下带来的视野暗区，为驾驶人提供更宽范围、更可靠的照明视野，保证驾驶人和行人的安全。自适应前照灯系统是未来汽车前照灯系统的主要发展方向。图7.33所示为有无自适应前照灯系统的照明效果对比。可以看出，自适应前照灯系统的转向灯能够根据转向盘的角度转动，把有效的光束投射到驾驶人需要看清的前方路面上。

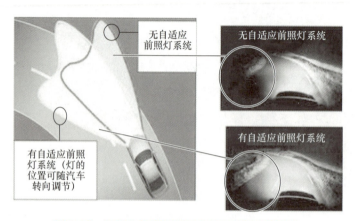

图 7.33　有无自适应前照灯系统的照明效果对比

7. 夜视辅助系统

夜视辅助系统（图7.34）是一种利用红外成像技术辅助驾驶人在夜晚看清道路、行人和障碍物等，减少事故发生，增强主动安全性的系统。

图 7.34　夜视辅助系统

夜视辅助系统按照工作原理的不同，可以分为主动夜视辅助系统和被动夜视辅助系统两种。

（1）主动夜视辅助系统。

主动夜视辅助系统采用主动红外成像技术，把目标物体反射或自身辐射的红外辐射图像转换为人眼可观察的图像。这种系统本身有光源，可以看到不发出热量的物体，可通过图像处理提高清晰度，使道路标识清晰可见。

（2）被动夜视辅助系统。

被动夜视辅助系统采用热成像技术，基于目标与背景的温度和辐射率的差别，利用辐射测温技术对目标逐点测定辐射强度形成可见的目标热图像。这种系统本身没有光源，仅依靠对物体本身发出的光线进行识别，看不清或看不到不发出热量的物体。图像清晰度取决于天气条件和时间段，图像与实际景象不完全符合。

8. 平视显示系统

平视显示系统也称抬头显示系统，是利用光学反射原理，将汽车驾驶辅助信息、导航信息、检查控制信息等以投影方式显示在风窗玻璃上或约相距2m的前方、发动机罩尖端的上方，阅读起来非常舒适，同时可以显示来自各驾驶辅助系统的警告信息，如车道偏离警告、来自带行人识别功能的夜视辅助系统的行人避让警告等，避免驾驶人在行车过程中频繁看仪表或车载屏幕，对行车安全有很好的辅助作用。平视显示系统如图7.35所示，图中72km/h表示当前车速，60km/h表示限速。

图 7.35 平视显示系统

9. 自动泊车辅助系统

自动泊车辅助系统（图7.36）是利用车载传感器探测有效泊车空间并辅助控制汽车完成泊车操作的系统。

与传统的电子辅助功能（如倒车雷达、倒车影像显示等）相比，自动泊车辅助系统智能化程度更高，减轻了驾驶人的操作负担，有效降低了泊车的事故率。

图 7.36　自动泊车辅助系统

10. 疲劳驾驶监测系统

疲劳驾驶监测系统

疲劳驾驶监测系统(图 7.37)也称防疲劳预警系统、疲劳识别系统、注意力警示辅助系统、驾驶人安全警告系统等,是指在驾驶人精神状态下滑或进入浅层睡眠时,依据驾驶人精神状态指数分别给出语音提示、振动提醒、电脉冲警示等,警告驾驶人已经进入疲劳状态,需要休息的系统。疲劳驾驶监测系统的作用是监视并提醒驾驶人自身的疲劳状态,减少驾驶人疲劳驾驶的潜在危害。

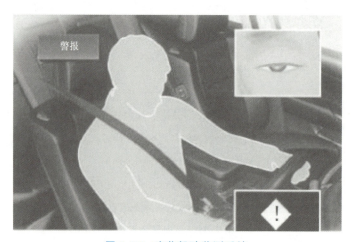

图 7.37　疲劳驾驶监测系统

一、名词解释

1. 智能网联汽车
2. 无人驾驶汽车
3. 汽车轻量化
4. 车载网络

5. 车载自组织网络

二、填空题

1. 新能源汽车的发展趋势是＿＿＿、＿＿＿、＿＿＿，最终实现＿＿＿。
2. 车载网络主要包括＿＿＿、＿＿＿、＿＿＿、＿＿＿。
3. 汽车环境感知系统由＿＿＿和＿＿＿组成。
4. 智能网联汽车环境感知的主要对象有＿＿＿、＿＿＿、＿＿＿、＿＿＿。

三、选择题

1. 不适合作为盲区监测系统传感器的是（　　）。
   A. 短程毫米波雷达　　　　　　　B. 中程毫米波雷达
   C. 远程毫米波雷达　　　　　　　D. 视觉传感器
2. 下列（　　）可以作为智能网联汽车的泊车传感器。
   A. 超声波传感器　　　　　　　　B. 毫米波雷达
   C. 激光雷达　　　　　　　　　　D. 视觉传感器
3. 下列（　　）可以作为智能网联汽车车道保持辅助系统的传感器。
   A. 超声波传感器　　　　　　　　B. 毫米波雷达
   C. 激光雷达　　　　　　　　　　D. 视觉传感器
4. 下列（　　）可以作为智能网联汽车自适应巡航系统的传感器。
   A. 超声波传感器　　　　　　　　B. 毫米波雷达
   C. 激光雷达　　　　　　　　　　D. 视觉传感器
5. 下列（　　）不属于智能网联汽车自适应巡航控制系统的传感器。
   A. 测距传感器　　　　　　　　　B. 转速传感器
   C. 节气门传感器　　　　　　　　D. 微机械陀螺仪

四、判断题

1. 智能网联汽车先进驾驶辅助系统只能应用超声波传感器、毫米波雷达、激光雷达和视觉传感器，其中道路识别只能应用视觉传感器。（　　）
2. 智能网联汽车交通标志识别主要使用视觉传感器，不能使用毫米波雷达。（　　）
3. 所有智能网联汽车的网络系统都是由车载网、车载自组织网和车载移动互联网融合而成。（　　）
4. 所有智能网联汽车的车载网络都是基于CAN、LIN、FlexRay、MOST、以太网等总线技术建立的标准化整车网络，实现车内各电器、电子单元间的状态信息和控制信号在车内网上的传输，使车辆具有状态感知、故障诊断和智能控制等功能。（　　）
5. 车载自组织网络结构主要分为4种，即V2V通信、V2I通信、V2P通信、V2N通信。
（　　）

五、问答题

1. 汽车轻量化材料主要有哪些？
2. 智能网联汽车的系统构成是怎样的？
3. 智能网联汽车主要包括哪三种网络？
4. 无人驾驶汽车的关键技术有哪些？
5. 汽车先进驾驶辅助系统有哪些？

参 考 文 献

陈虎, 2009. 镁合金的研究及其在汽车轻量化中的应用 [J]. 企业技术开发 (学术版)(11): 17-19.
陈全世, 2007. 先进电动汽车技术 [M]. 北京: 化学工业出版社.
褚文强, 辜承林, 2007. 电动车用轮毂电机研究现状与发展趋势 [J]. 电机与控制应用(4): 1-5.
崔胜民, 2008. 现代汽车系统控制技术 [M]. 北京: 北京大学出版社.
崔胜民, 2014. 新能源汽车技术 [M]. 2版. 北京: 北京大学出版社.
胡骅, 宋慧, 2006. 电动汽车 [M]. 2版. 北京: 人民交通出版社.
胡兴军, 2009. 碳纤维在汽车上的应用 [J]. 城市车辆(5): 44-45.
李兴虎, 2005. 电动汽车概论 [M]. 北京: 北京理工大学出版社.
梁臣, 2008. 电动汽车用感应电机关键技术的研究 [D]. 哈尔滨: 哈尔滨工业大学.
彭栋, 2007. 混合动力汽车制动能量回收与ABS集成控制研究 [D]. 上海: 上海交通大学.
彭岳华, 2008. 镁合金材料在汽车中的应用 [J]. 汽车与配件(20): 46-48.
曲万达, 2006. 汽车线控制动之硬件系统研究 [D]. 武汉: 武汉理工大学.
邵毅明, 2008. 汽车新能源与节能技术 [M]. 北京: 人民交通出版社.
孙明冲, 2009. 电动汽车的轮毂电机设计及其弱磁控制 [D]. 哈尔滨: 哈尔滨工业大学.
滕乐天, 2009. 电动汽车充电机(站)设计 [M]. 北京: 中国电力出版社.
王刚, 周荣, 乔维高, 2008. 电动汽车充电技术研究 [J]. 农业装备与车辆工程(6): 7-9.
王贵明, 王金懿, 2010. 电动汽车及其性能优化 [M]. 北京: 机械工业出版社.
王桂姣, 2009. 电动汽车轮毂电机驱动系统的运动特性与能量分配 [D]. 武汉: 武汉理工大学.
王益全, 2005. 电动机原理与实用技术 [M]. 北京: 科学出版社.
杨秋明, 马瑞, 2010. 基于LIN总线的汽车外部灯光控制模块设计 [J]. 上海汽车(6): 9-11.
叶敏, 孔德刚, 曹秉刚, 2010. 基于CAN总线的电动汽车能源管理系统 [J]. 计算机测量与控制(6): 1428-1431.
赵莉华, 曾成碧, 2009. 电机学 [M]. 北京: 机械工业出版社.
朱海霞, 2007. 模内装饰技术在汽车中的应用 [J]. 汽车与配件(36): 38-40.